笑うケースメソッドⅢ
現代日本刑事法の基礎を問う

木庭 顕
Akira Koba

A Socratic Dialogue in Japanese Criminal Law

勁草書房

はしがき

　本書は、2008年度、そして2012年度から2015年度まで、東京大学法科大学院において選択科目「法制史Ｉ」としてなされた授業「公法・刑事法の古典的基礎」のうち、後半の刑事法部分を採録したものである。ただし、第4、6、9、10章は新たに付加されたものであり、第1章は2008年度においてのみおこなわれた。

　各回の進行は実際の授業のそれに忠実であるが、枝葉を削り直線的にするために、理想的な学生を設定することとした。もっとも、進行にとって理想的という意味であり、実際の学生（20〜40名）は、少なくとも10〜20人前後のコアな部分において、刑事法にとどまらない関心の点でも、刑事法の理論枠組を根底から問う姿勢の点でも、本書の学生よりもしばしば高度であった。最終学期の、しかも私の授業を複数積み重ねて受講してきた学生であった、ということが大きいと思う。本書の学生よりも、政治やデモクラシーあるいは民事法に関する理解の点ではるかに「話の早い」学生であった。また他方、現在の日本の刑事法学についての理解も（受験直前であるだけに、そしてまたほかならぬ刑事法の研究者になることが決まっている学生もあったため）豊富であり、しばしば私の理解は質され、そしてまた授業における理解と判例理論の落差は議論の対象となった。本書ではそうした与件を可能な限り落とそうとしたが、徹底することはできなかった。論理的に難しいという面が大きい。

　とはいえ、実際の授業においてまさにそうであったのであるが、『公法篇』（『［笑うケースメソッドⅡ］現代日本公法の基礎を問う』）、とくにそのイントロダクションは本書テクストの前提におかれている。これを必ず頭に

入れておいてほしいし、また、折に触れて参照し返してほしい。もちろん、註でできる限り参照箇所を指示することとした。

　註では、現在の日本の学説との対話を志したが、文献挙示は全然網羅的でない。対話が成り立ちそうな部分を恣意的にピックアップしたにとどまる。これは読者の参考のためであり、いかなる学術的価値をもプリテンドするものではない。

　例によって、本書はあくまで、ギリシャ・ローマから撮影するとこのような画像が得られるという、そしてまた 21 世紀のはじめにはこんな制度とこんな授業もあったという、小さな記憶のための記念撮影であり、それ以上ではない。これを密かに遺しておくことがなにかの役に立つということもなかろうが、古典を研究する者として一個の責務であろうと考えた次第である。

　例によってまったく気が進まない私を、鈴木クニエさんがなだめつすかしつ、本書は実現した。その腕力に脱帽せざるをえない。

2019 年 3 月

木庭　顕

目 次

はしがき　i

- ❶ 予備的討論 1
- ❶ 死刑 29
- ❷ 逮捕・勾留・差押え 41
- ❸ 訴因 63
- ❹ 証拠能力 75
- ❺ 伝聞法則・証拠開示 91
- ❻ 自白 121
- ❼ 未遂 149
- ❽ 正当防衛 171
- ❾ 過失犯 183
- ❿ 「組織的な犯罪」 205
- ⓫ 文書偽造 219
- ⓬ 横領・窃盗 229

おわりに　245
索引　247

⓿ 予備的討論

犯罪とは何か

T：君のアパートの上階では、今夜も若者が集まってロックの生バンドです。うるさくて君は睡眠不足です。君の法益というか、なにか大事なことを侵害しているように思えます❶が、これは犯罪ですか？
S1：それはひどいですね。でも、犯罪とまではいえないかもしれません。
T：なぜですか？
S1：そこまでの重大性がないのではないですか？

> ❶ 現在の通説たる法益侵害論（平野龍一『刑法総論Ⅰ』有斐閣、1972年、43頁以下）は、道義的責任論ないし応報的刑罰観を払拭した点で大きな功績を有する。実証主義の空隙を埋めたといえるが、にもかかわらず、法益侵害のいったいどこで犯罪の成立に至るか、という線を理論的一義的に決める道具を欠く（法益侵害論の行き詰まり（刑法学内部の議論）については、嘉門優『法益論――刑法における意義と役割』成文堂、2019年参照）。依然実証主義に依存する以外になくなる。犯罪の成立要件として物的な結果を枢要なこととしたこと（いわゆる「結果無価値論」）も大きな功績であるが、この面は十分に普及しなかったといわれる（山口厚『問題探究　刑法総論』有斐閣、1998年、46頁）。法益侵害論は社会防衛論の系譜を引くものであることは再確認する必要がある。法益侵害論、とくに「結果無価値論」が、社会防衛論のさらなる源泉である啓蒙主義に立ち返って批判的に修正する役割を持ったことは高く評価されなければならない。しかしながら、犯罪とはなにかについて依然曖昧な面を含むために、同じ根から「行為無価値論」や「国民感情」説さえ生まれたということも考えなければならない。

T：どうしてそういえますか？
S1：許せないとまでは思わないから。
T：すると、犯罪とは「許せないほどの迷惑」のことであり、かつ許せないかどうかは君が決める？
S1：いや、結局国民が許せないと思うかどうかです。国民感情というか❷。
T：その「国民さん」とやらはどこにいらっしゃるのでしょうか？ 世論調査でもして、許せるかどうか決めますか？ けれども世論の風向きなど気まぐれです。空気を読んで、付和雷同して、あることが犯罪かどうかを決める？ そんなにふわふわして、大丈夫ですか？ 犯罪となれば刑罰を科す。刑罰のなかには、その人の一生を奪うという重大なものがありますよ。

罪刑法定主義

S2：だからこそ罪刑法定主義がある。犯罪とは、議会で犯罪であると議決されたことです。そこには明確な言語でなにが犯罪か書かれています。構成要件です。
T：では、議会は好きなようになにが犯罪かを決めることができるのですか？ この教室には「飲食禁止」という貼紙があります。「法科大学院の教室において食物を食し飲物を飲んだ者は3万円以下の罰金に処する」などという、「法科大学院の教室内規律に関する法律」なんかが制定されたらどうします？ 「出席をとるのに15分以上の時間をかけない教員は鞭打ち3回の刑に処する」というのはイカッスカー。ソクラティック・メソッドの答えを机の下でそっと見て答えることに罰金刑を科すなどというのも

---

❷ 前田雅英『刑法総論講義』第4版、東京大学出版会、2006年、30頁以下。「国民の利益の保護」や「国民の倫理・道徳観念や規範意識」や国民の「正義感覚」の強調が見られる。なかなかに壮観である。

オツデヤンスナ！
S1：先生こそダイジョーッスカア？
S2：……いえ、憲法上の制約はあろうかと思います。
T：はあ、なるほど、じゃあ、このロックバンドの一件も、決してこれを犯罪とすることはできない、とした場合、そのことを憲法から論拠づけることはできますか？
S2：幸福追求の自由かな？
T：たしかに、根底には自由の侵害ということがあるでしょう。こういうことに刑罰を科せばその社会の自由が死んでしまいます。しかしならば、殺人に刑罰を科すと殺人の自由が抑圧されてその社会が窮屈になる、というロジックはどうしておかしいのですか？　いえ、冗談ではありませんよ。銃規制や正当防衛の解釈で揺れている社会も現にありますから。いったい、どこで線を引くのでしょうねえ？

社会防衛論

S3：社会自体にとって危険であるという要素があるかないかじゃないかな？　いくらそれ自身非難に値する行為であったとしても、社会全体を危殆に瀕する状態におくような行為でなければ、それを犯罪とすることはできません。これは重要な歯止めの論理だ。
S4：えっ？　責任とか非難可能性が歯止めで、社会防衛論こそが歯止めがないのではありませんか？
T：もちろん、社会防衛論は社会契約論にさかのぼり、重要な示唆を含みます。しかし、そうした必要な脈絡が剥がれ落ちれば、大変に危険でもありますね。いったい、どこが危険ですか？　責任主義が通常の答えですが、噛み合っていますか？
S5：その「必要な脈絡」の部分ですね。言い換えると、防衛の対象たる社会の概念が曖昧な点ですね。独裁体制や暴力組織がその規律を維持するこ

とさえ正当化しかねない、という問題があるんじゃないですか？　保護法益とはなにかがはっきりしないのと同様に、社会とはなにかがはっきりしない。社会が危殆に瀕するというのがどういうことかもはっきりしない❸。

責任主義

S4：でもいずれにせよ、責任主義という限定の大原則に反するからこそロックバンドは罰せられないと考えるべきでしょ。どんなに社会が危殆に瀕しようと、その行為に責任がなければ、その行為の主体を罰することはできません❹。結果、つまり社会の側から犯罪を見ることは根本的な誤りだと思います。その行為とその主体を厳密に見なければなりませんし、絶対的な非難可能性というものがなければ罰することはできません。

　そのロックバンドは、たしかにもう少し節度を弁えるべきであったでしょうが、住宅の作りによっては誰にも迷惑をかけないし、なによりも、決してS1君の睡眠を妨害しようと思ってしたことではないのです。要するに故意が欠けます。だから罰せられません。非難可能性がありません。

S3：誰が非難するんだろ？　国民？　被害者？　責任主義は否定しないけれどもね。たとえば「それ自身危険な行為類型といえども故意がなければ

---

❸　社会防衛論は、むろん（少なくともイタリアにおいて）啓蒙主義の直系に属し、現在の日本においても法益侵害説と結果無価値論を導いた功績を有するが、他面で、（啓蒙主義後の19世紀に発達した）社会学主義とともに、犯罪を限定づけるどころか、実際には、現在ではおぞましいとしか思えない時代的制約を帯びた。これがなにと関係して、かつどうしてであるか、という問題の歴史学的探究は重要な課題である。

❹　団藤重光『刑法綱要総論』創文社、1957年、60頁、同第3版、1990年、97頁参照。犯罪は「構成要件を充足する違法・有責の行為」とされる。有責性の強調がこのテクストのポイントである（第3版ではかすかにトーンダウンしている）。しかしなにが犯罪かという実質は「構成要件・違法」の方へ送ら（renvoyer）れている。もちろん、政治的倫理的性質の強調も、有責性といういわば穂先に送られることで、基体を汚染せずにすんでいる、という重要な工夫を見逃すべきではないが。

真の危険を意味しない」というので責任原則があるんだけれど、責任主義を一人歩きさせると、どうしても応報という原理が顔を出してくる。やられたらやり返す。埋め合わせる。非難ということをいいだすと、どうしてもこれになっちゃう。非難可能性論も同じ。社会を守るために必要な最小限の刑罰だけを科す、つまり個別的に方策を施し、できれば教育する、ということがなければ、前近代的でおぞましいことになると思うな。

S4：それこそ、人格の自由を否定する発想でしょ。教育など、余計なお世話ですよ。「社会の規律に向けて訓育する」とでもいうのでしょうか？学校じゃあるまいし。逸脱者はあらかじめ囲ってしまう？　そうではなく、個人の尊厳を認めるからこそ、堂々とやり返すんです。応報といっても、たとえばカントの応報はきわめて厳密な限度を基礎づけるためのものです。主体の高度の自律が思想の根底に存在します❺。

> ❺　I. Kant, *Die Metaphysik der Sitten* (1797)、Anmerkungen zur Rechtslehre の E は、頻繁に引かれるテクストであるが、Beccaria と比べれば明晰さを著しく欠くという印象を拭いがたい。しかしそれでも、少なくとも教科書的な理解はまったく適切でない。まず Kant は crimen publicum を明示的に出発点とし、Beccaria とともに完璧に古典の伝統に則っているのである。政治システムに対する侵害を犯罪と定義した。だから政治的な権限の保持者は犯罪を犯しえない、権限の剥奪こそが帰結になる、とする。それからまた、財産犯は不法行為にしかならない、と古典に忠実である。しかも、殺人や強盗なども、個人に対する侵害ではなく、"weil das gemeine Wesen und nicht bloß eine einzelne Person dadurch gefährdet wird" を理由に罰しうるとされる。しかし次に、いわゆる自然犯の概念を強く押し出す。そしてこれをステップに、"Welche Art aber und welcher Grad der Betrafung ist es, welche die öffentliche Gerechtigkeit sich zum Prinzip und Richtmaße macht?" と問いを立てる。つまり、不思議なことに、原理のレヴェルでなく適用のレヴェルで正義の概念が現われるのである。極端にいってしまえば、なぜだか刑事司法などというものもやっている、ここにも正義は及ぶべきである、というのである。もちろんその正義の内容は Kant ならではの目の覚めるようなものである。Gleichheit なのであるが、ただの平等衡平ではない。"was für unverschuldetes Übel du einem anderen im Volk zufügst, das tust du dir selbst an" は、「政治的連帯の中の同僚に対して致命的な打撃を与えたのならば、それは自分自身にそれを与えたのと同じことだ」という意味である。政治的連帯の基本原理は、いうまでもなく、彼が殺されたのは自分が殺されたのと同じことだ、

法益侵害の結果

S5：責任主義つまり「故意なければ責任なし」の原則は、やっぱりそれだけでは十分な歯止めにならないと思うな。故意があっても、そして危険な行為があっても、結果に到達していなければ、決して犯罪は成り立たない❻。意図を罰することはできない。意図を非難するということは可能ですから、非難可能性論にも問題がある。意図を社会にとって危険であると判定することも可能ですから、社会にとって危険なものを罰するという社会防衛論もむろん成り立ちません。

S4：意図はともかく、意思は決定的に重要な指標です。法益侵害の結果が惹起されても、後ろから押されて体が動いてしてしまったことの結果であれば、これが犯罪であるわけないじゃないですか？

S5：そうした状況では後ろからぶつかられる可能性もあると織り込んでおく責任もあるのではないかな？　責任主義を全うしたとしても、そこまで

というものである。これは réciprocité を叩き切る最も古典的な原理である。周知のように、Kant のテクストはこの精神に満ち溢れている。しかしながら、この短いテクストにおいては、彼は論理的な lapsus に見舞われる。つまり、そこから、ius talionis 以外に刑罰を基礎づける原理はありえない、といってしまうのである。これによって彼は応報刑論者の始祖となってしまったが、「彼を殺したのは自分を殺したも同然だ」は、論理的に、「だから公権力は私を殺すのである」を導かない。少なくとも、私が彼を殺してしまった場合、それは私が私を殺したのと同じことだ、という連帯の精神からすればなにが導かれるか、ということを深く考えなければならない。じつは別の理由で死刑が導かれるということは次章で述べる。Kant はこうして啓蒙主義的な自己の立場と矛盾するのであるが、（啓蒙主義批判という彼のもう一面に対応して）市民社会のなかに政治的な連帯を復元しようとしたのが彼であるとすれば、政治的連帯を強調するあまり滑ったことは十分に理解できる。しかし折角の市民社会の大原理が大きく傷ついたことも疑いないのである。

❻　いわゆる「結果無価値」論は、いかにも拙いドイツ語（Unwert）といかにも拙いその訳語の点をおくとすれば、きわめて大きな意義を有する。平野龍一を受け継いでこれを全面展開した前掲山口『問題探究総論』は、ようやく基本に全面到達した瞬間であるということができる。

故意に拘泥する必要がないのは、過失犯ないし過失責任もあるからじゃないか。これをどう説明する気だろうか❼。

S6：もちろん今われわれが議論していることは刑事法の基本中の基本の問題だけれども、なぜこれらが基本なのですか？　犯罪とはなにかという問題に明確な見通しが得られないと、これらの問題も十分には議論できないような気がしてきます。

自由と、自由を保障するもの

T：そうすると、ぐるりと一周して、犯罪の概念を実質的に構築する必要は依然残っているといってよいと思います。かつ、構築しようとする場合にクリアしなければならない条件というものは出そろったと思います。第一に、たとえば不法行為に比べての重大性ですね。なにとって重大なのか。重大だというのはどういうことか。どこに線が引かれるのか。第二に、責任主義ですね。なぜこの原理がアプリオリとなるのか。第三に、物的な結果を待ってはじめて犯罪は成立するという原則。これもアプリオリですが、それはなぜか。第四に、罪刑法定主義。これは実はアプリオリではないけれども、なぜこれが要請されるのか。

S4：責任主義の根拠ははっきりしています。被告人の個人の自由を最大限尊重するということです。

S5：それなら、物的結果を要求するという原理も同じこと。個人の思想や観念を罰してはいけないということですから、個人の自由という大原理を基礎としています。

---

❼　「結果無価値論」はどうしても「過失」犯にフルの市民権を与える弱点をもつ。「故意犯および過失犯は基本的に同じであり、両者が異なるのは責任のレベルにおいてであるにすぎない。故意は「構成要件該当事実の認識・予見」として故意犯としての責任を基礎付け、過失は「構成要件該当事実の認識・予見可能性」として過失犯の責任を基礎付けるのである。」（前掲山口『問題探究総論』157頁）。

S3：処罰の条件ばかりで、犯罪の概念にはいっこうに到達してないじゃないか？　犯罪処罰の外側からの制約を論じてもそれは外堀を埋めているだけでしょ？

S6：でも、個人の自由をアプリオリとする考え方がそこに厳然と存在する以上、処罰の前提となる犯罪の概念もまた個人の自由から導き出されるであろうという予想は立つと思いますね。「何人も自分の自由に属さない事柄について責任を取らされることはない」という原則は、個人の自由を基盤とする社会がそこにあって、そしてその個人の自由を保障する体制が機能している、ということだから。

S4：しかし、だからといって「犯罪は自由の侵害である」という命題がそこから論理的に導かれるのではありませんよね。「明日の天気の予測が外れた、その責任を問われて処罰される」なんてことはありません。これは、天気が「個人の自由」の範囲内に収まる事柄であるとはいえないからではないですか？「個人の自由」と責任主義はたしかに犯罪の範囲を画します。しかし犯罪の概念がそこから出るわけではない。

S6：うーん、例が適切かどうか。しかしたしかに、「個人の自由」に属することで、かつ他人の「個人の自由」を害することが、すべて犯罪であるということにはなりません。2階のロックバンドの面々はいつでも演奏を中止できたし、またS1君の睡眠の自由を侵害した。けれども犯罪ではない。すると、「個人の自由」の次元を越えるところに犯罪のメルクマールを求めざるをえない。それでもやはり、そのメルクマールがまさに「個人の自由」と深く関わっているにちがいない。なぜならば責任原則がこれほどまでに重要だから。

S1：なるほど、「個人の自由」だけであれば民事責任と変わらなくなる。刑事責任がそれを越えるものである、ということまではわかります。

S2：「個人の自由の範囲だが、個人の自由の範囲を越えるものはなあに？」というナゾナゾですか。とんでもないなあ。

S6：その点では、ベッカリーアがやはり決定的に重要だと思います❽。社

会契約論の啓蒙ヴァージョンですが、個々人が自由を守るために自由を少しずつ差し出して共同装置をつくる。なお手元に留保した部分の侵害が民事で、共同した部分の侵害が刑事だというのです❾。

S3：だから、それが社会の防衛ということになるんじゃないの？

S6：まさにそこです。社会防衛論はベッカリーアの系譜を引きます。それはそうにちがいない。だけど、微妙なニュアンスの差はベッカリーア直後から生まれます。ベッカリーアは厳密に「差し出した共同部分」の侵害と

---

❽　Cesare Beccaria, *Dei delitti e delle pene*（初版 1764 年）はもちろん刑事法に携わる者にとって必携である。単一の著作がこれほど決定的であった例は他分野にはないであろう。刑事法に関する限り、17・18 世紀のイングランドが同等の重要性を有するのみである。そしていずれもギリシャ・ローマからの大きなインパクトが加わった産物である。Beccaria の著作については、テクストの変遷が非常に入り組んでいるために注意を要する。L. Firpo と G. Francioni の手になる critical edition（Milano, 1984）が重要である。テクストの問題に十分な注意を払った、小谷眞男による邦訳（『犯罪と刑罰』東京大学出版会、2011 年）も十分に有用である。

❾　"La somma di tutte queste porzioni di libertà sacrificate al bene di ciascheduno forma la sovranità di una nazione, ed il sovrano è il legitimo depositario ed amministratore di quelle; ma non bastava il formare questo deposito, bisognava difenderlo dalle private usurpazioni di ciascun uomo in particolare, il quale cerca sempre di togliere dal deposito non solo la propria porzione, ma usurparsi ancora quella degli altri."（ed. Francioni, p25f.）これが犯罪の定義になる。Bodin を思わせるがごとくに寄託のパラデイクマが徹底されている。p. 26 の編者註が強調するように、はっきりと sovrano が姿を現わし、これに犯罪がリファーされている点で、むしろ Hobbes に近い。これは啓蒙思想のなかでは例外的である（これも編者註が見逃していないように、ただし Rousseau が存在する；Beccaria のサークルは Rousseau を読んだことが知られている）。つまり啓蒙主義的セッティングのなかで政治システムの復権を図る水脈である。しかし Beccaria の定式は Hobbes の厳密さを欠き、Locke 以後の曖昧さを受けて社会と主権者のあいだの隔絶が明確でない。このために、"difenderlo" は容易に、社会と峻別された政治システムを守るというのでなく社会自体を守るかのごとき滑りを生む。ちなみに、この定式はすでに最初のテクストに存在する（p. 138）。なお ed. Francioni は Francioni 自身によるテクスト註と、L. Firpo による長大な書誌学的註をも含む。どちらも filologia の王国イタリアにふさわしい素晴らしい出来であるので、ぜひ味わうことを薦める。

いい、およそ社会を害するとはいっていない。さまざまな啓蒙主義のヴァージョンのなかでも、パリやナポリのそれと対抗的な北イタリアのヴァージョンであることを念頭におかなければなりません。

　つまり、ルソーのスイス・ヴァージョンと並んで政治システムの再興に傾斜した啓蒙主義です。これに対して、パリ＝ナポリのそれは、刑事法に関していえば、意思の切断作用を強調する❿。ベッカリーアの功績は逆に物的な結果を絶対のメルクマールとした点でしょう。しかも防衛の面ではなく、こちらをいっそう重視すべきだと私は思います。

■ 自由を実現するための装置、その原型イメージ

S6：もっとも、じつは私には、ベッカリーアの二元論、「初めに自由がある、しかしその自由を守るために自由の制約を受け容れる、共同部分へと差し出す」という理論構成自体、どうもしっくりきません。とくに犯罪の概念に適用されると、社会防衛論と同じ問題を発生させると思います。こ

---

❿　Beccaria の決定的な意義、そしてその限界、それが社会防衛論につながる（しかし常に自由の側を意味した）イタリア的脈絡は自明であったが、他方フランスの刑事司法改革、とりわけフランス革命時のそれへと Beccaria を比較的単純に結び付けていたところ、東條明徳「未遂罪における実行の着手論の再検討」（2016年度東京大学法学政治学研究科助教論文［本書締め切り直前に本論文の序章とフランス法に関する第一章が公刊された＝「実行の着手論の再検討（1）」法学協会雑誌136-1、2019年、189頁以下］）は、未遂罪と不能犯の理論構成という主題に関する限りではあれ、フランスとイタリアの偏差を見事に捉え、われわれの視野を決定的に立体化した［著者の好意により接することができた］。ただし、フランス流の「意思の表明」重視を古い犯罪企図重視の線でなお捉えている点は、おそらく不十分で、そのことは、たとえばナポリにおけるフランス風をフランスによる支配と単純に結び付けている点に示されている。フランス流は、それはそれで、事象連鎖をどうしても意思で切る必要に基づいており、社会防衛論への逸脱のカウンターパートとして主観主義に流れる弊害があったとしても、両者は対抗的なヴァージョン偏差と捉えることがヨリ正確であるという予測が立つ。そしておそらく啓蒙主義とその背景の二つのヴァージョンに関係する。逆にいえば、そのような高度な歴史学的問題をキャッチした大きな功績を東條論文は潜在的にもっているのである。

れもあれも自由を守るためには必要なのだ、と拡張される。個人の自由の存立を支える条件は論理的に決まってくるはずでしょう。ところがその線が厳密に引かれない。そして、もし個人の自由を存立させるための条件だというのならば、「一方に個人の自由があり、他方に個人の自由を制約する原理がある」と対立的に捉えることは、じつは奇妙なことではないでしょうか。殺人する自由を制約するという捉え方自体、まったく転倒しているとしか思えません❶。「個人の自由とはなにか」ということを厳密に詰めずにあまりに粗雑に扱っています。

S1：素朴な疑問として、殺人罪、ないし個人的法益侵害類型の犯罪を古典理論はどう捉えるのか。これが単なる不法行為ではない理由はどこにあるんですかね？

S3：殺人とか、自由侵害が起こらないようにするためにつくっている共同部分の破壊だということだろうね。

S4：その共同部分って、どうやって決まるのかな？　教えてほしいです。

S2：それをまさにみんなが決定するんじゃない？

S4：まあ、責任主義は、残された「個人の自由」ということから十分説明されますけれども。

S5：ともかく、公の秩序が個人の生命を守る、そして生命は個人の自由のなかでもいちばん重いものだ、だから公の秩序の破壊は犯罪だ、なんて常

---

❶ 「人権が制約される」と捉え、制約内在説、外在説を論じ、公共の福祉に達する、そのようなディスコースは、それ自身的がはずれている。なぜならば、人権ないし自由は概念の理論的性質として占有にほかならず、したがって決して攻撃的には使えないからである。よく挙げられる「人が殺す自由はなぜ制約されるのか」というトポスは意味をなさない。もちろん、法は「人を殺してはいけない」といってはいない。「殺したならば、かくかくしかじかである」といっているだけである。その意味では人を殺すのも自由である。これが法と他の観念体系を分ける点である。ただしこのような言い方は日常的なものであるにすぎず、厳密には、「人を殺してはならない」という倫理的規範に法は関わらない、といわなければならない。むろん、法はかえって自由を厳密に考え、構造的に概念構成する。そして個人の自由の基幹の破壊に対して厳密な手続を発動させる。

識論は受け付けませんから。

T：個人の自由、たとえば個人の生命、そういう原理が刑事法のコアに存在する、しかしそれ自身ではなくそれを守るものの破壊が犯罪だ、なおかつその守るものをなにか個人の自由の外には求めたくはない、というのですね？　ならば、「個人の自由」が、保障されると同時に、保障される側ではなくして保障する側に回ればいいんだね。

S1：詭弁がすぎます！

T：いや、啓蒙期の標準理解のほうがその点では少し循環しているのです。社会契約において自由を留保しておきながら、なお重複するようにその外側のシステムが自由を保障する、という論理構成は少々奇妙だ。しかも、その外側のシステムも皆が自由を持ち寄って形成する。つまり自由一元的資源論だ。一元性ゆえに妙に重複している。堂々巡りになっており、しかもメカニズムがはっきりしない。ただ、逆に言えば、まさに自由で自由を守るような、私の詭弁と同じロジックに、ほとんど無意識になっています。

　じつを言えば、ホッブズまでさかのぼれば反対の論理構成を見ることができます。啓蒙期の論理構成はそれを懸命にひっくり返そうとした。ホッブズによれば、自由の保障は自由を各人が全部国家に移譲することによってのみ達成される。留保はありません。この論理構成によってはじめて公権力というものが厳密一義的に定義される。私的権力は解体されてゼロにされる。ゼロにするという厳密な１点においてかえって公権力は拘束され、ほかのことは一切できなくなる。つまり「まあまあ」というので取引することはできなくなる。そうすると、自由を保障するもののみがあり、これを破壊するということが一義的に決まり、それですべてです。自由を保障する者を防衛することと自由を防衛することは同じになる。そのほかに留保されている各個人の自由を守るなどという余地はない。

政治システム

T：さて、ホッブズをインスパイアしたのはギリシャ・ローマでした。ホッブズに限らずベッカリーアも圧倒的に古典の影響下にある。啓蒙主義自体がそうでした。だから、さらに刑事法の基礎を探っていくときにはどうしてもギリシャ・ローマに降りていかなければなりません。そしてそれがこの授業の趣旨です。ただし、みなさんにはこの部分は簡単ですね。コース前半で公法をこの観点から論じました[12]。

S4：刑事法の理解にも直接効いてくるのでしょうか？

T：まったくそのとおりです。それどころか、刑事司法は政治システムの制度的な方面を代表します。

　いずれにせよ、ギリシャ・ローマでは、ホッブズよりもっと徹底していて、私的権力を解体するということによって定義される政治システムは、それ自身私的権力の真空状態でなければならないから、独立自由な頂点の水平的連帯によって構成される。ということは、この独立自由な頂点を一つでも破壊する権力が現れれば、システム全体の破壊だ。チェーンの吊橋はチェーンを1個切られると落ちる。切られたその1個のリングに対する侵害ではない。なぜならばリングが1列に連帯している。この連帯の精神は、よく知られたファランクスの精神に受け継がれていますね。実際にはこれはデモクラシーへの移行期に現れるのだけれど、たがいに隣の人を守るように盾を構えて横一列の戦陣を作る。一人でもサボればそこを切られて戦術的に劣勢に立つ[13]。

---

[12] 本書自体、木庭顕『[笑うケースメソッドⅡ] 現代日本公法の基礎を問う』[IP] 勁草書房、2017年の叙述を前提とする。ただし註で適宜参照箇所を指示する。

[13] いわゆる「重装歩兵市民団」であるが、近年の研究では、デモクラシーというより政治成立期にすでに見られることが明らかになっている。

するとどうですか？　まず、私的権力を解体するのはもちろん個人の自由のためだ。しかるに解体の主体は政治システムで、それは自由な個人の連帯によって成り立っている。言い換えれば一人ひとりの自由な個人の存立が、同時に、個人の自由を支える装置になっている。だから、その自由な個人の自由を破壊することは、その個人に対する侵害ではなく装置の破壊であり、したがって犯罪である。

　ベッカリーアの大きな功績は、さきほども言ったように、ホッブズの発見を啓蒙主義の文脈において組み替えた点にあります。いわば第二波のギリシャ・ローマ＝イムパクトが押し寄せて市民社会やデモクラシーへの胎動が生まれる。そのなかで、とくに大陸の刑事司法ははじめて輪郭を得ていく❶のですが、刑事司法が政治システムの根幹に関わるということにふさわしく、元来の政治的伝統、つまり最近の言葉でいえば共和的な伝統、がいちばん残る北中部イタリア・ヴァージョンの異形の啓蒙主義が刑事司法に関する限り強いアクセントを加えることになった❶。ベッカリーアとイタリア学派のこの分野における大きな役割はこのようにして説明することが可能です。

　しかし他方、よくいわれるように、社会防衛論へと流れる動向をも生み出しました。間違ってはいけませんが、イタリアでも社会防衛論はあくまで論争的なものにとどまります。ベッカリーアの優れたほうの影響は揺るがない基本として定着しています。つまり物的な結果がなければいかなる犯罪も成り立たないという認識です。

---

❶　だから、次章に述べる死刑廃止のような、（市民社会の発展を前提とする）第二フェイズの刑事司法が、とりわけ大陸では、初手から現われる。政治のデフィシットを市民社会の側から補填的に補ったという近代固有の歴史が物を言っている。

❶　啓蒙主義の諸ヴァージョンについては、J. Pocock や J. Robertson の一連の研究のほか、私の見解は、暫定的に、「市民社会の基層と社会学」（『法社会学』85号『市民社会と法社会学』有斐閣、2019年、6頁以下）において示されている（Pocock や Robertson の研究に対するコメントや書誌情報もこれに譲る）。

それでも、第一にベッカリーアの認識は例外的に鋭く、それ以後は曖昧になっていってしまう。そして第二に、ベッカリーアの定式自体、近代においては最良のものであるが、やはり彼にとってソースであるギリシャ・ローマの基本観念に比べると精度が落ちる、といわざるをえません。
S1：前半の公法の部分をそう完全には理解できなかったのですが、あのイメージ、政治システムのイメージがここへつながるのか、とは思いました。犯罪の概念についてですね。
T：いや、ギリシャ・ローマにはない国家概念の部分が大きな差違をもたらします。ホッブズにおいてさえ自由な主体の水平的結合という動機は存在しません。その結果現れる透明な権力の、そのまたエッセンスだけなんとか確保しようとする。その結果刑事法の理解もギリシャ・ローマから見ると大きくゆがむことにはなる。
　ましてベッカリーアの場合であれば、その国家が、自由を供出しあってというふうに理解され、いっそう厳密な概念から遠ざかる。それでも、むしろ刑事司法の再発見こそは、近代国家に対して古典風の真の政治システムをいまさらながら多少とも取り戻す、ないし後から追完するという意義をもちました。実際、われわれの刑事司法の基盤を成している啓蒙期の諸概念は全部ギリシャ・ローマ由来で、極端にいえば新規のものはない。むしろ彼らのギリシャ・ローマ理解はきわめて不十分だった点が大変遺憾です。
　われわれの刑事法は三度のイムパクトを受けてできあがったものです。第一は18世紀前半までのイングランドにおける弾劾主義の成立に対してもったギリシャ・ローマの影響。第二は、いま言ったように、18世紀後半以降啓蒙主義の時代の刑事司法改革論をギリシャ・ローマが圧倒的にイムスパイアしたこと。第三は、19世紀ドイツにおけるローマ法学の影響。19世紀初頭の新人文主義によってローマ法学が全面更新を経た結果成立するいわゆるパンデクテン法学の圏内に刑事法学も入っていきます❶。

犯罪の基本概念

S4：責任主義や罪刑法定主義などは、そのようなギリシャ・ローマ以来の伝統のなかできちんと説明できるのですか？

T：刑事司法の基本原則はすべてこの伝統からわれわれが受け取ったと考えてよい❶。罪刑法定主義などは、文字どおりにはギリシャ・ローマにはないものですが、あとで説明するように、さらにその基本となる原理はギリシャ・ローマに由来します。

犯罪の概念に到達するためには、公法部分のおさらいになりますし、さきほど言ったことの繰り返しを含むことになりますが、政治システムの構成原理を振り返って見ておくことが不可欠です❶。

横一線のチェーンを切るイメージをさきほど提出しましたが、反対のイメージは、小ボス中ボス大ボスなどと人々が蔦のようにもつれながら結び付いている図です。枝分かれ型の組織ですね。この場合、たとえば小ボスが中ボスを倒して蔦のこの部分を切ったとしても、組織全体としては大した問題ではありません。もちろん組織は反応します。しかしこの種の組織に固有のメカニズム、つまりエシャンジュ échange によるレシプロシテ

---

❶ 後述の「主体の装甲化」(第7章)という変化に対応する。

❶ ある意味では近代のすべてがギリシャ・ローマ由来であるが、民事法はヨーロッパが早くに受け取り、その真の意味がゆっくり再発見されていったのに対して、刑事法に関する限りヨーロッパも覚醒は大変に遅く、そのかわり17・18世紀イングランドと啓蒙期大陸で一斉に開花現象が起こる。ギリシャ・ローマの影響は劇的であった。それでなお、死刑廃止は20世紀後半にずれこむなど、最も後進的な分野であり続けた。基本的には、やはり政治システムの理解がどうしても遅れるという事情が作用している。

❶ IP、19頁以下。詳しくは木庭顕『政治の成立』[POL]東京大学出版会、1997年(第4章)の参照を乞う以外にないが、木庭顕『新版ローマ法案内』[IRL]勁草書房、2017年のI-5、23頁以下にも、ローマに関する限りの、IPよりもう少し詳しい要約的叙述を見出しうる。

réciprocité の創出、つまり暴力の応酬（復仇や抹殺）や擬制的贈与交換（手打ち、賠償）などがその手段となります❶⁹。これは、組織が垂直方向に多重であることを条件としています。誰がやられても相対的に子分がやられたにすぎませんから、親分が出てきて報復したり落とし前をつけさせたりできるのです。

　これに対して、政治システムの場合、唯一の結合媒体であるその直線、これは縦の幅がまったくないユークリッド的直線でなければなりませんが、この直線を1点でも切られると、そこで組織自体が破壊されます。一人ひとりの個人の自由の存立がこの1点に該当します。この場合破壊は、1本の直線の一義性にかけて、完璧に一義的です。1か0であり、また破壊の対象も一義的です。とにかく、いっさいの私的権力を解体して個人の自由をゼロから（ex nihilo）創造する装置は、このようなイメージで捉えられました。個人の自由の存立が同時に個人の自由を支えるという同義性が肝心な点ですね。もちろん、それは高度な抽象的思考のなせる業です。

　この直線に具体的に該当するものがなんなのかは難しい問題です。ギリシャ・ローマではもちろんそれは明証的であると考えられました。その1点に自分たちの自由のすべてが懸かっている、そのような事態が当事者にとって自明である、ということですね。実際には、いっさいの権力・実力・利益交換が排除されて言語だけが機能する空間として設計された都市❷⁰、なかでもその中枢の公共空間が結合のための直線に相当しました。都市空間という一直線で自由な個人が一義的に結び付いていた、ということです。都市の外側、領域においてはそれ以外の、主として経済的活動が展開されます。ここに私的権力が秘かに発生するのを防ぐことはそれ自身なかなかに難題でしたが、その社会全体の至高の頂点が横一列ですから、ひとまずこの社会からは私的権力が排除されていると見ることができまし

[19] IP、13頁。
[20] IP、55頁以下。

た。領域にマイナーなレヴェルの支配服従関係が発生する問題への対処については後に見ることがあるでしょう㉑。

さて、するとまさに、まず都市空間ないし公共空間を実力で占拠してその機能を破壊することが犯罪の中心的なイメージでした。クーデターによる独裁権力の樹立ですね。公共空間を圧倒するような屋敷を都市空間内にかまえることも犯罪とされました。秘かに利益で結び付いた組織をつくり、社会を浸潤していくことも犯罪でした。その空間はただの空間ではありません。そこでは自由で独立のもろもろの頂点が言語だけを厳密に交換して政治システムの作用を構成しています。

ですから、他の頂点を圧迫して服従させることは犯罪でした。権力の樹立ですね。具体的には殺人です。そのように他の頂点を抹殺すれば複数頂点の水平的結合体自体が危殆に瀕します。殺人に至らない圧迫はもちろん犯罪ではありません。自由の圧迫ではあっても自由を支える装置自体の破壊ではない。もちろん、殺人は個人の自由の侵害です。しかしそれが同時にシステム自体の破壊になるというからくりがここにあるという点は、さきに述べたとおりです。

厳密な心身二元論的概念構成、その一、物的な結果

T：破壊は物的㉒なレヴェルで概念構成されます。なぜならば、犯罪は必

㉑　占有概念や民事訴訟が基幹の装置であるが、刑事法にも変化をもたらす。政治的文脈を離れて（占有主体としての）自由な個人の存立がそれ自体として政治システムの根幹を構成するようになる。

㉒　réel ではなく matériel である。ただし、形而上学としての心身論においては、Descartes を引くまでもなく、心理的な部分は身体のほうに入る。moral もまた身体のほうに入るということができる。かくして、心理的な圧迫も実力形成 vis とみなされる（中世の "vis contemplativa"）。したがって犯罪たりうる。もっとも、政治システムが機能していれば、心理的圧迫はまったく怖れるに足りない。それを解体する言語空間・記号空間が形成されているからである。

ず政治システムが実力に屈したことを意味します。実力は定義上物理的なものです。もう少し丁寧にいえば、犯罪は政治システムの根幹がテリトリーの集団のロジック❷❸に屈したということを意味します。

　物的とは、テリトリーの集団のロジックのことです。だから犯罪は必ず土地の上に展開されます。政治の在り処は都市ですが、その外の領域に発生した実力が都市を制圧するのが犯罪概念の基本です。都市の内部で秘かに実力組織が形成され、これが暗殺を実行したという場合も、実力組織形成の時点ですでに「領域の上で発生した実力が都市内部に浸潤した」と把握されます。

　要するに、物的結果がなければ犯罪は既遂にならないという大原則は、はじめから明確でした。そして、さきほどの直線の一義性のゆえに、破壊の物的な結果は一義的です。「破壊されそう」とか、「破壊されるかもしれない」はありません。

厳密な心身二元論的概念構成、その二、故意

T：他方、物的結果だけあっても犯罪は成立しません。たとえば都市の公共空間を群衆が占拠するのは政治システムにとって由々しき事態ですが、しかしこれが偶発的であるならば、掃き出せばよいだけですから、犯罪を構成しません。現代風にいえば、たかだか行政の問題で、たかだか行政罰を課されるだけです。犯罪となるためには、実力を形成して権力を樹立するという意思の働きが不可欠です。かつ、実力は人々の身体が土地の上に具体的に一体化していることですが、この意思的要素、故意があってはじめてこの一体化が可能です❷❹。また、殺人も、偶発的であれば犯罪にはなりません。その頂点を抹殺することによって権力を樹立するぞ、という意

---

❷❸　IP、45頁。
❷❹　この意思的要素のゆえに、故意は主観的ないし心理的な要素、時としてそうした

思的要素が不可欠です。

　故意の内容をもう少し詳しく見ますと、犯罪は必ず実力形成によってなされる、しかるに実力形成とは必ず一体化した集団が頂点からの指令で動く、無分節状態ですね。いま、誰か人が死んだという物的結果がある。これがこの一体化した集団と一義的無媒介に結び付くかどうか。結び付けば、まあ、頂点の一義的指令のことを考えればわかりますね、これが故意です。無分節だから、あいだに障壁なしに指令が結果と結び付く。もちろん、無分節の集団の物的末端が物的結果と物的に連続していることが条件です。

　この物的結果との無媒介性ということは、（決して刑事法のなかには登場してはいけない概念ですが）いわゆる「過失」を考えるとわかりやすいでしょう。なにかの事情があいだに挟まって計算どおりにいかなかった場合に問題となります。「無媒介だ」というのに対して、「いや、あいだに挟まった」と抗弁します。「あいだに挟まった」というのに対して、「それでも無媒介と同じことだ」と主張する場合もあります。もちろん、刑事法では、あいだに事情が挟まっているのに責任が生じる場合というのはありえません。実力形成と物的結果のあいだの物的連続という１点で故意を判断します。

　この、「１点で判断する」というところですが、反射的にその裏のことも意味します。実力形成は、論理的に、一人ひとりかつ一つひとつの一義的指令、自分に対する自分一人の一義的指令から出発します。なぜならば、一人ひとりは完全に自由独立と措定されているからです。その状態から実力形成に向かうにはよほどの決心が必要です。集団の頂点であろうとフォロワーであろうと同じことです。反対にいえば、群衆に巻き込まれ物理的に押されて騒動に加担しても、まあ、これを「加担」ともいいませんよね、これは犯罪にはなりません。ここに故意という概念のもう一つの側面が現

> 要素一般であるという誤解が生まれる。そうではなく、犯罪主体の形態に関する要件である。

われます。故意は厳密に個々人のものです。

　繰り返しますが、なぜならば、政治システムが形成されている以上、個人は完全に一人ひとり自由で独立です。だから集団を処罰することは決してしてはならない。土地の上の一体化した実力に巻き込まれた者を一網打尽で捕えてはいけない。故意概念、そしてこれと密接であるとされる責任主義、これは、したがって、政治システムの性質から出てきます。思想を処罰することがないのは、一つには物的結果しか問題としないことによりますが、もう一つには、具体的な故意は一人ひとりに固有に帰属するからです。思想は流布し感染し人々の頭を集団的に覆います。

　故意の以上の二つの側面は、密接に関係してコインの表裏を成しますが、一応区別しなければなりません㉕。故意は個人の切り出しを通じて責任主義の柱ですが、責任主義を担うのは故意だけではありません。責任能力の問題などもあります。

　道義的非難が不当であるのは、どうしても犯意だけで非難がスタートしてしまうからで、せいぜい考え直しの猶予を与えるために既遂を待つのでしかなくなるからです。社会防衛論が不当であるのは、もちろん、物的結果さえあれば責任を問わずに刑罰を科すからです。

　いずれにせよ、政治システムにとってそうだからですが、刑事法にとって心身二元論はなくてはならない装備です。心身二元論は形而上学の要です㉖。唯物論も観念論も心身の二元的構造をどう説明するかに関わります

㉕　高山佳奈子『故意と違法性の意識』有斐閣、1999 年の大きな功績はこの二つの側面を弁別したところに存する。（無媒介という方面の故意に対応する）「故意」を責任の根拠、（切り出し方面の故意に対応する）「違法性の意識の可能性」（の無さ）を――責任能力や期待可能性と並列で、そして構成要件が高度に技術的な場合に限り――責任阻却事由とする（高度の技術性を組織の中への巻き込まれと同じに見たことになる）。ただし前者の内容の把握において混乱しているということについては後述する（第 7 章）。

㉖　政治システム樹立のために不可欠の心身論は、Homeros の全テクストにおいてじつに周到に展開されており、単に"Odysseia"の nekromanteia のみではない。

から、やはり二元論をめぐって動いているといってよい。そして刑事法はこの二元論を通じてつねに形而上学とともにある。まあ、もちろんなんだって形而上学と無縁のものはないのですが、刑事法学はなかでも縁が深い。

裁判

T：では次に、犯罪が起こってしまったならば、さて、どうしますか、ということを訊いてみましょう。
S1：処罰します。
T：そうですか？
S4：もちろん、裁判をします。「裁判なくして刑罰なし」です。さもなければリンチになります。
T：裁判[27]とはなんですか？
S1：公法部分ですでに論じた記憶はありますが、もう一度確認していただけると助かります。
T：そうですね、今回は少し具体的なところからいきましょう。公法のときには原理原則から論理的に導いただけでしたから。たとえば、こう訊いてみましょう。判決に人々が従うのはなぜですか？
S2：従わなければさまざまな制裁を受ける。判決が自分の不利益になるとしても、それを上回る不利益が見込まれるから。
S6：たしかに、実証主義と功利主義は表裏一体だ。

POL、第3章の参照を乞う。
[27] POL、IV-4、364頁以下参照。ローマに関しては、木庭顕『法存立の歴史的基盤』[POSS] 東京大学出版会、2009年が、体系的ではなく、伝承批判に沿った叙述方式を採るために、わかりにくくなっているが、I-2（114頁以下）は Sp. Cassius 伝承を全分析の起点に設定するものであり、この伝承は裁判そのものの先例設立パラデイクマである。叙述はこのパラデイクマの地下茎を半神話的（étiologique）な伝承の stratigraphie へと潜っていき、裁判に関する限りはまとめ直す叙述は行われない。IRL の前掲箇所の参照を乞う。

S3：むしろ、物理的制圧だと思うな。

T：そうだとすると、それは政治システムの基本原理に反するのではないでしょうか？　政治システムは自由保障装置ですよね。ボスが支配する徒党を解体する。その徒党に典型的な思考である利益交換と利益計算、取引ですね、これが判決遵守の原理であるとは思えませんね。物理的制圧は実力によりますね。実力形成は犯罪そのものではないですか？

　判決の言渡しは絶対的命令を意味します。ローマの、そしてローマ由来で初期近代に定着した用語を使えば、イムペリウム imperium ㉘ ということになります。絶対であるのは、政治システムの決定、政治的決定 ㉙、であるからです。絶対でなければ、迂回したり、取引によって割り引いたりできるということになります。これは秘かな集団の介入を意味しますから、そのような不透明なことは政治システムは許しません。だから、社会全体としてみれば、整然と判決の命令に従うということになります。もちろん、それが実現するのは、政治システムを形成するに際して人々の意識ができあがっているからです。

　裁判は政治的決定の一つのジャンルです。

刑罰の意味

S5：しかし、犯罪に対処するためになぜ政治的決定を経なければならないのかなあ？

T：政治システムはその決定によっていったんすべてを白紙にし、真っ白なキャンバスに真っ直ぐな論理と豊かな構想力のみを使って自由に絵を描くことができます。もちろん勝手な絵を描くわけではなく、政治システムの理念、つまり自由の保障という線に沿ったことしかおこないません。

㉘　IP、36頁。
㉙　IP 全体の柱の概念であった。

さて、犯罪が起こったときには、自由な主体の水平的な連帯が壊れた状態にあります。壊れ方というのは、一人または複数のメンバーが他の一人または複数のメンバーを押さえつけるというものです。権力が発生していますから、政治システムの中枢が打撃を受けた状態です。定義上、一人ひとりの政治システムの構成員は頂点であり、したがって王です。1か0の絶対的な王です。上位も1に足りずに0.7で、下位に0.3を委ねているということもない。

　犯罪は、この1対0の絶対王に対する王殺し（regicide）とみなされます。かくして、これに対しては逆王殺しをするしかない。各メンバーが1になって相手を0にする。ポトラッチを利用する。こんな一義的に明快なことを、有無をいわさずできるのは政治的決定以外にない。政治的決定はすべてを白紙にしてゼロから形成し直す力を持ちます。

■ 弾劾主義

T：裁判は、政治システム構成員の地位に関する特殊な政治的決定です。政治的決定は、通常、評議会のような合議体が議論を重ね、その結論を民会のような全体会（plenum）が批准することによってなされます。議論も結論も自由自在です。しかし裁判の場合、構成員の地位が懸かっていますから、政治システムの再形成という厳密な論理に沿ったことしか結論としえません。「だからどうする」の部分、政治的決定の結論的内容、は、1を0にするかしないかだけの選択です。犯罪があったかどうかの判定が唯一の任務です。

　まず、民会が批准するという手続はおかれません。合議体の手続の公開性に置き換わります。もともと民会にはあまり議論はさせないのですが、犯罪の場合には、オープンな議論に晒すと、集団対集団のさまざまなインタラクションが発生してしまうからです。クーデタ派は煽るでしょう。リヴェンジの意識も現れるでしょう。被害者の親族が復仇に燃えるでしょう。

これらはすべて政治システムにとって最悪です。

　同じ理由で、合議体内の議論でさえ特殊になります。基本的に、選任された訴追者と被告人のあいだでしか議論はおこなわれません。それも、訴追者が犯罪を論証し、被告人がその論証を駁する、ということしかなされません。合議体は合議体といいながら議論には参加せず、訴追者がおこなった論証の成否を判定するのみですが、これは政治システム本体の合議体、ギリシャならば評議会、ローマならば元老院のなかから選出されたメンバーが小合議体を形成して代行します。陪審ですね。デモクラシーになるとこの陪審のところが民会全体に対して開かれ、広く籤で選出されます。

　いずれにせよ、陪審の部分が政治的決定たるのポイントであり、陪審のない裁判は形容矛盾ですが、他方、繰り返しますがこの合議体は議論に参加しません。判定のための議論は内部でなされますが、これは公開されません。もちろん被告人の無罪は推定されます。彼は政治システムの自由独立の構成員です。

　最後に、判決はイムペリウム保持者たる政務官によってなされます。政治的決定の執行に関わるからです。もちろん無条件にそれは実現されます。そして、以上のように全体が厳格に規律されるのは、犯罪が政治システムの生命線の破壊だからであり、これにピンポイントの再生でもって対処しようとするからです。だからすべては厳密なロジックに則って遂行されます。

　以上が今日弾劾主義と呼ばれる原則の基底的な層です[30]。弾劾主義はこ

---

[30]　弾劾主義については、まず IRL、43 頁以下、参照。さらに POSS、339 頁以下、参照。ともにすでに第二層の説明である。イングランドにおける発展については、J. H. Langbein, *The Origins of Adversary Criminal Trial*, Oxford, 2003 が水準の高い研究を提供する。被告人に "defense counsel" が付くという意外なメルクマールを採るが、決して trivial ではなく、ローマにおけるのと同様に、被告人に auctor が付いていったん解放されるという点を重視するのである。17 世紀末の一連の事件の後に 1696 年の "the Treason Trials Act" によって完成される (p. 67ff.)。Langbein は、そもそも当事者主義が強く私訴の域を出なかった状態を、

の後、第二層と第三層を持つことになりますが㉛。

S1：これまで実定法の授業で勉強してきたこととあまりにもちがうので、頭がくらくらするような気分ですが……。

S6：啓蒙主義の時代に人々が覚えた断絶感と基本的に変らないと思うな。ギリシャ・ローマのイムパクトがいっそうヴィヴィッドになった気分ではあるけれども。

T：そのとおりで、基本を徹底させただけです。刑事司法は、政治システムをわれわれが持つということのコロラリーとして、さまざまな社会学的懲罰制度を完璧に払拭して全面的に捉え直されなければなりません。

■罪刑法定主義

S2：罪刑法定主義がまだ説明されていないような気がしますけれど？

T：そうでしたね。なにが犯罪かは論理的に決まります。自然法というのではない。なぜならば、すべての社会が政治システムを持っているのでは

---

the Marian Statute が被告人のための助力を禁じて克服した、という歴史的前提をも逃さない。さらにこれを、高度な政治的な性質の訴追において、vas 類似の貴族同僚が破る、というのである。

㉛　第二層については第1章の死刑論において、第三層については第3章の訴因論で触れる（第三層の背景をなす犯罪概念については第7章で説明する）。ちなみに、ヨーロッパでも主としてドイツでよく流布している弾劾主義観は、私人が訴追するか、国家組織が訴追するか、という誤ったメルクマールを採り、当事者主義をこの前者のことであると誤って捉え、私訴追ないし被害者による訴追が歴史的に先行し、これが弾劾主義であり、糾問主義はこれを克服する、と捉える。これに呼応して、ローマ法学では、Th. Mommsen が共和初期に糾問主義から弾劾主義への移行があったとして一旦通説を形成するものの、W. Kunkel が、弾劾主義に見えるものは政治的性質の訴追ないし端的な実力の応酬であり、遅くになってはじめて糾問主義として刑事司法が確立される、という見方を提出した。しかし、基本は民衆訴訟であり、かつこれは私人による訴追とは異なる。公訴の概念は、訴追者が政治的決定によって立つ、ということを旨とする。政治的決定によって私人が立つのである。これが弾劾主義である。

ないからです。しかし政治システムを持っていなければ刑事司法を語ることはできない。他方、どのような政治システムを持つかに関してはヴァリエーションがあります。主としてデモクラシー段階で非常に技巧的な制度構成がおこなわれ、政治システムの骨格も多岐に発展していきます。

　立法はこのフェイズに対応します。成文の規範によって政治システムを運用する。デモクラシーが強く要請する公開制原理と深く関係します。全員が政治的決定、それも政治システムの骨格の複雑なヴァリエーションに関わる決定、を直接的に共有している、ということがもはやないからです。かくして、この段階で刑事司法を立法の対象とするということがおこなわれる。

　もっとも、ギリシャ・ローマでは、だからといって罪刑法定主義がおこなわれていたのではありません。基本は決定もされず書かれもせずに共有されていました。逆にいえば、なんでも刑罰を科してよいというのではない。政治的決定におのずから制限があるということを固い共通諒解としていました。

　しかし近代初期には、政治システムを再建したものの、国家という装置を使った仮普請であった。これを実質化するという要求とデモクラシーへの動きが同時に現れました。実質化するときに当然政治システムの実質を欠く国家への不信がありました。デモクラシーのために明確にするという要請とこの不信からくる要請は合成されることになる。

　かくして罪刑法定主義が成立しました。つまり、罪刑法定主義は、論理的に限界が画される犯罪の範囲をさらに画するのであり、政治的決定のオールマイティーを意味するものでは決してありません。この点の誤解は日本ではじつに広く人々の考えを汚染しており、考えられない事柄が法律や、そしてとくに条例によって犯罪とされています。条例による犯罪の設立が認められるのか、という大論争があるとさえ聞きません。法律で量刑の制限はなされているとは思いますが。

 死刑

最判昭 23-3-12 刑集 2 巻 3 号 191 頁　尊属殺人・死刑制度合憲判決事件

判決のロジック

T：今日に限り、事案を省略して、この判決が死刑を合憲だとした、そのロジックのみを読むことにします。では、そのロジックを紹介してください。

S2：判決はまず罪刑法定主義に触れ、死刑を認めるかどうか、どのような犯罪に対して科すか、どのように執行するかなどが罪刑法定主義に委ねられ、したがって時代や環境によって変遷しうるとします。ただしもちろん憲法上の制約に服するので、新しい憲法との関係はどうかということを見なければならないところ、憲法 13 条の生命の保障は公共の福祉によって制限されるので、死刑は憲法 13 条には違背しないとします。

　さらに憲法 31 条は適正手続によって生命をも奪いうるとし、死

> **憲法 13 条（個人の尊重と公共の福祉）**
> すべて国民は、個人として尊重される。生命、自由及び幸福追求に対する国民の権利については、公共の福祉に反しない限り、立法その他の国政の上で、最大の尊重を必要とする。

刑の存在を前提していると述べます。「現代多数の文化国家におけると同様に」、死刑による「一般予防」は「社会を防衛」するためには不可欠であり、「個体に対する人道」より「全体に対する人道」を優先させたとします。

> **憲法 31 条（生命及び自由の保障と科刑の制約）** 何人も、法律の定める手続によらなければ、その生命若しくは自由を奪われ、又はその他の刑罰を科せられない。
> **憲法 36 条（拷問及び残虐な刑罰の禁止）** 公務員による拷問及び残虐な刑罰は、絶対にこれを禁ずる。

憲法 36 条の「残虐な刑罰」に該当するかどうかについては、執行の方法が時代と環境において残虐だと受け取られる場合には残虐だとせざるをえないが、死刑そのものがただちに残虐だというわけではないとします。

S1：重要な補足意見があり、憲法 31 条が死刑の存在を前提しているのは「国民感情を反映」したものにすぎないから、今後それが変化すれば、そして一般予防の必要がない時代になれば、死刑も否定されるかもしれない、といっています。

S2：全体として法実証主義にしたがった手堅い判決だと思う。上告理由に制約されてのことだけれど、憲法も、条文の文言から出発して論じている。死刑制度の実効性を一般予防の立場から判定しているのも実証主義の現れです。

判決のロジックに対する批判

S4：まさにその点が非常に不満です。「人の生命は重い」などといいながら、死刑制度の根底については全然論じていないのではないでしょうか。だいたい、多くの日本の最高裁判決と同じで短かすぎます。刑罰を論ずるのに責任論を回避していいのでしょうか？　責任の重さのみが刑罰の重さを正当化しうるというのに。そもそも、時代によって国民感情が動くというの

ならば、憲法論にさえなりません。

S3：一般予防の部分は、たしかに、あまり実証的でもないようですね。威嚇効果については、いまではほとんどいわれないよ。それに、法実証主義的というけど、憲法31条の文言の解釈❶が甘いな。「あることを奪うためにはある手続が必要だ」といっているときには、「そのあることを必ず奪う」といわれていることにはならない。「この山に登るためにはこの断崖を登らなければならない」という言明は、「この断崖を登ることは不可能だから結局この山に登ることは不可能だ」という結論を全然排除しない。

S6：私は、判決や補足意見の歴史の段階論に、ある程度賛成です。ギリシャ・ローマで死刑が違法であったこと、その結果ベッカリーアも死刑を否定したことは有名ですが、ヨーロッパでさえ戦後にならないと死刑は廃止されない。私が死刑に反対する最大の理由は国際的な非難ですが、ようやく世界が死刑を時代遅れとする段階に到達したのだと思います。

S2：だけど、その段階なるものが曖昧なのが激しく気になるな。そこをきちんと言語化してもらわないと納得できない。国際委員会の勧告とかも、人道を説いていてもなかなか堅固な哲学的論拠づけには至ってない気がする。間違ってれば幸いだけれど。

T：おや、この判決の主要な論拠である、「残虐」の問題❷について意見が出ませんね。

---

❶ 憲法学では依然これは重要な論拠であり続けている。長谷部恭男『Interactive 憲法』有斐閣、2006年、70頁以下参照。

❷ 「憲法学説では、死刑が憲法の禁ずる残虐刑にあたるとの立場は有力とは言えない」（長谷部恭男『憲法』第6版、新世社、2014年、268頁）。高橋和之他『憲法Ⅰ』第4版、有斐閣、2006年、418頁以下も、まずは36条の問題としつつも、「刑罰の目的に照らして死刑が必要かどうか」「一般予防の現実的効果をどう評価するか」を検討するよう促すのみである。人権やデモクラシーを生命とする憲法学が死刑廃止の論拠を明快に提出できないばかりか、結論自体に懐疑的（前掲長谷部『Interactive』前掲箇所参照）であるのには驚く。ちなみに、死刑廃止に懐疑的であるのは懐疑主義に反する。懐疑主義ならば死刑制度に懐疑でなければならず、死刑制度に懐疑的ならば、とりあえず停止を主張するのでなければ辻褄が合わない。

S5：なにが残虐と感じられるかは、時代にもよるし文化にもよるからではないでしょうか。無期懲役のほうがよほど残酷だという意見もありますし。
S2：残虐の厳密な定義ができないから議論が堂々巡りになる。
S6：ベッカリーアは、死刑はその残酷と野蛮が社会にとても悪い影響を及ぼすと言いましたが❸。

死刑制度の意義

T：最高裁の論理構成は、死刑が許されるかのみを論じ、許されれば、立法政策で採否を選べる、というものです。しかし、死刑制度を採るにしてもそれはギリギリの選択たることは明らかだから、「したければできる、なにか利益があればできる」というのでなく、「どうしてもしなければならない、勘弁してくれ」という必然がなければなりません。この必然を理論的に論証する任務が死刑制度を支持する側に課されなければなりません。反対する側にのみ論証責任が課され、これを支持派が駁するというのはおかしい。死刑制度を一応論証しえたならば、これに対して反対派がそれを崩す、というのでなければならない。そこでまず、なぜ死刑という制度があるのか、考察しましょう。
S5：たしかに、「どうしても死刑としなければならないのはなぜか」についてあまり議論されていないように思えます。死刑に処するのも許されるというのが通常の議論ですね。応報が唯一の理論的な論拠ですが、死刑も許されるというまでで、免除することが許されないというロジックは出てこ

---

❸　現在でも死刑をめぐる議論は盛んで、膨大な文献が生み出されつつある。しかしながら、読むべき1冊と言われれば、団藤重光『死刑廃止論』第6版、有斐閣、2000年を挙げることになる。文学的な価値も高い。Beccariaをインスピレーションの主要な源とし、翻訳に飽き足らずイタリア語でテクストのニュアンスを捉える。Kantさえ批判して「刑事法が考えるべき応報は極めて次元の高いものでなければならない」とする。

ない。それに応報というなら、殺人には必ず死刑、残虐な殺しには残虐な死刑、ということになる。これは著しく逸脱した議論です。
S4：応報は死刑正当化にはならないということですか？
S1：日本では現実問題として、許せないという国民の声、被害者やその遺族の声が死刑制度の推進力となっているのではないかなぁ？　その推進力はどんどん高まってる。
S6：ほんとうにそうか、プロパガンダの要素はありはしないか、ということは確かめなければなりません。ほんとうだとしても、なぜそうか、歴史学的に分析しなければなりません。いずれにせよ、そのようなことで物事が動いてしまう連関を叩き切るのが刑事司法の使命です。政治システムは、たとえばそのような感情を養分として成長する権力構造を解体することを生命としている、ということだったじゃないですか。
T：前回、犯罪とはなにか、ということを考えました。犯罪が生じたときになにをするかということも議論しました。裁判をするのでした。裁判自体、いま言った連関を断ち切るためにこそ存在するといってよい。さて、次は、裁判の後になにをするのです？　これが刑罰論であるということになります。
S3：えーと、政治システムの破壊が犯罪だということでしたから、社会防衛論は否定されるとしても、修復的司法や教育刑は参考になるのではないかと思うけれど、ちがいますかね？
S6：実力組織が形成されて実力行使がおこなわれたとして、これを除去して政治システムの根幹を復元するのですよね。どいてもらって、線路を修復するように事が進むと思いますか？
S4：そのためのコストを彼らに払ってもらわなければなりません。
S5：うん？　それだともう取引になってしまっている。前回の話であれば、1か0しかない世界で、1が0に引きずり下ろされたんだよ。どこか、上のほうに権力があって、誰かに落とし前をつけさせて、元に戻す、手打ちをするなんて、できないのでは？

S6：1が完全水平に横一列に並んでいる。一人ひとりが絶対の独裁者だ。これを全否定され、彼らは0になった。唯一の回復方法は、逆に相手を0にするしかない。

S2：それなら、社会の外に追い出せばいい。

S6：そうはいきません。外に出たその分子が影響力を残し、密かに組織を浸透させ、同時に干渉戦争を仕掛け、浸透させた組織を寝返らせる。ローマで刑事司法の設立先例となった事案は、干渉戦争がらみです。浸透した組織を焼き切るのでなければならないと考えられました。取引の余地はない。出ていった元の王様を追い切れなかったことは悔やまれます。ただし、追放された王様が外にいることで、犯罪の概念が明確になる。彼と結託してクーデターを企むことが犯罪のコアの概念を構成することになります。

S4：0ということは、自由刑や賠償が否定されるということですね？

T：まさに。そしてこれが死刑でなければならない理由です。どうしても死刑でなければならない。人を殺してなくとも、クーデターの未遂などに対して死刑を科さざるをえない。1と0の間の反転バネ、全取りゲーム、ポトラッチ、を利用するのだと前回言いました。

S3：すると、「刑罰の原点は死刑だ」と、こうおっしゃるんですか？

T：そのとおりです。死刑を論ずるためにはこのことを押さえておく必要がある。そうでなければ論理的な議論ができません。

死刑の違法化

S1：にもかかわらず死刑を違法とする思想がローマから伝わったとすると、そのローマでなにかが変わったということを意味しませんか？　国民感情が変わったとか。すると補足意見の線もあながち捨てたものではない？

T：ある意味ではそのとおりです。ただし漠然たる意識の変化ということではない。ローマの社会が、紀元前500年頃に前回お話しした政治システ

ムを樹立した後、はやくも450年頃に次の段階へ移行する❹。十二表法のことは知っていると思うけれども、あれはそのランドマークです。そのときローマは大きな衝突を経てデモクラシーへと舵を切ります。そのなかでローマ独特の制度としての民事法、民事訴訟が生まれます。

　しかし刑事司法制度も大きな変化を被ります。その一環として、実質的に死刑制度が廃止されます。具体的には、亡命（エクスィリウム exilium）の権利が認められたということです。一定の財産を供託することによりいったん捕縛を解除される。そのまま逃亡することが制度として認められる。それまでは、いったんの解放という弾劾主義のポイントは、出頭保証人が立つことによってのみ保障されていた。この者が身代わりに殺されますから、被告人はどうしても戻る。

S2：じゃあ、財産没収により刑を免れるということだから、一種の取引ではないですか？

T：ある意味ではそのとおりです。

■ 意識の変化の根底に存する新しい形而上学

T：政治的意味合いのない殺人が端的に犯罪とされるようになります。ローマ風にいえば、都市の政治的空間で政治的役割を担っているのでない、領域の上にぽつんと立っている、そういう個人を破壊することもまた初めて犯罪となるということです。裏を返せば、このぽつんと立っている個人がそれ自身政治システムの骨格を担うと考えられはじめたということです。政治システムはその延長を拡大し、ウィングを伸ばし、占有原理に基づいて重ねて個人の自由を保障するように強化されています。そのための手続においては、もちろん元来の政治システムが控えていることが前提ですが、

---

❹　詳しくは、POSS、355頁以下、要約的にはIRL、42頁以下を参照。

それだけではなく、ただの個人が主体として活躍することが不可欠になっています。その個人を破壊することはかくして新しい体制を根本から傷つけることを意味するようになっています。

　さて、そのような新しい意味の殺人が起こってしまったならばどうでしょうか。もちろん、依然故意とマテリエルな結果は必要条件ですが、殺人の行為主体は刑事裁判にかけられ弾劾されます。弾劾主義は新たな段階に入ります。訴追者は起訴陪審をくぐらなければならなくなります。そのうえで、なお本審で無罪の推定を突破しなければならない。

　領域にぽつんと立つ個人が同じく領域にぽつんと立つ個人を破壊したのですから、端的に政治的に連帯している個人のためにそのなかの一員が身代わりに立つのでなく、領域の個人の連帯組織から成る起訴陪審が暫定的に解放する役割を果たした後、被告人みずからが自分の自由のために保障されたその占有を供し、これをいわば身代わりとして、最終的な公判前解放を得ます。親友の生命ではなく所詮財産にすぎないものが懸かっているのですから、当然、これを放棄して逃亡することが選ばれます。その権利は保障されます。戻ってくれば死刑ですから、死刑が正式に廃止されたわけではない。しかし事実上おこなわれなくなる。亡命権の保障ですね。

　このような一見テクニカルな変化は、刑事司法と犯罪の概念を基礎づける基本の形而上学を変えてしまいます。1を0にすると言いましたが、0にすること、つまり死は、精神と身体を切断することです。犯罪は必ず実力つまり身体を結合させて組織をつくることによってなされる。心身を切断してしまえば組織がつくれず、したがって切除のためにはこれで十分である。精神を抹殺する必要はない。自由の維持のためにはあらゆる精神の存立を認容しつつ互いに反省の下に置くことが不可欠です。他方、死体を切り刻むこともリヴェンジの心理に駆られることですから、最悪です。ただ、精神と身体を切断するとどうしても身体ばかりか精神も死んでしまう。いや、死に至るまでの精神は不滅かもしれないが、死後はもう活動しなくなる。どうしても精神も殺してしまう。いや、これが死の定義です。いず

れにせよ、精神を殺すことは大変遺憾なことでした。

　しかるに、いまや主体は精神と身体の二分節ではなく、精神と身体とその先でその主体に帰属する占有、という三分節形態で登場するようになっている。そして、犯罪に対処するのならば、精神と身体の切断は、十分ではあっても必要ではない、と考えられはじめる。政治システムの全体を破壊する巨大実力組織が形成されたわけではない。領域の上に小さな渦巻きのようなものを発生させた者がいる。実力はなによりも占有原理によって判定され、そして占有原理に違背した事態であると捉えられるようになっている。ただ、領域上の実力で主体を破壊した。ならば犯行に及んだ主体とその領域上の基盤を切断すれば十分である。刑罰はそれ自身危険な自由の剝奪であるから、ミニマムであることが要請されます。反射的に、主体つまり精神と身体に分節した複合体そのものを切断しない、つまり生かすということになります。ただし追放する。領域に占有を維持することを認めない。裏返せば亡命権が認められた。いまや主体たるは領域に基盤を持つことを要件としている。ならば領域から追放するだけで十分である。脳死ではなく、領域死が刑罰になった、といっておきましょうか。

■ 新しい形而上学の帰結

T：この結果、精神と身体の結合を、侵害してはならないものとして概念するようになります。被告人について以前に、そもそも個人についてそのように概念される。だからこそ単純な殺人が犯罪となる。こうやって論理が循環します。具体的には、主体＝精神がみずからの身体をかけがえのないものとして大事にする、このことがアプリオリな要請とされる。主体がみずからの身体を大事にするよう要請されるばかりか、他者が彼の身体に手を触れることも許されなくなる。このような意識が生まれ定着します。

　これは広い意味のデモクラシーのコロラリーです。刑事法的にいえば、身体刑の禁止です。切断といいましたが、実際には身体を傷つけて実行さ

れる。身体刑、つまり体を苦しめる行為はスップリキウム supplicium といいますが、死刑は「最高の身体刑」スップリキウム マークシムム supplicium maximum といわれました。これが禁止されるに至る。

　残虐の意味はここにあります。身体をいたぶる、その苦痛を指します。本人にとってばかりか、見る者にも耐えがたい苦痛を与えます。身体は子供と同じです。親をいたぶるならばその子を目の前で傷つけるに如くはない。子供を人質にとって切り裂いてみせる。たまらない拷問ですが、残虐には、そのようなことが大変に卑怯であり人道にもとるという感覚がこめられています。体罰が違法であるのはよく御存知のとおりです。家庭や教育現場での体罰など、最も残酷な裏切り行為です。

　かくして、死刑が違法である所以は憲法 36 条の残虐である、というのは平凡ながら正しい答えであり、無期懲役のほうが残酷だというような心理的な話ではありません。手を切り落としたり鞭打ちにしたりすることが違法であるというのは全員が認めると思います。死刑はこれと同じことです。否、その究極のものです。

　人々の意識の変化によって耐えがたくなるという認識は真理を含みます。ただしそれはデモクラシーの意識です❺。だから、日本国憲法がデモクラ

---

❺　Beccaria の第 28 章は一つの記念碑であり、よい翻訳も出たことであるから、全員がどうしても一読しなければならない。まず、政治システムの概念構成が基礎におかれる。つまり、すでに述べたように、各個人が自由を最低限拠出し公権力を樹立しているにすぎないから、その拠出分に基幹たる生命が含まれるはずがない、という論理が土台を成している。啓蒙期に固有の社会契約論である。その分、すでにデモクラシーに固有の枠組が使われている。次に、ヨリ感覚的に、生命を賭けることないし死刑は戦争や内乱に固有のこととされ、"tranquillo"「平穏な」という語を特徴とする彼の表現によって示される市民社会成立後のシステムでは、生命のそのようなやりとりは問題外となる。政治システム全体の破壊をめぐってのみ死刑は肯定される、と読める。たとえば共和初期のローマであり、彼はその後の時期を念頭において、安定的市民社会における死刑廃止の例としてローマを挙げる。第三に、一般予防の観点から死刑を無益有害とするのは、ショックではなく継続性安定性が市民状態に構造的に適合するからである。ショッキングな見世物としての残虐性は語られるが、身体刑たるは強調されない。しかし、「それでは公権力と私人が

シーを採用している以上は、死刑は違憲です。そこまでの感覚が定着していないとすると、デモクラシーが未熟だからです。しかし意識が未熟だから死刑を続けてよいということにはなりません。

　憲法は規範的な意味を有しますし、刑事司法は先導的な役割を果たさなければなりません。一方で人々がデモクラシーの恩恵に与っている以上、捻れた意識を解きほどくのは刑事司法の使命です。捻れのよって来たる原因を解明することも重要ですが。

戦争でもするのか」という彼の剣幕を解すると、死刑が命の奪い合い、つまり身体の傷つけ合いに加担する気か、といっているようにも読める。なお、Kantの前掲書前掲箇所における有名なBeccaria批判は、彼の基本の政治システム概念構成に反対するものである。彼の啓蒙主義批判の側面が政治システムへの回帰の動機であったことがまたしても示されていると思う。

❷ 逮捕・勾留・差押え

第1事件	最決昭 59-2-29 刑集 38-3-479	高輪グリーン・マンション殺人事件
第2事件	最判昭 36-6-7 刑集 15-6-915	麻薬譲渡所持事件
第3事件	最決平 10-5-1 刑集 52-4-275	フロッピーディスク差押え事件

第1事件の事案

T：では、最初の事案の概要を紹介してください。
S1：被告人Rは山梨から出てきて都内で職を転々と変えながら暮らしていたのですが、銀座のクラブのホステスと知り合い、同棲を始めました。しかし彼女と諍いを起こして、彼女のマンションを出て……。
T：これは刑事事件ですね。すると事案の紹介はどのようにしなければならないのでしたか？
S1：？
T：S2君。
S2：争点となった問題を中心に紹介する？
T：ちがいます。刑事裁判はなにをめぐって展開されるのですか？
S5：公訴事実ですか？
T：そう、公訴事実、ないし訴因ですね。これをほかから切断してきちん

と述べなければならない。民事事件では、事案を見る場合にできるだけ遠くに探りを入れて、事件の背後の現実の構造を明らかにしなければならない。しかし刑事事件はこれと正反対です。本件の公訴事実を、訴因を特定して紹介してください。

S1：5月18日午前3時か4時頃、都内のマンションの特定の一室のベッドの上で被告人Rが被害者Vの首を絞め窒息死させた、というのが公訴事実です。

T：そうですね。裁判所の結論は？

S1：一審から最高裁に至るまで訴追側の論証が成り立っていると判断しました。

T：弁護側の防御の線は？

S1：情況証拠を除けば、被告人の自白が唯一の証拠であったため、その信憑性を攻撃しました。

T：自白の証明力を争ったのですか？

S1：うーん、むしろ証拠能力ですかねえ。任意性に疑問を呈しているのですから、証拠能力だと思います。

T：弁護人が任意性を攻撃する論拠としたのはどういう事実ですか？

S1：「捜査官の暴行、脅迫、誘導或は長時間にわたる取調」とあります（刑集1261頁）。

T：「長時間」の中身はどういうことですか？

S1：任意の取り調べであったところ、警察署の近くのホテルに泊めて連日取り調べた点でしょうか？

T：そうですね。弁護人は自白の信用性を含めて多くの点を攻撃していますが、結局最高裁まで上がり、そして最高裁が重要な判断を下すに至るのは、その点ですね。「必ずしも妥当なものであったとはいい難い」（刑集486頁）とまで断じています。もっとも、「任意捜査として許容される限界を越えた違法なものであったとまでは断じ難い」と言い直し、原審の結論を救っています。

逮捕

T：では訊きますが、逮捕というのは、どうしてそういうことをするのですか？
S3：逃亡や罪証隠滅を防止するためです❶。
T：それでは勾留の目的と区別がつきませんね？
S3：ええ、捜査のために身柄を拘束するのが「逮捕・勾留」である、などとまとめていわれる場合もあります。
T：要するに捜査のためにするのである、捜査の一コマである、ということですか？
S3：そうだと思います。
T：だとすると、捜査上の必要がない、そもそも捜査の必要がない、場合には逮捕はしないのですか？
S3：そうだと思います。
T：ほんとうにそうですか？　いずれにせよ、勾留と区別がつかないという難点は残りますね？　捜査はいつ始まるのですか？
S4：捜査機関が動き始めたときではないですか？
T：いつの間にか始まっているとか？　せいぜい捜査本部でも立ち上げたときとか？　だとすると全然法的ではありませんね。どうして法的ではないですか？
S4：令状に基づいていないということですか？　それなら、強制捜査の開始と言い直さなければなりませんね。
S6：任意捜査のところに問題が多いというのは常識だけれど？
T：令状ってなんですか？

---

❶　田宮裕『刑事訴訟法新版』有斐閣、1996年、74頁、松尾浩也『刑事訴訟法（上）〈新版〉』弘文堂、1999年、52頁。

S4：裁判所の関与ないし許可ではないですか？
T：抗告が可能であるのはどうしてですか？
S4：決定だからでしょう。
T：決定とはなんですか？
S4：うーん。
S6：政治的決定のことですね。
T：そう、ミニマムに裁判だということです❷。それで、捜査はなんのためにするのですか？
S5：公判維持のためです。
T：そうですね。公訴提起のためです。その準備であると教わっているでしょう。そのような大事な手続がなんの決定もなしに始まってよいのですか？　けれども、捜査開始令状などというものは存在しませんね。どうしてですか？
S2：なるほど、それが逮捕令状だとおっしゃるんですね？
T：ひとまず、そのとおりです。逮捕により公式の捜査が開始される❸。ただし、狭い意味の捜査、原義の「糾問」ですが、これはさらに勾留後、個別の令状に基づいてなされます。要するに、公訴提起にむけての公式の捜査の開始が決定される、ということです❹。それにしても、公訴提起の

❷　令状主義の意義については、井上正仁『新版　強制捜査と任意捜査』有斐閣、2014年、58頁以下参照。令状主義は元来糾問、つまりさらに一歩被告人の領分に踏み込む場合に要する政治的決定を念頭におく。しかしながら、逆に公判廷以外の政治的空間を用意するためにこれを借りることができる。

❸　逮捕前置主義に関する学説については53頁、註10参照。

❹　この点はほとんど意識されていない。前掲田宮『刑事訴訟法』40頁は、「捜査とは、捜査機関が犯罪が発生したと考えるときに、公訴の提起・遂行のため、犯人を発見し・保全し、証拠を収集・確保する行為をいう。」とし、「手続の段階をさす語ではなく」、「処分の集積にすぎない」と言う。前掲松尾『刑事訴訟法』35頁も、「捜査は、犯罪事件について、その犯人および証拠を追求し保全する捜査機関の活動である。それは、事案の真相の解明に資するとともに、――公訴が提起される場合には――訴訟追行の準備としての意味を持つ。」とする。公訴提起にむかう捜査

ためになぜ逮捕が不可欠なのでしょうか？　逮捕とはなにをすることですか？
S3：身柄の確保です。
T：身柄の確保とは？　これは俗語ですね。法学的に正確にいうと？
S5：身体の捕縛でしょうか。
T：公訴を提起するために身体の捕縛がなぜ必要でしょうか？
S5：？
T：逮捕なしに訴追するのはどうしていけませんか？　もちろんいったん逮捕して解放したり、ヴァーチャルに逮捕してそのままであってもよい。「在宅起訴」などという俗語もある。「身柄を検察庁に送る」などとも俗にいいますね。身体が把握されていれば文字どおり縛り上げている必要はない。けれども逮捕はしていなければならない。なにかの名簿を見て、戸籍簿でもいいですが、名前だけで公訴を提起することはできますか？　実在するかどうかもわかりませんよ。
S6：前々回の授業を参考にすれば、身体は犯罪の成立に不可欠だということでした。だから身体を押さえると？
T：そのとおりですね。必ず実力形成を伴う。実力形成は身体によってしかなしえない❺。実力組織のボスは目で合図するだけかもしれない。「あー」とかいう声を発するだけかもしれない。しかしそれでも最小限筋肉を動かしています。皆が共通の夢を見た、というのでは訴追できない。だから、訴追するためには身体を捕縛する。名前はどうでもよい。わからなければ氏名不詳のままでもよい❻。そして身体の捕縛は、公訴提起へむけて

　　と、そうでない捜査、が一応区別されるが、基本的にどちらも同じだと考えられ、逮捕前とその後、その後でも令状の内外、を区別する発想は見られない。
❺　逮捕つまり身体の捕縛自体、実力による。どこまでの実力を用意してよいかは一個の問題である。平野龍一『刑事訴訟法』有斐閣、1958年、95頁参照。
❻　水谷規男「被告人の確定」『刑法判例百選　第9版』有斐閣、2011年、112頁以下参照。累犯等の場合に複数の訴追間の被告人同一性の問題が発生する。このとき

の手続の開始を一義的にします❼。身体の現存ということの一義性ですね。

も、実際には戸籍等なんらかの技巧的手段で同一性を判断しなければならないが、それは手がかりにすぎず、身体の同定がすべてである。

❼ 任意捜査の規律が大きな問題となっている（酒巻匡「刑事手続における任意手段の規律について」法学論叢 162-1/6、2008 年、91 頁以下、堀田周吾「任意取調べの限界についての序論的考察」法学新報 123-9/10、2017 年、25 頁以下）。令状主義に服する強制捜査とそれ以外の捜査手段を単純に区分すると、一方で強制捜査ともいえない、かつ令状主義に適さない、捜査を認容する必要と、なおかつこれを規律する必要の両方が浮上してくる。とりわけ「昭和 51 年決定」（最決昭和 51 年 3 月 16 日刑集 30-2-187）によって議論が再燃した。注目されるのは、「個人の意思を制圧」するのが強制捜査だという判示について、「意思に反する」と読む多数に対し、もう一歩強い措置がいわれていると解する説（前掲井上『強制捜査』、5 頁以下）である。本来、逮捕による公式の捜査開始と、それ以降の個別的捜査は区別され、同じく令状であっても逮捕令状と他の捜索令状は性質が異なる。令状主義は、元来はもう一段強く本来保護されている個人の領分に被疑者外のそれを含めて入っていく、（原義における）「糾問」を、そうした特別の権限の付与とともに規律するものである（前掲井上『強制捜査』、58 頁以下参照）。したがって（決定はいわば軽度の強制を認容するものでもあり）井上の解釈が正しいと思われるが、ただし、（令状なしという意味の）「任意捜査」は公式の捜査開始後、通常逮捕後にはじめて認められる。それ以前の段階では、捜査主体としてなんらかのやりとりをすること自体許されない。あくまでただの日常の人々の活動を観察するということが許されるだけである。さらにいえば、「任意捜査の規律」という問題自体、捜査開始時点が厳格に画されないことに基因していると思われる。画されていれば、捜査開始以降はかなりのことが令状の外で許されもし、また規律もされるのである（ただし勾留に伴う問題点については後述）。川出敏裕「任意捜査の限界」『小林充先生・佐藤文哉先生古稀祝賀刑事裁判論集』（下）判例タイムズ社、2006 年、23 頁以下が、「任意捜査ないし任意処分」を一律に扱うことの不都合を指摘する一つの理由も、捜査前、捜査後、令状手続という三つのフェイズの存在かもしれない。「任意同行」等通常は挙がってこない捜査方法のほうがかえって問題であり、他方公式の捜査開始後であれば、通信傍受などは大幅に許容されよう。公的な空間のコミュニケーションも、すべて採取可能であるとは到底いえず、写真撮影も捜査機関がおこなえば違法であり、私人がおこなってもプライヴァシー侵害にはならないのとまったく異なる。しかし捜査開始後であるならば、大幅に許されると思われる。いずれにせよ、捜査開始の政治的決定が手続上曖昧であることが根底に存する問題である。

誰が逮捕する？

T：さて、その逮捕をするのは誰ですか？
S1：警察官。
S2：刑事訴訟法199条ですね。「検察官、検察事務官又は司法警察職員」です。
T：つまり誰でない？
S5：裁判官ないし裁判所でない。
T：ということは？
S6：対審的構造におかれる。つまり一方当事者が裁判所に令状を請求する。政治的決定を求める。
T：そのとおりですね。その一方当事者というのは？　誰か決まっているのですか？　それとも誰でもよいのか？
S4：私訴ではないのだから、公の機関が一方当事者を担います。検察官です。
T：公の機関というのは？
S4：国家の代理人。
T：そうすると、裁判所のかわりに逮捕する？　それでは一方当事者にはなりませんね？
S4：私人でもなければ国家でもない？　不条理なナゾナゾみたいじゃないですか。
T：けれども、論理的に、被害者やその関係者でもなく国家でもない、というのでなければならない。理論的にはそれをなんというのですか？
S6：公訴提起権者ですか？
T：そうですね。公訴という概念が介在する。それを担うのは私人ですが、しかし政治的決定により選ばれた、しかし一私人です❽。そうでなければ、

> **刑事訴訟法199条**　検察官、検察事務官又は司法警察職員は、被疑者が罪を犯したことを疑うに足りる相当な理由があるときは、裁判官のあらかじめ発する逮捕状により、これを逮捕することができる。(以下略)

論理的に、公訴を対審構造におくことができない。検察官は理論的にはそういう存在であるということを忘れてはなりません。司法警察職員はその検察官のエイジェントです。つまり、訴追者は私人として完全に独立しているが、しかしすでに公の存在であるということです。国家を担っているのでは決してないが、だからといって私人になってはいけない。

逮捕されたら？

T：さて、逮捕されたらどうなりますか？
S3：取り調べが始まる。
S2：刑訴204条です。弁護人選任手続があり、留置の必要がなければ釈放しなければなりません。必要がある場合にも別途裁判官に勾留請求をしなければなりません。
T：それはどうしてですか？
S5：被疑者の権利保護のためです。
T：そうだけれども？　逮捕は身体の捕縛ですね。捕縛してどうするんですか？　納屋にでも隠しますか？　私物化していいんですか？
S2：なるほど。いったん相手に戻すのですね？
T：それは「留置の必要」がない場合ですね。その必要があると？
S6：ああ、弁護人が取り戻して政治的空間、つまりオープンな公的な空間へと解放するというわけですね。だから留置したとしても弁護人が監視し、可視化される。
T：刑訴189条2項はなんだか司法警察職員つまり警察官がいつの間にか捜査を開始するように書きますが、これはおかしい。これを反映して教科書も捜査の開始を手続的に厳格に画するという意識に欠けます。もちろん、

❽ 本書26頁、註31参照。

事実として取り調べにかかっているということは排除されない。そもそも逮捕状を請求するためには嫌疑を説明しなければなりません。しかし、公式の捜査の開始はまた別のことです。法的な手続に入るところは厳格に線を引かなければなりません。199条以下は、逮捕と勾留は全然別であるということを日本の実定法でさえはっきり意識しているということを示しています。公的な空間へ戻すという動機は厳格な線引きにとって不可欠です。

> **刑事訴訟法204条** 検察官は、逮捕状により被疑者を逮捕したとき、又は逮捕状により逮捕された被疑者（前条の規定により送致された被疑者を除く。）を受け取つたときは、直ちに犯罪事実の要旨及び弁護人を選任することができる旨を告げた上、弁解の機会を与え、留置の必要がないと思料するときは直ちにこれを釈放し、留置の必要があると思料するときは被疑者が身体を拘束された時から48時間以内に裁判官に被疑者の勾留を請求しなければならない。但し、その時間の制限内に公訴を提起したときは、勾留の請求をすることを要しない。
>
> **刑事訴訟法189条②** 司法警察職員は、犯罪があると思料するときは、犯人及び証拠を捜査するものとする。

いずれにせよ、逮捕は、政治的決定によりなされますが、必ず一方当事者の申立がなければなりません。他方、政治的決定つまり令状によって逮捕はなされ、かつ、じつはデモクラシー段階のことなのですが、抗告手続が用意されなければなりません。起訴陪審が必要的に介在することのコロラリーですね。弁護人が選任されなければならないのは、このためでもあります。なおかつ、抗告が却下された後も、被疑者の身体は公共空間に置かれなければなりません。そのためにはチェックする「取戻人」の存在が不可欠です。これが弁護士選任の第一の理由です。

S4：逮捕とは異なる勾留の目的とはどんなものですか？

T：これは今日の後半で議論します。しかし、いったんの解放に対抗するように勾留のための令状が請求されるということを覚えておいてください。

本件事案の問題点

T：これで本件捜査のおかしな点が明瞭に浮かび上がると思いますが。
S1：まず、5月20日に被疑者自らが警察署に出頭して「弁明」（刑集482頁）もしくは「アリバイを主張」（刑集1260頁）したところが奇妙です。
S2：刑訴203条1項の「弁解の機会を与え」が作用しているのではないかな？　逮捕に伴う被疑者の権利と概念されているけれども、任意の捜査と逮捕後との線引きが曖昧になるに際して弁解がこんなところに飛んだ。
S3：被疑者が刑事訴訟法の条文を読んでいたとは到底思えない。その段階で弁護人がついているわけでもあるまいし。所詮判決の書き方のところで影響が出たということでしょう。
S5：疑われて弁解する、いつの間にか弁護側が証明責任を負うというパターンの始まりのように思えます。203条1項の素性が気になりますね。
S4：その次の問題を指摘するのも簡単です。6月7日から、任意同行❾を求めて取り調べをした。逮捕前に逮捕を通り越して、勾留のうえですべきことをしている。結局ここで被疑者はアリバイを撤回して自白します。
T：そのために必要だったのは？
S2：近くのホテルに被疑者を泊め

> **刑事訴訟法203条①**　司法警察員は、逮捕状により被疑者を逮捕したとき、又は逮捕状により逮捕された被疑者を受け取つたときは、直ちに犯罪事実の要旨及び弁護人を選任することができる旨を告げた上、弁解の機会を与え、留置の必要がないと思料するときは直ちにこれを釈放し、留置の必要があると思料するときは被疑者が身体を拘束された時から48時間以内に書類及び証拠物とともにこれを検察官に送致する手続をしなければならない。

❾　任意同行については、鈴木茂嗣『刑事訴訟法の基本問題』成文堂、1988年、57頁以下に鋭い批判がある。

ています。
S1：でも、それは被疑者の希望に従ったんじゃないですか？　警察は宿泊料金をだいぶ支払って、ずいぶん手厚くしていると思うなぁ。
S2：その点の評価にはバラツキがあって、一審は代金支払を問題であったとしているように読めます。「宿泊所やホテルへの宿泊は、被告人の希望により警察が斡旋したものと認められ、……警察がその宿泊料金の一部を支払い……妥当性につき問題となりうる点が存する」（刑集1262頁）と書かれています。しかし警察が払ったところが問題で、本人が好きに払っていれば問題なかった、とも読めます。
T：笑わずには読めない下りですね。
S2：控訴審はプラスに評価し、「被告人から『寮には帰りたくないから警察かどこかに泊めてくれ』との申出があったので……八日夜はホテルメイツに、九日と一〇日の夜は東京観光ホテルにそれぞれ被告人を宿泊させ……右各宿泊の代金は、一〇日の分を除いて、警察が支払っていること、……被告人は……警察の用意するところに泊れと言われ、仕方がなくそれに応じた旨供述するが、前掲の各証拠に照らし措信することができない」（刑集1274頁）とします。
S5：たしかに、自由な取引関係だから任意だ、いや、それ以上だ、警察は代金まで支払ってやっているではないか、恩恵の要素さえあるのだから強制の要素はない、という感じですね。
S2：最高裁はもちろん、宿泊の件を、捜査が妥当でなかったとする一論拠としています。「捜査官が同乗して送り迎えがなされているほか、最初の三晩については警察において宿泊費用を支払っており」（刑集486頁）とあり、言語道断という感覚の存在が認められます。ただしいずれも自白の任意性を意識しての評価です。そして最高裁も、全体としては、任意捜査の任意性を致命的に損ねたとまではいえない、との判断です。しかも宿泊の任意性と任意捜査の任意性を混同したばかりか、これらと自白の任意性を結局のところ混同している。

S5：まったくの私人間の取引関係になっていて、きわめて違法性が高く、利益で釣っていることこそが任意性を決定的に損なうのではないでしょうか。それなのに、これらが任意捜査の任意性の評価につながっている。

T：ホテルの件は、まさに大笑いするポイントですね。最高裁も困ったと思ったでしょう。支払ってやったとすると、もっと致命的になります。逮捕前後の手続の厳粛な区分、そして逮捕の主体の性質、これにまったく反します。

S3：たしかに、逮捕は8月23日になってはじめておこなわれ、勾留は8月24日に始まるにすぎません。しかも捜査段階での、しかも二転三転する自白が唯一の証拠であるということを裁判所も認めざるをえません。「客観的証拠は乏しい」（刑集1259頁）とあります。

■ 第2事件、第3事件の事案の概要

T：第2事件と第3事件は連続的に論じます。まず第2事件の事案の概要をどうぞ。

S3：主たる被告人R1に絞りますと、訴因は、ある日ある場所で麻薬をR2に譲り渡したこと、そしてまた別のある日ある場所、これは自宅ですが、ここで麻薬を所持していたことです。両方の訴因について有罪とした第一審に対して、控訴審はこれを破棄し、前者の訴因についてのみ有罪としました。量刑が変わってきます。その論拠は、第二の訴因に関する証拠が違法に収集されたというものです。令状なしにR1の自宅に乗り込んだものの留守だったので、先に捜索と差押えをおこない、帰ってくるのを待って現行犯逮捕したという事実が違法であると判断されました。これに対して、最高裁は、これを違法でないと判断し、原判決を破棄して差し戻しました。

T：では、第3事件について。

S4：訴因は、自動車使用の本拠地について虚偽の記載をして申請し登録させたというものですが、「本件捜索差押許可」は「組織的背景及び組織的

関与の有無の解明に資する」ものとされています（刑集294頁）。判例集からはわかりませんが、解説や評釈の類を参考にすると、ある凶暴なカルト集団の集団生活施設に対して捜索差押令状が発給されたようです。そしてパソコンやフロッピーディスクを差し押さえて押収したのですが、フロッピーディスクのなかにはなにも記載のないものも含まれていたため、準抗告、却下に対して特別抗告がなされました。最高裁はこれを棄却しました。

勾留の意味

T：さて、逮捕後、つまり捜査の実質的部分に入るわけですが、逮捕の次には勾留がきますね。逮捕と勾留の手続分節が大事だ❿と言ったばかりですが、逮捕と取り調べを切り離すことが肝要であるとして、基本の流れを追いますと、次には勾留の段階があります。この勾留ですが、なんのためにするのですか？
S3：今度こそ逃亡と罪証隠滅のおそれのためではないですか？
T：それをおそれると勾留する、というのはどうしてですか？
S3：勾留は逃亡させないことと同義ですし、押さえておけば罪証隠滅の活動もできない。そのようにしておいて証拠を収集するのではないかな？
S2：もう一つ、取り調べのために勾留する、少なくとも取り調べも妨げられない、かどうか、という争点があります⓫。

---

❿ 逮捕前置主義の真の意味はこれである。逮捕前置主義に関する諸説は、田宮裕「逮捕前置主義」判例タイムズ 296、1973年、188頁以下、および宮木康博「逮捕前置主義の意義」『刑事訴訟法の争点』有斐閣、2013年、68頁以下に一応見ることができるが、公式の捜査開始決定後でなければ、糾問のための身柄拘束は許されないという理解につながる要素を発見できない。

⓫ 勾留中の取り調べについての批判は、前掲鈴木『基本問題』68頁以下参照。川出敏裕『別件逮捕・勾留の研究』東京大学出版会、1998年は、実質、勾留に関する基礎文献であるといってよい。いっそう整理された形として、同「逮捕・勾留に関する諸原則」刑事法ジャーナル4、2006年、143頁以下がある。

T：なるほど、しかしこれも同じ問題ですね。勾留とはいったいなにをしているのか、ですね。これが明らかにならないと、なにが主たる目的でなにが副次的な産物なのか明らかにできない。罪証隠滅からいきますか？ 勾留しなくったっていいじゃないですか？　公道に残った足跡を自分で消して回れば、自分で証拠のありかを教えるようなものです。放して尾行したほうがよいのではないですか？　監視をつけて逃亡を防止することもできますね？

S6：待ってください。逮捕後、被疑者はいったんにせよ解放され、公共空間に置かれていますね。すると、論理的に、勾留というのは、この公共空間に置き続けてよいということではないですか？　その許しを得る令状を取る。

S5：え？　いくら公共空間に解放するのだ、監禁とはちがうのだとはいっても、被疑者の私的領分とは切り離されたままです。それ自体人権侵害です。公共空間ならばいつまでも置き続けてよいとはならないんじゃないですか？　勾留を取り調べに使うなという批判も十分わかります。

S3：でも、実際には取り調べをしているし、ただ罪証隠滅をおそれるだけなら、公共空間に置かなくったってどこかに監禁しておけばいい。

T：いや、やはり公共空間に置かなければなりません。そして領域上に被疑者が有する基盤から彼を切断する。逃亡や罪証隠滅はまさに自分の領域の基盤との関係で概念される。犯罪自体そこを根城にして成立しますから、そこへ帰って立て直すとか、そこを訴追から逃れさせる、財産隠匿やマネーロンダリングなどを含めてですね、あるいはいずれにせよ、物的痕跡はそこにあるので、証拠隠滅のためにはそこに赴かなければならない。かつ、切断しておいて、証拠収集する。ただしこの証拠収集と、被疑者取り調べは意味が異なります。まして、自白を採るために勾留するというのは許されません。つまり、勾留はたしかに捜査、とくに捜索のためにある。しかしだからといって取り調べなかんずく自白採取のためにあるのではなく、これは禁じられる。

S5：とはいえ、そのロジックだと、勾留の期間を制限することができませんね？　「無害なのだ」と言えば、なら「ずっとやってろ」となる、そういうディレンマですね。

T：無害とは言っていません。そこが可視化された公共空間であったとしても、被疑者が領域の基盤から切断されているという状態は、それだけでまさに彼の人権を損なっているのですから、訴追者に与えられる時間は限られなければならない。私的な文脈、つまり家族との関係などは速やかに修復されなければなりませんね。

S2：実際の問題は、むしろ、一罪一勾留の原則❷の解釈の問題として現れるように思います。関連する別の罪のために再勾留が認められたりする。

S6：訴因を、逮捕という、捜査の端緒にあわせて厳密に確定しないからそうなる。

S4：つまり、罪数ごとでなく、訴因で切れば、別の罪を持ってきたって訴因が同一だから勾留請求を却下できる、というのでしょうか？　でも、同一の罪の下、別の事実に論拠を移し替えて再度勾留請求するという場合だって考えられませんか？

T：それは罪数の関係ではなく、むしろ訴因制度との関連で許されません。逮捕時に訴因を特定しなければならず、逮捕からやり直すときにはそれまでに集めた証拠はすべて証拠能力を否定されます。いずれにせよ、訴因は実体的な単一性を有しており、勾留はこれに従います。

捜索の概念

T：勾留を前提として、捜索令状がきますね？　そもそも、被疑者を関連

---

❷　これについても前掲川出「諸原則」が基本である。ただし罪数説に立つ。この点、「公訴事実の単一性」の側に立つ池田公博「逮捕・勾留に関する諸原則」法学教室262、2002年、91頁以下が参考になる。

の私的空間から切断したのは、もうすでに証拠を収集すべくその空間に立ち入るためではなかったですか？　勾留しておいて、またあらためて別途捜索令状が要求されるのはどうしてですか？

S2：憲法上の権利、つまり「その住居、書類及び所持品について、侵入、捜索及び押収を受けることのない権利」を侵害するからです。令状を得てこれを破るというのが、捜索の概念になります。

S5：だからやっぱり、勾留の効果も制限的でなければなりませんね！　政治システムの大原則からいって、被疑者被告人の自由はぎりぎりまで尊重されなければなりません。身体が公共空間に置かれるということと、彼が残してきた彼個人の空間が破られるということのあいだには距離がある。犯罪が政治システムの根幹の破壊であるとすると、その事実はいわば公のもので、他方、被疑者の私的な領分を「なにもかも暴いてよい」ということにはなりません。そもそも、私生活を暴いて情緒的に非難する混乱を惹起しかねません。とくに陪審に対してですね。

T：つまり、二段になる。勾留と捜索。これはどうしてですか？

S6：公共空間と領域の私的空間の二元性に対応します。公共空間において勾留し、切断し、場合により領域の私的空間に分け入っていく。

■ 逮捕に伴う令状抜きの差押え

T：ここで、まず第2事件を論じてみましょう。勾留以前に、逮捕に伴って、しかも令状抜きで差押えをしました。そのうえ、時間的に逮捕と差押えは先後関係が逆転した。逮捕時ならば令状抜きに差押え・押収することが許されるのはどうしてですか？

S2：刑事訴訟法220条ですね。諸説あって、考えが分れているところですが、私は最近の有力説❸が大変鋭いと思います。つまり、立法過程からたどって、憲法35条がそもそも逮捕に伴う無令状ではなく現行犯の場合の例外を考えていたとし、それが通常逮捕や緊急逮捕の場合に拡張されたと

> **刑事訴訟法220条** 検察官、検察事務官又は司法警察職員は、第199条の規定により被疑者を逮捕する場合又は現行犯人を逮捕する場合において必要があるときは、左の処分をすることができる。第210条の規定により被疑者を逮捕する場合において必要があるときも、同様である。
> 一　人の住居又は人の看守する邸宅、建造物若しくは船舶内に入り被疑者の捜索をすること。
> 二　逮捕の現場で差押、捜索又は検証をすること。
> ②　前項後段の場合において逮捕状が得られなかつたときは、差押物は、直ちにこれを還付しなければならない。第123条第3項の規定は、この場合についてこれを準用する。
> ③　第1項の処分をするには、令状は、これを必要としない。
> ④　第1項第2号及び前項の規定は、検察事務官又は司法警察職員が勾引状又は勾留状を執行する場合にこれを準用する。被疑者に対して発せられた勾引状又は勾留状を執行する場合には、第1項第1号の規定をも準用する。

> **憲法33条（逮捕の制約）**　何人も、現行犯として逮捕される場合を除いては、権限を有する司法官憲が発し、且つ理由となつてゐる犯罪を明示する令状によらなければ、逮捕されない。
> **憲法35条（侵入、捜索及び押収の制約）**　何人も、その住居、書類及び所持品について、侵入、捜索及び押収を受けることのない権利は、第33条の場合を除いては、正当な理由に基いて発せられ、且つ捜索する場所及び押収する物を明示する令状がなければ、侵されない。
> ②　捜索又は押収は、権限を有する司法官憲が発する各別の令状により、これを行ふ。

見るのです。つまり、ポイントは、犯行現場ということであり、逮捕の場合もこれに準じて範囲を画定すべきであるというのです。

T：なるほど、なかなかよい着眼ですね。憲法33条が令状なしのいわゆる「現行犯」逮捕を認めており、同35条は、令状なしには「侵入、捜索

❸　井上正仁「逮捕に伴う無令状捜索・差押え」『刑事訴訟法の争点』（前掲）80頁以下。

及び押収を受けることのない権利」を現行犯の場合に限り解除しています。例外の軸となっているのは明らかに「現行犯」という概念です。刑事訴訟法220条は、およそ逮捕が正当化される以上、通常逮捕であれ緊急逮捕であれ現行犯逮捕であれ、その逮捕の効果で令状なしの捜索が可能だというように読めますが、憲法に照らすと、そう読むべきではない、というのですね。

S5：でもそれじゃあ、逮捕令状の存在により一応令状主義の縛りがかかっているからこそ捜索も許されるのである、という点はどうなってしまうんですか？

S3：「手続さえあればよい」というと、範囲についての実質的な限定が難しくなるな。刑事訴訟法220条の文言に字義どおりに拘泥しても手がかりは得られない。第三者の居所なんかにまでいくらでも拡げうる。

■ 現行犯

T：勾留を飛ばし、逮捕からいきなり捜索、それも令状抜きに、ということですが、鍵を握るのは「現行犯」という、それはそれは、伝統のある概念だということになると、「現行犯」についてよくよく考えなければなりませんね。「現行犯」というのはなぜこれほどまでに特別特殊なのですか？

S4：明白であるということでしょうか？

T：明白なのは？

S4：物的ということでしょうか？

T：そこに物がゴツンとあるということがある。

S2：それは、被疑者の身体と犯罪の結果が、ということかな？

S3：しかも、司法警察職員の目の前に。

T：いや、オープン、つまり公になる、誰でも見うるスペースに置かれる、ということです。物的事象それ自体にそのような属性があります。

S1：ああ、それでもう逮捕されてしまっているようなものなんだ。
T：と同時に？
S3：証拠つまり物的痕跡がそこにある。だからその痕跡を収集してよい。
T：「なぜ物証が重要か」という問題については後の回で訊いていきますが、とりあえず、現行犯の場合は被疑者から犯罪の物的結果までたどる必要がない。逆にいえば、入っていかなくとも収集できるので令状が問題にならない。
S5：でもそれは非常に特殊なケースじゃないですか？　公的な空間における犯罪といっても、政治的性質のものは必ず背景を洗う必要がある。とりわけ組織関係ですね。現行犯逮捕をして、その場でとりあえず証拠も収集するし、また収集しうるであろうけれども、肝腎な証拠を集めるためには、どのみち、勾留を経て令状を取って捜索していかなければならない。
S6：うん、ローマでいえば、初期にはこの必要もほとんどないけれども、共和末期には政治システムも複雑に展開分岐しているために、長い距離をたどって組織的な行為を調べ上げていかなければならない。捜索の概念はここからくるんじゃないかな？　どしどし入っていって差押え、明るみに出していく。それを政治的決定で訴追者に許すのでもあるし、そういう大きな権限を与えるのでもある。

　他方、領域の、つまり非政治的性質の、現代流にいえば非組織的な犯罪の場合、現行犯逮捕できれば、その背景と現場のあいだの距離はミニマムです。だから同時に問題なく証拠の押収等でき、しかも肝腎な証拠をもそうやって獲得することができる。捜索令状など不要だということになる。ただしこの場合も、本来必要なのにそれなしに捜索しうるかという緊張は存在しません。

T：そうですね。現行犯逮捕時の捜索というのは、裏から捜索の概念をよく照らし出しますが、ただ、ここまで一度もお話ししてきていませんが、犯罪の第三のジャンルとして、非政治的だが組織性を帯びる犯罪というものがあります。現代では最も多いかもしれない。経済的な組織、とりわけ

所有権が媒介する組織を通じて犯罪行為が実現します。この場合には、私的空間の内部に入り組んだ半公共的空間が展開します。典型的なのは密かな取引の空間ですね。ここに捜査員が入り込む場合に現行犯が論じられる状況が現れる。そして同時にその背景はその間近にあり、緊急で入り証拠を押収する必要というものが発生する。なぜならば、証拠隠滅されてしまうからです。つまり実質、勾留の必要が生じているのですね。現場では現行犯逮捕に伴う無令状捜索であると意識されるでしょう。

S3：第２事件が念頭におかれているのかな？ 麻薬所持者の現行犯からたどって、麻薬密売のための蓄蔵場所に入り込んだんだよね？ この時点でターゲットはむしろこの売人だけど、彼は留守だった。留守中の家宅捜索をしたら麻薬が見つかった。これを先にして、帰ってきたところで現行犯逮捕した。

S5：私はやはりこれは許されないと思います。主体が切り替わっているからですね。第一の所持者の家に踏み込んだのであれば許される。まずはこの人物を勾留して通報させないようにしたうえで、急いで売人の側の逮捕状を請求する。捜索令状も同時がいいでしょう。留守でもかまわなくなる。範囲を問題にされなくてすむ。緊急性は第一の被疑者から第二の被疑者への通報連絡の点にあると考えるからです。

T：いずれにせよ、現行犯の場合の特例は、嫌疑のかかった犯罪の性質に応じて厳密に判断される必要があるということがわかります。

捜索の範囲

T：第３事件の問題点はどこにありますか？

S5：さきほどの論点に関わると思います。つまり捜索令状を得たからといって、一切合切押収できるわけではない。「プライヴァシーまで暴いてよいというわけではない」という点に関わります。

S3：しかし、パソコンやディスク等の場合、そのなかに何が書き込まれて

いるかわからないのだから、ある程度包括的に押収せざるをえないのではないかな？

T：そう、住宅等に入るという行為がそれ自身包括的なのと似ていますね。そのなかにまた包括的な空間とそれへの入口があった、ということでしょう。しかしだからといって包括的な令状の執行を認めてよいかどうかは微妙ですよね？

S5：細かい仕分けは必ず必要だと思います。

S3：しかしどこに重要な情報が隠されているかわからなくないか？

S2：嫌疑の対象となった犯罪の類型に応じて、令状にしっかり書き込むというのはどうでしょうねえ。

S4：そもそも、本件でも逮捕や勾留との牽連の問題があると思います。判例集テクストは簡潔すぎてよくわかりませんが、特定地域における車の排ガス規制（MOX規制法）適用を免れるためにナンバープレートを偽ったという嫌疑で特定被疑者に関して捜査が開始されたようですね。なのに明らかに捜索は組織の内部を解明するためになされている。このズレと、パソコン内包括的捕捉とが関係しているでしょう。

T：組織犯罪への個人の関わりをしっかり訴因として絞ったうえで逮捕し、この訴因から包括性を正当化する、という正面からのアプローチが必要であったことは否定できません。その場合、組織犯罪の危険性を令状請求に際して弁証する必要がある。まあ、類型的でよいので。

③ 訴因

最決昭 56-4-25 刑集 35-3-116　覚醒剤自己使用事件

事案の概要

T：では今日も事案をお願いします。
S3：訴因は、覚醒剤を自己使用したというものです。ところが、訴追側の訴因の記載は、当初まったく日時を特定せず、その後、おそらく公判の過程で裁判官に促され、覚醒剤の尿内残留期間から逆算して「昭和五四年九月三〇日ころから同年一〇月三日までの間」としたにすぎず、また場所についても、被告人がその間その区域を出なかったとの供述をしたため、後から「広島県高田郡吉田町内及びその周辺において」と記載したにすぎませんでした。かくして、この点が刑事訴訟法 256 条 3 項「公訴事実は、訴因を明示してこれを記載しなければならない。訴因を明示するには、できる限り日時、場所及び方法を以て罪となるべき事実を特定してこれをしなければならない。」に照らしてどうか、と問われました。
　一審は、「できる限り」に着目し、「それ以上具体的に特定することが困難な事情にある」と判定しました。そして、被告人の防御権を実質的に侵害することはなかった、現に被告人はその期間中に使用したことはないと反論しているし、被告人がその期間中はその区域を出ていないと主張すれ

ばこそそのように場所を特定したのである、としています。

　控訴審は、「犯罪の種類、性質等の如何により、これを詳らかにすることができない特殊の事情がある場合には、前記法の目的を害さないかぎりの幅のある表示をしても、その一事のみをもって、罪となるべき事実を特定しない違法があるということはできない」という最高裁判例（最判昭和37年11月28日刑集16-11-1633）を引き、本件では、「被告人が終始否認しているか、供述があいまいである」るし、覚醒剤自己使用の場合は「捜査が通常極めて困難である」から、まさに「特殊の事情のある場合に当る」ゆえに、法令違反はないとしました。公判過程における訴因変更については、依然明確に特定されたわけでもないから、問題とするに足る訴因変更ではなかったとします。また、公判の過程で、被告人が9月22日から23日に別件捜査を免れるために注射器から吸い取って飲んでしまったと供述した点については信憑性が乏しいとしました。

　最高裁は、問題を論ずることなく機械的に判例準則を踏襲し上告を斥けました。

■ 裁判所のロジックの問題点

T：今日は裁判所のロジックの問題点から先に見ましょう。
S1：前回の高輪の事件に続いて、刑集にこんなにも笑いの要素があるとは思いませんでした。なかでも大笑いをしたのは、「被告人がちゃんと自白しないから訴因の特定のしようがないではないか」と言った部分です。訴因は被告人に教えてもらって書くものなのかあ。
S4：公判手続のなかで徐々に事実が明らかになって、ようやく訴因が少し明らかになっていきます。それで訴因変更の問題が発生してしまうというのもおもしろいですよねえ。
S5：上告理由のなかで、これこれこういう捜査をしてこういうふうに特定していけば問題なかったのに、と説諭されているのもおもしろい。これで

は、至れり尽くせり、手取り足取りではないですか？　最高裁は、せめて、「これではお前ら情けないぞ」と一言すべきところだったと思います。
S2：条文の「できる限り」は余計だけど、むしろこれは「最大限特定すべきである」と解されなければならないんじゃないかな？　「できる範囲で」やっておけばよい、そう堅苦しく考えないで、という条文なんてありえません。
T：間抜けな判決、いや、決定の理由づけですが、どうしてそんなことになるんですか？
S3：訴因という概念の理解が定着していないからだということは明らかだね。
S1：いや、被告人の防御権の問題だという意識はあります。
S2：そう、弁護人とのあいだで、訴因の特定は厳密な捜査の保障になるという共通諒解ないし緊張感は存在するように思います。
S5：しかし、やはり概念がピシッと頭のなかに入っていない、とくになぜこの概念が不可欠なのかということがはっきりしていないことは否定できません。

覚醒剤自己使用の違法性

T：まさにその問題を今日は考えるのですが、その前に、犯罪の実体、今日でいえばなぜ覚醒剤自己使用は犯罪なのかを詰めて考える必要があります。これはなぜ犯罪なのですか？　誰かになにかをしたということはありませんよね？　まして政治システムを破壊したとかは論外ですね？
S3：いや、まさに社会にとって危険であるということだと思う。覚醒剤を服用した状態の人間は危害を加えやすい。自分で自分をコントロールできない状態だからです。
T：しかし、自己使用罪は、尿内覚醒剤検出罪ではありませんね？
S4：責任がなければなんら罪ではないという一例です。殴られて失神して

いるあいだに覚醒剤を打たれたって、自分をコントロールできない以上危険性は同じですが、なにも犯罪ではない。

T：ということは？

S2：故意が必要だということですか？

T：覚醒剤自己使用が犯罪かどうかはなかなか難しい問題ですが、一応当該実定法の立場に立てば、やはり危険犯だと思います。しかしながら、この「危険」は、当たり前ですが、ちょっと危ないなあ、の常識の危険であってはならない。責任を問いうる、故意がある、ということになると、どのように事態はちがってきますか？

S6：少し話が飛ぶかもしれませんが、常習者の場合を考えると見通しが開けると思います。そのような場合には密売組織、そして暴力組織が背後につきます。そこから市民社会の繊維が破壊され、個人の自立が危殆に瀕する。

S3：それはまさにボクの考えだけれど、だったら犯罪とせずに更正プログラムで臨んだほうがよほど理に適っていると思うな。

S6：もちろん組織解体にターゲットを絞るほうが立法政策としてよいと私も思いますが、犯罪たる意味を理解するにはこれが参考になるということを言いたかっただけです。

T：なぜ覚醒剤自己使用は市民社会を崩壊させる組織を呼び出すのですか？

S1：もともと軍隊が使ったのではなかったかな？

S6：軍事化と非常に深い関係があることは疑いない。

T：個人の自由ないし自立は、政治的結合によって直接媒介されていない場合には、つまり市民社会においては、主体が心身にきっちり分節され・かつ精神が身体を的確に統御していることに依ります❶。政治システムが

---

❶ 市民社会とmoral philosophyの切っても切れない関係を、18世紀の啓蒙主義哲学の諸々のテクストを思い出しつつ、想起されたい。

樹立されるとともに現れる厳格な二元論のさらに発達したヴァージョンですね。民事法の基礎にある考え方です。覚醒剤は主体それ自体のこの分節を溶解させてしまう。だからそれ自身内部軍事化状態になって危険を意味しますが、ただしほんとうの実力組織がそこにあるのではない。

　しかし実力組織を形成しようとする分子はこれをつけねらいます。中毒作用を利用して常習化し、依存させる。裏から言えば、この方向に方向づけられている限りで自己使用は犯罪となります。危険犯だと思いますが、組織に利用される危険です。

登山道は複数

T：覚醒剤が体に入ったこと自体が犯罪なのではないということは重要な帰結をもたらしますね？
S4：現実の社会的連関のなかで、自分で意図してそのような状態を創り出したことが違法であるということでしょうか？
S5：だとしても結果が現れなかったら、これまた犯罪ではない。買った覚醒剤が偽物だったとか。
T：その同一の結果にたどり着く道は複数ありますよね？　10月3日にその結果になっている。その場合、10月2日に自宅で使用した場合と、10月1日にボスのところで皆と使用した場合と。これは相当にちがいます。この違いはどうして出ますか？
S2：トートロジカルな質問ですね。アプリオリである二元論のためだ、とおっしゃりたいのですね。それも市民社会上の強調されたヴァージョンだ、と。二元論だと、一階は同じでも二階はちがってるだろう、と。
T：はじめから見え透いていましたね。たいへん失礼しました。山に喩えれば、山頂と山腹に分節している。延長のない点のような目標であれば征服は一瞬であり同時です。しかし犯罪は、必ず実力の形成を経る。そしてそれを通じて政治システムの根幹の破壊に至る。殺人のような場合を例に

取れば簡単です。主体が身体に指令を出す。身体のレヴェルで実行行為がなされる。その結果として相手の死がもたらされる。覚醒剤自己使用の場合は自分で自分を殺すようなものです。主体が身体に指令を出し、次にその身体が自己の身体に覚醒剤を注入する。その結果自己の主体の心身分節が破壊される。その指令発射のところを特定しない訴追は許されません。経路も、です。トンネルを抜ければ雪だった、は認められません。論証対象自体が不明瞭だから、論じようがない。

　符号を使うと、心身分節に対応して、PがP′に指令を出す。脳が体に指令を出すのですね。P′がQをもたらす。注射ですね。QがQ′をもたらす。注射の結果錯乱状態に陥っていますね。Pがいて、Q′が実現した。P′とQの如何によっては事態は全然別になります。無罪になったり、様々別の犯罪になったりします。同じ罪状でも別とせざるをえない❷。

---

❷　よく知られるように、戦後GHQの指示で新しい刑事訴訟法に「訴因」概念がおかれた。日本側にとっては衝撃的であったといわれる。訴因 count は、もちろん現在でも英米法では基本に属する概念であり、アメリカでは大陪審へ訴追者が訴追を申し立てる際に特定が要請される。ただしテクニカルな機能は事実上"duplicity"と"mulplicity"の排除においてのみ見られる。つまり単一訴因によって複数の犯罪につき訴追されたり、単一の犯罪につき複数の訴因によって訴追される、そうした危険が憲法修正6条によって守られているとされる（cf. Y. Kamisar et al., Advanced Criminal Procedure. Cases, Comments and Questions, 11ed., St. Paul, 2005, p. 1115)。理論的には、むしろ修正6条の"the nature and cause of the accusation"のほうが適当であり、実質的訴因論は"count"という語への拘泥なしに展開される。この相を捉えて歴史的意義を把握すべきであろう。いずれにせよ、単一の指標を目がけて探索すればよいとはいかないから、なぜ訴因が重要かについては研究が進まない。そうした研究のためには、この概念が導入された転機を捉える必要があるが、それが難しいのである。そうした研究があるかないかの判断をする資格を私は持たないが、概説書は「古いコモンローの形式主義を克服する過程で現行起訴要件が形成された」としか述べず、その記述は多分に半信半疑である。日本には平野龍一の先駆的研究（「訴因概説」、同『訴因と証拠』有斐閣、1981年、65頁以下）があるのみで、その記述もまた、なぜこのような概念が登場するのかについてなにも知見をもたらさないが、記述内容は現在のアメリカの概説書と同じであり、平野にとって当時としては精一杯であったと思われる。

手続法への反映

S2：それはわかったとして、しかしながら、訴追者の論証に分節を求めるというにすぎず、訴追者が論証において分節に成功しなければ、自由心証主義のもとで、陪審の心証を悪くし、結局被告人が無罪になる、というにとどまりませんか？ 最初に掲げた訴因とは異なる訴因について論証をしたり、訴因の特定が不十分だったりすれば公訴棄却になる、という規律には必ずしもならないような気がします。

T：鋭い質問ですね。では訊きましょう、もし本件において、P'とQは特定的に論証しなくともよい、一定の期間のあいだにどこかで自分で覚醒剤を打った、という訴追内容でよい、とするとどういう手続法上の問題が出てきますか？

S6：弁護側による批判が難しくなりますね。悪名高い不存在の証明です。その期間、その地方、のすべてにおいて一度も打っていない、ということを網羅的に、かつ底引き網でさらうように、逆証明しなければならなくなる。

S5：たしかにそのとおりだ。二重の危険だ。「A時点、a地点、で打った」というので、「いや、そういう事実は証明されていない」と崩したのに、「あ、間違えました、B時点、b地点でした、お気の毒様」と言われてまた崩す、すると今度はCを持ち出される。そういう悪夢と論理的には同じだ。「そのどこかでやった」というのだから。

S3：けれども、そういう広い範囲で有罪になっておけば、その範囲はいわば消尽して、2回起訴される危険は消滅するのではない？❸

S2：いったん死んだ人間はもう死なない、だから全員殺してあげよう、文

---

❸ 香城敏麿「訴因制度の構造」（上）判例時報 1236、1987 年、19 頁における本件決定擁護のコメント。

句あるか、というのと同じくらいひどい論理ですね。

■ デモクラシー

T：そうですね、そのように論証の論理的構造に敏感になった段階で、訴因は刑事裁判手続の鍵になる概念となっていきます。犯罪という概念に内在する二元的構造が訴因制度の根底にある❹のですが、これが訴訟手続に反映されるかどうかというのは、また別の事柄になり、それはまず大きくいってデモクラシーの要請が現れてからとなります。

　次回以降詳しく取り上げますが、デモクラシーはおよそ政治的決定における論証を二重にし、論証が一定の質をもたないと前提審査で失格させ、政治的決定の場に立たせない、という規律をもたらします。論拠自体を篩にかける歴史学や、論証の論理的な質に前提資格を設ける哲学の発達は、このことによります。

　刑事司法においては、起訴陪審の発達があります。訴追者は二度勝たなければならない。十分な論拠をもっているかどうか、入口でチェックされます。せっかく逮捕した被告人を必ず解放されてしまい、もう一度捕縛の許可を求めなければならない、ということでもあります。民事訴訟は訴訟要件を生命とする手続のことですが、これもデモクラシーの一つの形態です。

　これらすべてを通じて、デモクラシーに伴って政治システムが二重になるということがある。二段階の審査が制度に反映されやすいのは政治システムの二重化が発達した場合です。論理的な必然ではないけれども、犯罪

---

❹　公訴事実と訴因との間の関係を正面から扱った論考として前掲鈴木『刑事訴訟法の基本問題』がある。どちらが対象かというのではなく、訴因によって事実が切り取られ、犯罪の結果とそれを導く特定の事実の二重構造が現れる、公訴事実はこの二重構造を有していなければ審判の対象とはされない、のである。

の論証過程で訴因をうるさく問う、ということがこの二重チェック、入口での排除、という規律にフィットすることは疑いない。

　おまけに、犯罪の概念の構造化はデモクラシー段階で大いに進みます。たしかに訴因は政治の成立以来つねに問われるのですが、訴因が手続法上の技術概念に昇格するのは、共和末ローマにおいてでした。犯罪のテクニカルな概念も完成される。このとき、不完全ながらデモクラシーの観念がギリシャから再流入し、歴史的に一定の短い時期ですが、訴因制度が花開きました。政治的性質の犯罪が、政治システムの構造の複雑化に伴ってはじめてカウサ・エト・クリーメン causa et crimen へと二重に分節されました。causa を一つひとつ特定して crimen を論証しなければならなくなる。政治的性質の犯罪は複雑な構造をもっていますから、城を積み上げるように論証していくのですが、その城はまるでトーナメント表のようで、1回戦、2回戦、と勝ち進まなければ訴追できない。しかもそのたびに陪審は流されて、心証ゼロから再出発させられる。つまり弁論の必要的更新という制度とともに、訴因が手続法上の鍵になっていきます。

　ちょうどその頃、政治的性質以外の犯罪を概念するに際しても、主体が装甲化されて❺、この主体を攻略するステップが二重になる、という歴史的発展が見られました。共和末ローマにギリシャからデモクラシーが新たに流入したことの相当に捻じれた帰結でした。所有権概念の形成、そして元首政成立、と不可分のことでもありました。訴追者は、物的な世界から身体へとイムパクトが加えられ、そして身体から主体の頂点へとイムパクトが加えられた、と二重に論証しなければならず、そしてこれが犯罪の主体の側、つまり責任の側、に鏡のように反映されるため、防御側にとってはこれが二重の防壁となります。その形で訴因概念が生きる。

　イングランドでも、弾劾主義が政治的な性質の犯罪をめぐって登場しま

---

❺ 詳しくは第7章で論ずる。

すから、そうではなかったか、つまり政治の構造が大きく組み立て直される際に訴因概念が飛び出したのではないか、と推測します。18世紀のことです。弾劾主義確立のなかで訴因制度がどのように成長していったかの精密な論証は学界としてもこれからの課題である❻と思いますが、最初は政治的性質の犯罪においてでなければ手続法に投影されなかったということは疑いないと思います。

いずれにせよ、犯罪の概念に固有の二元的構成と訴因制度とのあいだの関係は疑いないが、しかし手続法的規律の如何は必ずしも直結しない問題である、ということです。にもかかわらず、被告人の権利を二重に保障する弾劾主義の補強ですから、刑事司法の生命線の一つです。ここをおろそかにすると、刑事司法は根底から崩れ、政治システムの一部ではなくただの懲罰になってしまいます。

日本の場合には、裁判員制度になったとしても陪審とは異なりますし、論証の分節を批判する目が養われているわけでもありませんから、裁判官が手続法的に、つまり公訴棄却でもって訴追の質を保証する責務を負っていると考えざるをえません。

事案に戻る

T：先に分析してしまいましたから事案に戻る必要はないようなものですが、再確認しておきましょうか？
S2：事案というよりは、近年の実務、あるいは実務に近い学説の問題ですが、「公訴事実」と「訴因」を区別する必要がないと捉えられているようですから❼、われわれの議論とは全然噛み合わないと思う。

---

❻ Langbein, *Adversary Criminal Trial* も訴因制度には言及しない。
❼ 酒巻匡「公訴の提起・追行と訴因（1）」法学教室 298、2005 年、65 頁以下。「立法としてはどちらか一方の用語に整理する方が簡明であり、何らの支障もない」。

> **刑事訴訟法312条** 裁判所は、検察官の請求があるときは、公訴事実の同一性を害しない限度において、起訴状に記載された訴因又は罰条の追加、撤回又は変更を許さなければならない。
> ② 裁判所は、審理の経過に鑑み適当と認めるときは、訴因又は罰条を追加又は変更すべきことを命ずることができる。
> ③ 裁判所は、訴因又は罰条の追加、撤回又は変更があつたときは、速やかに追加、撤回又は変更された部分を被告人に通知しなければならない。
> ④ 裁判所は、訴因又は罰条の追加又は変更により被告人の防禦に実質的な不利益を生ずる虞があると認めるときは、被告人又は弁護人の請求により、決定で、被告人に充分な防禦の準備をさせるため必要な期間公判手続を停止しなければならない。

S3：「いやあ、それはさすがに暴論でしょう」と思ったら、実際に区別はされていない❽。

S5：それでも、まさに本件の場合に、公訴事実の特定に欠けるところがあるのは認められている❾のではないかい？

S4：本件犯罪の構成要件に問題ありというようにして解決されるようですよ。つまり覚醒剤注射の1回1回を問題とするからいけないんで、「一定期間内に注射を打ち続けただろう、でなきゃこの尿鑑定結果は出ない」というように運べばなんの問題もなかったのに、とかいわれていますよ❿。

S5：そうすると、訴因変更論における杜撰さと同じですね。共犯関係において実行犯を特定して訴追したところ、公判で特定しきれずに、その点不明のまま判決が出されたのに対し、訴因変更不要と、原審の裁判官を名宛人とするような判決がなされました⓫。

---

❽ 大澤裕「公訴事実の同一性と単一性（上）（下）」法学教室270、272、2003年など。「公訴事実」と「訴因」はテクニカルに互換的であることを前提とする叙述が続く。
❾ 酒巻匡「公訴の提起・追行と訴因（2）」法学教室299、2005年、78頁以下。
❿ 同、79頁。
⓫ 大澤裕「訴因の機能と訴因変更の要否」法学教室256、2002年、28頁以下参照。

S6：それはまずいな。R1 が実行犯だと特定して訴追すれば、この特定のところを崩して訴追を葬ることができる。そこで R2 が実行犯だったと訴因変更することは刑訴法 312 条 1 項で認められるけれども、どっちが実行犯だかわからないままの訴追、ないし判決は、まさに訴因の特定を欠いており違法に決まっている。つまり弁護側にその部分の論証の鎖を切るチャンスが与えられない。さっきの「できる限り」の特定、あるいは「特殊事情」がある場合の白紙の特定、はそもそも訴因制度がまったく理解されていないとさえ思わせる。

T：私は、R1 で訴追すれば、R2 に変更することは認められない、と思いますが。検察官は 1 回限りの勝負をしなければならない。被告人を実質二重訴追に曝すからです。いずれにせよ、二重構造の把握がいかに大事かということです。そうでないと、せっかく公訴事実と訴因を分節的に概念した意味がなくなる。それで、同じことだという極論がまかり通ることになる。

④ 証拠能力

第1事件	最判昭53-9-7刑集32-6-1672	天王寺覚醒剤違法収集証拠事件	
第2事件	最判平15-2-14刑集57-2-121	毒樹の果実証拠能力事件	

事案の概要

T：今日は2件まとめてお願いします。

S4：第1事件は、職務質問中にポケットが膨らんでいるのを見た警察官がポケットに手を突っ込んでなかを取り出したということに端を発します。覚醒剤所持の現行犯逮捕がおこなわれ、覚醒剤が押収されました。

しかし一審は、この押収が令状主義に反するとし、警察官の供述と組になって自白を補強する、その必要的補強証拠としての証拠能力を否定しました。その結果、覚醒剤所持の部分は証明されないとし、この部分に関し無罪の判決を下しました。控訴審は、警察官の供述からいえるのはポケットが膨らんでいたというところまでで、「本件公訴事実記載の日時場所で覚せい剤粉末を所持していたとの前記（イ）の被告人の自白の真実性を保障するのに十分であるとはいえない」（刑集1772頁）と述べ、検察側の控訴を棄却しました。

これに対して最高裁は、検察側の上告理由に対応して、捜査の違法性に

議論の重点をおき、違法であるとする限りで検察側の主張を退けましたが、逸脱の程度が軽微であるとし、軽微ゆえに押収物の証拠能力は否定されないとしました。破棄差戻しが結論となりました。

　第2事件は、窃盗の容疑で逮捕令状が出されていた者を、警察官が令状を持たずに任意同行を求めた結果、逃亡され捕縛した、というところから始まります。そして、任意だったようですが、尿を検査したところ覚醒剤が検出されました。そこで捜査側は覚醒剤所持の嫌疑で自宅の捜索令状を取り、窃盗の嫌疑に基づくそれと同時に執行しました。

　一審は、逮捕の過程に（令状の執行がなかったという）違法があり、その帰結として得られた徴表をもとに出された令状が執行された結果である押収物に証拠能力はない、としました。つまりこの部分は無罪であるとしたのです。控訴審もこれを支持して控訴を棄却しました。

　最高裁は、違法な逮捕の過程で採られた尿の検査鑑定書と、令状を得て差押えがなされた結果押収された証拠とのあいだの関係は密接でないとし、証拠能力を肯定しました。無罪部分に関して一審に差し戻したのです。

■ 証拠裁判主義

T：ありがとうございました。刑事訴訟法317条には、「事実の認定は、証拠による」と書かれています。証拠裁判主義ですね。これはどういう意味ですか？
S1：有罪にするためには、証拠がなければだめだ、ということでしょうか。
T：その前に、まずどこに着目しますか？
S2：「事実の認定は」とあります。裁判は事実の認定によらなければならないということが前提にされている。
T：事実とは？
S3：犯罪があったという事実です。
T：すると？

S5：あ、なるほど。犯罪は物的な経過でしたね。そういう物的な経過があったということ❶。

T：ふむ。その事実を認定するとは？

S4：証明するということではないでしょうか。

T：どうしてそんなことしなければならないのですか？

S2：証明できなければ罰することができない。

S4：責任を問うわけにはいかない。

T：責任を問うて処罰するためにはなにが必要でしたか？

S6：あ、そうか、裁判、つまり政治的決定。

T：そうですね。すると？

S全員：？？？

T：政治的決定ではなにをしますか？

S3：議論をします。

T：議論って？

S6：論拠を挙げて結論を基礎づけるのだった。すると証拠は、政治的決定における論拠の一つ。つまり訴追を主張する側がその論拠づけに使うもの。こうなりますか？

T：そのとおり。論拠という位置づけは動きませんね。ただし、証拠という論拠によって事実があったことを主張するのであり、ただちに政治的決定の内容になるのではない。その事実があるとその政治的決定が正当化されるということです。認定された事実と決定された内容のあいだには、A

> **刑事訴訟法 317 条** 事実の認定は、証拠による。

---

❶ 諸々の教科書は、「証拠とは、……事実を推認する根拠となる資料をいう」（前掲田宮裕『刑事訴訟法新版』284頁）のように（「特定の事実に関する情報の媒体」、松尾浩也編『刑事訴訟法Ⅱ』有斐閣、1992年、164頁も同じ）、証拠をほとんど定義しえていない。漠然と事実認定の論拠とするばかりで、その場合の「事実」とはなにで、論拠のなかでも証拠はどこが特殊か、という点を理解していない。

ならばBという接続の関係、パラデイクマのサンタグマティク syntagmatique な関係、サンタグマティクな分節関係があります❷。この関係を経てではありますが、証拠も政治的決定を主張する際の論拠の一つで、条文でこれが必須とされているわけです。

■ 証拠

T：さて、その証拠とはなんですか？　論拠のなかでも相当に特殊ですよ。
S1：事実を証明するタイプ？
T：なるほど、それにはちがいありませんが、たとえば「背の高い人は覚醒剤を使用する傾向が強い」などという命題はどうですか？　事実について言っていますね？　だから、たしかにあの人もやったにちがいないということの論拠になりえますが、これは証拠ですか？
S5：公訴事実は必ず物的な経過でなければなりませんでした。
T：そうです。すると？
S2：わかった、物的な経過があったという以上は物的な結果が遺(のこ)る。それが証拠だということですか？
T：そのとおりですね。物的な経過が遺した痕跡が証拠です。これを論拠Qとして結論Pを論拠づける。
S1：少し不思議ですね。そうだとすると、証拠はいわゆる物証に限られることになる。しかし実際には証言、つまり供述証拠も立派な証拠だと考えられている。
T：ほんとうに立派な証拠だと考えられているでしょうか？　しかしこの問題は次回取り上げます。ここでは、お望みならば、便宜、証拠とは厳密には物証である、証拠のなかの物証に限って扱う、として先に進んでいき

❷ IP、109頁。

ましょう。二つの事案で問題になったのは物証ですから。

　いずれにせよ、証拠でなければ論拠にしえない。ということは、なにはダメだということですか？　繰り返しを強いることになりますが。事実というのは、なにか１回限りのことですが、公判廷では？

S6：ああ、なるほど、まずは検察官が頭のなかで思い描いたことを言語で表現したもの、となりますね。しかしその言語で表現されたイメージに該当する事実はいたるところでいつでも再現可能である。

T：ふつうの論拠、つまり「背の高い人」型の論拠は必ずそういう性質をもちます。論拠と結論のあいだの関係は、パラディグマティク paradigmatique❸であるといえます。つまり、あるパターンが主張され、それに合致していると考えられた。その一例とされた。あるいは、両者はアナロジーで結ばれた。似たようなやつだから似たようなことをしているにちがいない、と。１回限りの一義的な事実に対して、これは論拠になりえますか？

S6：たしかに、論拠と結論が分節しているように見えて、じつは一続き。実際、一種のトートロジーですね。

■ 物証の意味

T：それにつけても、証拠についてもう少し省察を加えましょう。さきほど「物的経過の痕跡」ということを言ってくれたけれども、物的な痕跡というものはどういう性質をもっていますか❹？

S3：明白で誰でも認めざるをえない。

---

❸　本書78頁、註２に同じ。
❹　諸々の教科書においては、証拠とはいわゆる物証のことであるということ、かつその場合の吟味はどのようになされなければならないのかということ、がまとまった記述をもつということがない。

T：ほんとうに明白ですか？　旧石器時代の破片が捏造された事件は大昔のことではありませんね。
S5：DNA の鑑定でさえ分かれて微妙な問題になる。あ、そうだ、鑑定の問題がある❺。
T：たちまち二つの問題が現れましたね？
S1：発見のところが本物かどうか？
T：まず、物的な痕跡は地表面の１点に確として存在するのですが、それが隠れた状態になくみんなの目の前に置かれているということ。それだけでは足りず、そこに置かれているその状態がなにか隠れた経過によるものではないということ。誰かが前の晩にこっそり埋めておいて、いま、みんなの目の前で劇的に掘り出される、ということもありうるのですから。もう一つは？
S6：壺の破片を目の前に置かれても素人はなんのことかわかりません。専門の人が鑑定しなければならない。
T：なにを鑑定するのですか？　真犯人かどうかと？
S5：いえ、血液型とか DNA の型とか。
T：物それ自体の形態学的分類ですね。これをします。どうしてそうか、とか、なぜそうか、とかの推論を意識的に遮断します。すると？　証拠というのは？
S 全員：？？？
T：物的な性質だ、放っておいても明白だ、ということにはなりません

---

❺　鑑定ないし「科学的証拠」については実務の一定の蓄積がある。しかしながら、後述の成瀬論文までなかなか本格的な研究を見出すことができなかった。意識されてきた問題点は少なくとも二つある。第一は物的証拠という以上被疑者の身体に捜査が侵入するという問題（浅田和茂『科学捜査と刑事鑑定』有斐閣、1994 年、37頁以下）。それから、鑑定に対して Critique が効かない（むしろかえって再審無罪の事例を多く生みだした）という問題（同、12 頁以下）。後者はいわば鑑定的理性の特質に由来する。

ね？

S6：採取前も採取時もオープンで、人為が加わっていないのでなければならない。

S2：それでなおかつ鑑定等を受ける。

T：つまり、それやこれの吟味に曝されている。証拠は、その物的性質ゆえに、そのような吟味の結果一義的な判定がなされうるという性質をもっています。逆にいえば、そういうものを証拠と呼ぶ。このやや特殊な吟味を「アンティクアリアン antiquarian なタイプの」クリティック❻と呼びます。大事なことは、証拠はすでにそれ自体「アンティクアリアンなタイプの」クリティックを経ているということです。

■ 鑑定と証拠調べの違い

S3：よくわからなくなっちゃいました。証拠を吟味するのは、まさに公判廷の役割じゃないですか？ 裁判官が吟味する。専門的な部分は裁判官のかわりに鑑定士が吟味する？

T：いい質問ですね。公判廷で証拠が吟味されることはいうまでもありません。しかしこれと鑑定とのあいだには大きな違いがありますね。どこがちがいますか？

S6：公判廷の吟味には弁論が伴います。これに対して、鑑定は物的証拠それ自体の吟味で、黙ってやります。

T：素晴らしい。刑事裁判手続は性質の異なる二つのクリティックによって構成される。公判廷におけるクリティックは政治システムに固有のそれです❼。他方物的証拠に対してなされるものは少々特殊です。ポイントは、

---

❻ antiquarian なタイプの Critique については、木庭顕「森鷗外と『クリティック』」『憲法９条へのカタバシス』[A9K]、みすず書房、2018 年、128 頁以下、さらにはその限界について前掲木庭「市民社会の基層と社会学」参照。

自由で独立の主体が公開の場で相互に鋭い議論を戦わせてチェックする、のかどうかです。ま、学問的な議論が現在ではその生き残り、氷河期の生き残りの高山植物のような存在でしょうか。ギリシャ由来です❽。学問自

> ❼ 以下数章の基軸をなすのがこの Critique という概念であるが、実際の授業では全体の予備的討論つまり刊行ヴァージョンでいえば『公法篇』IP、79 頁で説明された。「鼎談：憲法の土壌を培養する」法律時報 90-5、2018 年、56 頁以下も参考になる。最も本格的には DEM 第 2 章がすべてこれにあてられているといってよい。ただし、POL 第 1 章で Critique の原型が説明され、基本的に政治システムに固有の基盤をもつとされる。その場合には全体的なディアレクティカのなかに内蔵されている。Critique が相対的に独自に切り出されて強く意識されるのはデモクラシーの段階に至ってのことである。『デモクラシーの古典的基礎』[DEM] 東京大学出版会、2003 年、421 頁以下参照（Critique は文脈を反映して「〈批判〉」と表記されている）。
>
> ❽ Critique について若干のイメージを提供しておこうと思う。〈アキレウスは走った〉と〈アキレウスは歩いた〉の識別が基本である。両者は同一のパラデイクマの二つのヴァージョンである。この識別は政治システムないし政治的決定にとって基底的な意味をもつ。そのエリアを公共空間とするのか、領域として私人に分割するのか、この差違の一義的な識別（白か黒か）は政治的決定の生命である。そのような一刀両断による選択のことをギリシャ語で krisis と呼ぶ。A が B を殺したのは故意であって政治システムの破壊に該当するのか、それとも単なる喧嘩の偶発的な帰結であったのか。これもそうである。もちろん、それぞれ理由を付して主張されるであろう。しかしそれはたとえば「このような形態の殺人は政治システムの破壊という意義を有しない」ということの弁証になる。政治システムとはなにか、その破壊とはなにか、〈アキレウスが走った〉のではなく〈歩いた〉のであるという識別と等価の判断がなされる。さて、これに対してデモクラシーの段階に至ると、その故意を証拠で、たとえば謀議の物証によって、あるいは後述の Vindicius の証言によって、裏づけなければならなくなる。すると、その物証や証言の真正性、そして（信憑性判断を含む）解釈が前提の争点となる。この場合にも、〈アキレウスが走った〉と〈アキレウスが歩いた〉の識別は基本となるが、複合的となる。syntagmatisme というが、パラデイクマを前後に大いに引き延ばし、整合性チェックをするのである。骨董鑑定や筆跡鑑定の場合には単純な形態アナロジーつまり paradigmatique な判定がおこなわれているように思われるかもしれない。しかしじつは、繰り返す再現（répétition）という syntagmatique な連鎖を問うている。その切片につき、形態アナロジーの照合をおこない、それによって差違（のなさ）をチェックしているのである。もっとも、前提的吟味のなかでも、こうした鑑定は特殊であり、証人尋問において見られるような、大きな脈絡を捉えて矛盾を突くのがむしろ一般である。

体もいまや危機に瀕していますが。鑑定は、まさにこれと少し異なる。
S6：その鑑定をもう一度正規のクリティック、つまり公判廷での吟味に曝す❾、ということでしょうか。

証拠能力

T：以上のことを前提すると、刑事裁判手続の論理構造はどうなりますか？
S6：論拠を挙げて結論をチェックするのですが、その論拠をまたチェックするのですから、二重のチェックをする、あるいは二段にチェックするということでしょうか？
S4：論拠についても正当化、論拠づけといいうるかどうかわかりませんが、少なくともこの証拠はダメでないという消極的な正当化を経ているということですか？
T：二段のうち、前段のほうの吟味はどういう結果をもたらしうるでしょうか？
S5：それを証拠としては使えないという結果ですね。
T：もちろん、証拠として使えることが認められたとしても、まだ結論は決まっていませんね。別の証拠を含めて公判廷で吟味されます。その場合の吟味はしかし性質がちがいますね？　さきほどは吟味の形態に着目しましたが、吟味の目的に照らしてみると？
S2：その証拠でなにをいいうるかですね。なにをどこまで証明しうるか、です。

> ❾　問題意識の萌芽が佐藤博史「DNA鑑定と伝聞法則——ことに再鑑定の保証との関連で」現代刑事法16、2000年、30頁以下に見られるが、十分に展開されないのが残念である。というのも、もう一つ、鑑定人を介するという問題があるからである。鑑定人に対する尋問が不可欠となる。前段のCritiqueを別途するのはよいが、このために公判廷との関係が間接的になる、という問題に対処するのである。

T：ここまでくれば陳腐な言い換えになりますが、公判廷では証拠の証明力が問われます。これに対して、前段では証拠能力[10]が問われます。証拠能力が否定されるとその証拠は公判廷に持ち出すことが許されなくなります。この部分はひとまず裁判官の職権で決定されます。その決定を争う。陪審に見せたら終わりだから。証明の問題と混ぜて公判廷で争う図は本来奇妙です。

デモクラシー

T：このように政治的決定の過程でクリティックが二段になるのはなぜか、どういう理由があるのか、は難しい問題で、とりあえず刑事訴訟法ではアプリオリですが、まず疑いなくデモクラシーのコロラリーです。というのも、ギリシャでデモクラシーが形成されるとき、政治的決定手続があらゆる局面でクリティックを二重化され、かつその結果はじめてクリティック自体が時代の精神になった、ということがあるからです[11]。政治の成立と

---

[10] 「証拠能力」という制度それ自体の意義を理論的に明らかにする研究はあまり多くないように思われる。また、諸々の教科書においても、自由心証主義の外にその証拠がおかれることである等の意義の説明は正確であるとしても、なぜ心証を形成させてはならない証拠を入口で排除するかの理由づけは見られない。団藤重光『新刑事訴訟法綱要七訂版』創文社、1967年、247頁、前掲田宮『刑事訴訟法新版』285頁以下、前掲松尾編『刑事訴訟法Ⅱ』224頁（「事実認定を誤らせるおそれの大小といった見地からだけではなく、手続全体の目的や文明的基準というより高い見地」）、三井誠他『入門刑事手続法』第7版、有斐閣、2017年、244頁（「なぜなら、そのようなことをしても無意味であったり、また裁判官の心証形成に誤った影響を事実上与えてしまうおそれがあるからです」）等（松尾浩也『刑事訴訟法（下）〈新版補正版〉』弘文堂、1997年、26頁などは「相対的なものでしかない」という）。実際には、自白や伝聞証拠の問題として個別に扱われるにとどまる。たとえば自白については、人権擁護（あるいはその一ヴァリエーションとして、違法捜査規制）のためか、虚偽証拠排除のためか、と盛んに議論される。しかしそれぞれ副次的機能を指摘しているにすぎず、証拠能力制度自体の説明にはなっていない。

[11] DEM 第2章全体の論証命題である。

ともに批判的な議論はすでに戦わせていたのですが、そこにもう一段、前提的なところにクリティックをかまえることが要請されるようになる。

著名な例は、紀元前500年頃、ミレトスという都市で、ペルシャに攻められてどうするかを決定しなければならないという場面です。さまざまな論拠により、自由と独立を守るために断固戦うことが正しい、という主張が優勢のなか、ヘカタイオスという人物が、軍事力とその背景をなす経済力につきデータを挙げて説明し、このデータを無視した論拠づけは論拠づけとしての資格を欠く、と論じました。ヘカタイオスは今日歴史学の祖とされている人です。

歴史学では、さまざまな史料を先に批判にかけます。史料批判ですね。これがない歴史叙述はただの法螺話であり、歴史ではありません。単になにかの資料に基づいているというだけでは足りません。哲学も同時に生まれます。内部に論理矛盾を抱えているとか、世界の成り立ちについての知見と矛盾するとか、そうであればいくら典拠を挙げて正しいことを論証しても無意味であるというのです。前提的な資格を欠くというわけです。自然学ですね。今日の自然科学です。存在論や論理学を含みます。ゼノンの逆理のことは誰もがご存じでしょう。

テクストについての学問も生まれる。なにかのテクストを引いても、きちんとした校訂を経ているものでなければとんでもなく見当違いになる。言葉の意味もそうです。勝手に読み込んではいけない。テクスト自体やテクストの解釈に関する前提的な吟味の思想は、プラトンが伝えるところのソクラテスにとって重要な柱でした。

これらがデモクラシーと関係しているということは疑いないとして、しかしそれはまたどうしてか、その場合のデモクラシーとはなにか、複雑な問題ですが、ここでは詳論できません。『デモクラシーの古典的基礎』全編の基本テーゼですから、お読みください。

いずれにせよ、刑事司法ではその一分肢がくっきり現れ、なおかつ前提的クリティックの有力な一ヴァージョンであるアンティクアリアンな性質

のそれが決定的な重要性を獲得する、ということを申し上げておきます。そして、これは初期近代に大きなイムパクトを及ぼし、われわれにまでたどりついているということを付け加えておきます。その系譜関係が論証できているわけではなく、また系譜というならば証拠法は教会法を含む中世法の大きな影響下にありますが、しかしその場合でもそれに新しい意味を付与し新しい生命を与えたのはデモクラシーだったことは疑いありません。

事案に戻れば

T：さて、事案に戻らなければなりません❶。以上のような基本の確認を経ると、事案はどのように見えてきますか？　第１事件から。
S2：違法収集証拠排除の可能性を最高裁としてはじめて認めた判決として有名なんだけれど……。
S5：いや、証拠能力の問題を軽く見る判決の態度に、私は不満です。令状なしに実力で介入し押収したというのは、甚だしい逸脱です。それを証拠として使えるとなれば刑事裁判手続の根底が崩れます。
S4：私は反対ですね。証拠能力のチェックは、やはり心証に大きなバイアスがかかることを防ぐためにあります。捜査の規律とは一応別ですね。とくに、最高裁が的確に指摘するように、物証がしっかり取れているという場合、バイアスは少なくとも極小です。
S6：私は、一審二審の水準の高さに驚きます。なぜならば、きみたち二人のような見解の対立があることは知ってるけど、これとは少し別の次元に

---

❶　前掲田宮『刑事訴訟法新版』401頁以下は、「違法収集証拠の排除」という章の基軸にこの判例をおく。「物についても供述についても問題となりうるが、供述の側面はすでにとりあげた自白法則にほかならないので、以下は物について論じることになる」（同、397頁）という物証の吟味に留意する意識も欠かさない。ただし、適法手続を担保するための違法抑止という観点を判決に見るのみで、証拠法内在の問題、とくに物証に固有の問題、には触れない。

一審判決は、卒然と提出された覚醒剤とその性質に関する鑑定結果に対して、出所をいう警察官の供述に着目しています。しかも出所は即覚醒剤所持の事実にほかなりません。つまりそれを隠し持っていた、そこから出てきたと主張されている、しかしその出てきた場面こそが闇の中である、というのです。令状なしですから、公に明らかにされているのではありません。だから素性が怪しい、というのです。そしてまさに出所が論証できなければ、物証といえども無価値です。そんなことを言ったってそのポケットから出てきたのは明々白々ではないか、と言っても無駄です。そこは、一人の警察官が言っているだけで、なんの保障もない。蓋然性で判断するわけにはいかない。つまり、捜査における人権侵害は所詮事実の証明とは別次元である、とはいえない。物証はおのずから吟味を経ていなければならない、という点が決定的です。令状はこれに関わる。恣意的に採取したのではないという最低限の保障です。

　二審も、警察官の供述からは「被告人が職務質問を受けた日時場所で、その左側内ポケットに警察官に提示したくない何物かを所持していたことはうかがわれるが、それが覚せい剤粉末であることは右供述からは推測することさえできず」(刑集1772頁)と書いています。これはプロでなければ書けない。訓練を受けていない素人は、「覚醒剤に決まってるだろう、裁判官は変人で困る」となります。最高裁のほうがむしろ、物証は採取手続に影響されにくい❸、とド素人のようなことを言って失笑を買っています。

T：そうですね。証拠は、物証といえども、前提的な吟味❹を経ていなけ

---

❸　前掲松尾編『刑事訴訟法Ⅱ』276頁以下は、非供述証拠については、「取得過程の違法が物自体に変化を与えない以上証拠価値に変わりがないので……違法に取得された物であっても証拠として許容する」という傾向を指摘し、アメリカの20世紀の動向をこれの例外とする。かつ、アメリカでの違法収集証拠排除退潮を根拠に、これに消極的である。

ればならず、証拠能力はこれに関わり、また令状主義はその吟味を保障する役割をも帯びている、ということを忘れるべきではありません。第2事件のほうは？

S3：そういうように基本が明確になった段階で読むと、第2事件の一審は、「将来の違法捜査抑制」の見地から、違法が重大かどうかを判断するものであり、二審もこの点に絞って判断しているから、いかにも貧弱に見えてしまいます❺。

しかし、警察官たちは逮捕状を示したと証言しており、これを崩す論証はなかなかに周到で、動静をうかがっていたら被告人に思わぬところで遭遇してしまったという事情、つまり「なぜ逮捕状を執行しなかったか」についての推理は見事だね。典型的な「押っ取り刀」であり、「しまった、逮捕状を持ってくればよかった」状態だった。

採尿は任意というけれど、むしろ公の手続の外のどさくさということ。任意ならばふつうはオープンなのに、ここはなにかこそこそと採られた感がある。そしてそのまま、「こりゃ、自宅に覚醒剤があるぞ」となり、か

---

❹ 成瀬剛「科学的証拠の許容性」(1)-(5)法学協会雑誌、130・1-5、2013年は、物的証拠の前提的な吟味という日本では未知の領分にはじめて本格的に（英米法を精査して）挑戦した注目すべき研究であるが、（「専門証拠」にも同様のことが妥当するとはするものの）「科学的証拠」の信頼性が揺らぎ危険性も認識されるという事情に左右されて「科学的証拠」に限定して問題を扱い、しかも「許容基準」のうち（文字どおり relevancy をも含む）「関連性」テストを道具としたため、「要証事実」のプロセスの考察によって吟味の具体的なメルクマールを構築することとなり、まったく質のちがう Critique がアプリオリとして前提的におかれ、このときに「要証事実の証明」を考えてはならないということ、このうえであらためて別の質の吟味が公判廷でなされるということ、この区別が曖昧になった。

❺ 判例学説は元々違法収集証拠排除の根拠を「政策的理由」に求める（三井誠「違法収集証拠の排除(1)」法学教室263、2002年、149頁以下）。どうしても違法捜査規制と証拠価値を秤にかけることとなり、昭和53年判決（本章第1事件）以後も下級審では「違法ではあるが排除はしない」という判断が続いたといわれる。そして最初の排除事例が平成15年判決（本章第2事件）であるが、判断形式は変わっていないと思われる。

ろうじて令状を取り勢いでなだれ込んだ、というわけだ。新たな令状手続による遮断は全然十分じゃない[16]。

もちろん、窃盗のほうは捜索令状に瑕疵がありませんから、贓物を中心に押収する。しかしまさにその際発見された覚醒剤は贓物かもしれず、預かったものかもしれない。尿から検出された覚醒剤は、それ自身出所の怪しい物証ですが、自宅の覚醒剤と関連したものか、不明。そこの部分が、偶発、遭遇、ついでに、という手続の乱れのために、つながっていない。

S6：クリティックの空白、エアポケットにはまっている、ということかな？

S2：この判決の意義は、後続部分から出た証拠の証拠能力をどう判断するか[17]で、たくさんの論議を呼んだわけです。

S3：その点をいえば、論理はともかく、その後続部分の判断から対応する公訴事実につき無罪とした一審二審の判断は尊重に値すると思うな。これに対して、最高裁は、はじめて証拠排除を実際にしたとされるけれども、最後の最後の「毒樹の果実」論で綺麗に原審を覆した点にもっと着目されてしかるべきだと思う。つまり、「毒樹の果実」論がマイナスに使われた[18]。

---

[16] 平成15年判決の標準的な解説は大澤裕＝杉田宗久「違法収集証拠の排除」法学教室328、2008年、65頁以下に見られる（およそ違法収集証拠排除に関する最高裁判例の変遷分析としても標準的である）。本判決は、違法収集証拠自体および違法承継証拠（尿鑑定）について排除を認めたのであるが、令状を挟んでの派生証拠（「毒樹の果実」）については、認めなかった。大澤＝杉田は、令状の切断作用について疑問を呈している。ただ、利益衡量の過多を戒めつつも総合判断には固執する（あるいは「毒樹の果実」について「司法の廉潔性」という多分にミスティアリアスな語しか挙げえない）ので、証拠収集の脈絡がCritiqueの要であるという点はなかなか法律構成のどの部分にも織り込まれない。

[17] 平成15年判決登場以前において先導的な役割を果たすことになるのが、川出敏裕「いわゆる「毒樹の果実論」の意義と妥当範囲」『松尾浩也先生古稀祝賀論文集（下）』有斐閣、1998年、513頁以下である。証拠それ自体の系統樹を脱して（アメリカ法に倣い）手続と証拠の関係を端的に問うことで議論の水準を塗り替えた。

[18] 判例テクストの分析、それとの関連における問題整理、の両面において飛躍的な水準の高さを示すのが井上和治「違法性の承継論と毒樹の果実論」『井上正仁先生

T：ははは、デモクラシーの原理にさかのぼって原則さえ理解すればツルベ落としに物事を整理できるという典型ですね。君たちも独力で結論まで一直線だし、下級審裁判官にとっても物事は明白の極みだった。証拠の違法収集は違法収集、収集された証拠の証拠能力は証拠能力、そのほかに違法捜査抑制の考慮がある、ということではありません。証拠収集の手続に違法があれば、実体的なクリティックによってはねられるということです。
S2：学説でいえば、虚偽の事実認定を招くから排除されなければならないという古い説がいちばん近いですか？
T：そうだけれど、それも真実をなにか実体で捉え、手続の趣旨を十分には捉ええていないうらみがあります。

古稀祝賀論文集』有斐閣、2019 年、701 頁以下である。いくつもの点で通常の判例法理解と問題理解を覆しているが、とくに、下級審レヴェルを含む判例を特定の対抗関係が貫いている点を抉る部分は鋭い。全体の脈絡を捉えるという極（昭和 61 年判決（最判昭和 61 年 4 月 25 日刑集 40-3-215）における島谷反対意見）と、直近の手続の無瑕疵ないし証拠の重要性という極。「違法性承継」と「毒樹の果実」という（棲み分けではなく）極、手続の連鎖と証拠の派生という極。これらが連動しつつ、しかし（「毒樹の果実」が直近優先に加担するなど）混乱している図を描き出す。裏側として、証拠法それ自体の独立の平面を一元的に確保しつつ、しかし大いに分節的に証拠収集過程を追跡すべしという提案が浮かび上がる。いわば、前掲川出が問題把握の混線をクリアした、その先で二つのよく区別された平面の間にもう一度実質的な連関を取り戻そうとしており、この観点から極最近の判例（平成 29 年判決（最判平成 29 年 3 月 15 日刑集 71-3-13）とその原審）にどこまでの可能性があるか慎重に吟味している。

伝聞法則・証拠開示

| 第1事件 | 最決昭 58-12-19 刑集 37-10-1753 | 架電資料職権証拠調べ却下事件 |
| 第2事件 | 最決平 20-9-30 刑集 62-8-2753 | 検察保持外証拠開示請求事件 |

第1事件の事案の概要

T：今日は1件1件見ていきましょう。最初の事案をお願いします。
S5：公訴事実は、被告人Rが被害者Vを拐取し、ある建物に密かに監禁し、さらに家族に対して身代金要求の電話をかけた、というものです。

　一審は有罪としましたが、被告人は、多くの点において証拠が曖昧であるとして控訴しました。控訴審はしかしこれをことごとく斥け、控訴を棄却しました。

　上告がなされたところ、最高裁は、すべて上告理由に当らないとして上告を斥けましたが、1点のみについては「なお」書きによって判示しました。身代金要求の電話の架電記録を提出するよう、弁護側の請求により電話局長に対し職権で要求がなされたところ、「そのような記録はない」という回答がなされ、ない以上証拠調べをしないという決定が下されたのです。最高裁は、これは違法ではない、としました。弁護側は、この判断は

伝聞法則に反するとして上告理由の一つにしていたのですが、最高裁は、手続法上の決定は「自由な証明」によって足りる、と短い託宣を垂れた格好です。その理由を論じてはいません。

T：どうですか？　事実審の事実認定にはある甚だしい特徴がありますが、気づきましたか？

S5：それはもう。供述証拠ばかりで、物証がきわめて乏しいということです。たとえば、監禁小屋近くのタイヤ痕は被告人の車のそれと合致しないという鑑定がなされています。被告人の車のなかから被害者の毛髪や指紋も検出されていません。そもそも証明対象が間接事実ばかりで、間接事実ばかりつないで証明している気分になっている節があります。

S3：それよりなにより、驚いたのは、判決のロジックですね。とくに争点となった電話ですが、結局被告人がその当時架電しうる状況にあったということしか言っていない。監禁小屋から２キロ四方に12の公衆電話があったから可能だったとか、その時間帯には誰にも会っていないから架電しうるとか。どの電話でどのように電話をしたかを全然特定できていないし。漠然たる仮説を提示しているにとどまる。被告人側が、たしかに架電することはできたけれども実際にはやっていないということを証明しなければならない有様です。

　アリバイについても同様で、裁判所は被告人主張のアリバイを論破して得意になっている。その日その時間にその堤防にいなかったとしても、犯行現場にいたという証明には全然なりません。

T：そうですね。君たちとはちがって私はその頃すでに成人に達していましたから、私でも架電しうる状況にありましたね。茨城の守谷というところの事件ですが、私も関東地方に住んでいましたし。

■ 鍵になる事実

T：それにしても、なぜ架電が大事なのですか？

S2：刑法225条と225条の2では量刑が全然ちがって、225条の2には「安否を憂慮する者の憂慮に乗じて、その財物を交付させ」とあります。単に営利目的で拉致したというのではなく、そうしておいて家族を脅したという事実がある、ということがポイントとなります。だからこの部分の事実の証明が鍵になります。本件では、電話がそれに当たります。電話はたしかにあって、録音もされているのですが、問題は被告人がかけたものであるかどうかです。

> **刑法225条（営利目的等略取及び誘拐）** 営利、わいせつ、結婚又は生命若しくは身体に対する加害の目的で、人を略取し、又は誘拐した者は、1年以上10年以下の懲役に処する。
> **刑法225条の2（身の代金目的略取等）** 近親者その他略取され又は誘拐された者の安否を憂慮する者の憂慮に乗じてその財物を交付させる目的で、人を略取し、又は誘拐した者は、無期又は3年以上の懲役に処する。
> ② 人を略取し又は誘拐した者が近親者その他略取され又は誘拐された者の安否を憂慮する者の憂慮に乗じて、その財物を交付させ、又はこれを要求する行為をしたときも、前項と同様とする。

T：その点の検察側の論証はどうですか？　なぜ「架電可能であった」の一点張りなのですか？
S2：あくまで上告理由に記された限りにおいてですが（刑集1759頁）、1回目の電話から2回目の電話まで時間があったので逆探知がおこなわれたとのことです。その結果は当時の新聞で報じられ、それによると「水海道局番」だった。しかし検察側の仮説だと「谷和原局番」になるはずだというのです。

　これも上告理由によると（刑集1761頁）、控訴審に至り弁護側は逆探知の結果について「調査嘱託の申立て」をしています。ですが、これは却下され、にもかかわらず職権でなされ、回答が水海道電話局から寄せられました。それは、通信の秘密を理由としていっさい照会に答えられないという内容のものでした。

　ところが後に、逆探知はおこなわれたがその記録が残っていないという回答が、おそらく検察側が請求すると、認められてしまう。どうやら、検

察側は、当初逆探知はしていないという線を採っていたけれど、それを、逆探知はしたもののその記録は残っていないという線に変更したものと思われます。電話局長の回答が、「答えられない」から「ない」に変わったこと自体、非常に不審です。

T：そこが上告理由の柱になるわけで、これに対しては最高裁も傍論ながら答えたのですが、弁護側はそのどこがいけないといったのですか？

S4：伝聞法則に反するといいました。

T：どういう意味ですか？

S4：供述証拠には証拠能力を認めない、反対尋問を経てのみ証拠としうる、という伝聞証拠排除原則です❶。

> **刑事訴訟法320条** 第321条乃至第328条に規定する場合を除いては、公判期日における供述に代えて書面を証拠とし、又は公判期日外における他の者の供述を内容とする供述を証拠とすることはできない。
> ② 第291条の2の決定があつた事件の証拠については、前項の規定は、これを適用しない。但し、検察官、被告人又は弁護人が証拠とすることに異議を述べたものについては、この限りでない。

> ❶ 伝統的な理解は、知覚を直接語る供述は伝聞証拠ではない（他人が知覚を語るのを伝えるものが伝聞である）、というものである（前掲田宮『刑事訴訟法新版』367頁以下参照）。ただし、これを供述書面等で伝達しなければならないから、ここでこれも伝聞となる、というのである。しかし、厳密には、自己の知覚といえども、これを語るのはすでに批判を要する。ただし、公判での尋問が用意されているので、この限りで証拠たりうる。この場合も、証人はもちろん自分の直接の知覚以外を語ってはならない（「直接主義」の効用について田宮同書365頁）。書面は、直接の知覚を語っていても反対尋問の余地がないから、やはり証拠能力を欠く。要するに、この二つの問題を区別するためには、供述証拠というジャンル自体の内容（区分）を考察する必要がある。狭義の「伝聞」から入るのは、例解としてわかりやすいが、実際に問題となるのが供述調書であるという部分に対応できない部分がある。ちなみに、前掲松尾編『刑事訴訟法Ⅱ』231頁は、「供述証拠がすべて伝聞証拠にあたるとし、これらは同規定によって原則として証拠能力が否定されるとする見解が有力である」とする。

伝聞法則

T：すると当然、この伝聞法則とはなにか、なぜこのような法則があるのか❷、を考えなければならなくなるのですが、さて、どこからいきますか？　供述証拠は信用できないのか、から始めましょうか？
S1：人間の記憶や知覚はそれほど当てになるものではないからです。
T：記憶の正確な人もいますけれど？
S1：そういう問題ではないです。
T：じゃあ、どういう問題ですか？　供述はなにでできあがっていますか？　この机はスチールでできあがっていますね。これと同じ意味でいうと？
S4：人の精神でしょうか？
T：うん、まあそうだけれど、もっと端的には？
S6：言語でしょう。
T：言語はなにでできあがっていますか？
S全員：？？？
T：言語は記号の一種ですね。ちなみに証拠は？
S全員：？？？
T：これも広い意味の記号です❸。さて、記号とはなんですか？
S2：なにかがなにかを表している？
T：残念ながらなにかを表したりしないのですね。［kiː］という音は「木」を表していますか？　「木」を呼び出すことはできません。「木」自体は出

---

❷ Langbein, *Adversary Criminal Trials*, p. 233ff. は、opinio communis ながら、伝聞法則を 18 世紀半ば以降に位置づけており、そのように意識してはいないが、弾劾主義の第二層、つまりデモクラシーに対応すると考えている。間接的に、証拠能力規制の少なくとも一類型がここへさかのぼると考えているのである。
❸ 記号や signifiant、signifié については IP、76 頁。

てきません。なにが出てきますか？　［kiː］という音が聞こえたら、木は出てこないけれども、だってそれだと魔法のランプですね、だから出てこないけれども、出るものがある、なにが出ますか、鳩が出ますか？

S3：頭のなかに木が思い浮かぶ。

T：素晴らしい。木のイメージが呼び出されます。いいですか、最高級の詩であれば、もの鮮やかなイメージが頭のなかに刻印されますね。記号としての言語は、音声を対抗的分節において物理的に実現し、イメージを対抗的分節において呼び出すものです。対抗的分節というのは、分節的に区切られた部分が白と黒のような対極性におかれて、なにかの反対のなにかを区別できることですね。しかし注意しなければならないのは、呼び出されるものはむしろイメージであり、呼び出すほうが物理的だということです。

　ところでこのような分節的イメージはなにに依っていますか？

S 全員：？？？

T：木のイメージを思い描いているとき、なにかに依拠していますね、無意識に？

S6：なにか図鑑のようなものですか。木の絵が描いてある。子供の頃に読んだ絵本でもよい。猿というと「おさるのジョージ」だったり。

T：そのとおり。もとがあって、そこからのアナロジーで思考するということがある。その精神の働きを、前回見たとおり、パラディグマティク paradigmatique という形容詞で表現することがおこなわれます。

　さて、刑事裁判における論拠づけのためには、このパラディグマティクな思考は禁忌でしたね？「背の高い人」型の論拠とか。一般の政治的議論では、大原則を楯にとって論拠づけるときが典型ですが、このパラディグマティクな論拠づけがものをいいます。しかし、これはデモクラシーの産物ですが、刑事裁判においては？

S 全員：？？？

T：事実認定自体どのようにしなければなりませんでしたか？

S5：訴因を特定して。つまり日時場所を厳格に特定して。

T：「背の高い人」型論拠は時空を超越します。いつでもどこでも背の高い人は覚醒剤を使用する傾向がある、というものでした。だから背の高いおまえもやっただろう、というわけですね。これはだめで、時間軸と空間座標の厳密な1点にピンを刺すようにして論証しなければならない。そうでなければ失格である。しかしそれだけでなく？

S1：証拠によらなければならない。証拠とは物証のことである。

T：そうですね。言語において音声は物理的に実現していなければならない。シニフィアン signifiant といいますが。もちろんこれが相手に知覚されなければならない。しかし知覚されるためには、テレパシーじゃないんだから、鳴ったつもりではだめで、現実に鳴らなければならない。音声が実現しなければならない。物理現象ですね。するとそれが特定のイメージを呼び出す。この呼び出しの部分はサンタグマティクです。［kiː］という音は木に似ていない。なんの連想も働かない。他方物的証拠も、それは特定の物理的事象が現に実現しているということです。実現しているつもりではだめです。そしてこれも特定の事象のイメージを呼び出す。

　さて大事なのは、呼び出し方がちがう、正反対だ、ということです。たとえば床に足跡が実現されている。誰かこの部屋に入ったな、という推理が働きます。実際には、なんらかの物理的過程があって記号としての足跡が実現されているのであり、物理的過程をさまざまに推理しているにすぎません。たしかにこれも非常に広い意味での記号であるとして記号論の最初から扱われてきましたが、だいぶちがいます。どこがちがうか。物理的過程はサンタグマティクですから、ここはちがわない。

　しかしながら、証拠の場合は、記号の物理的実現の部分、シニフィアンを実現する過程、後ろから振り返っていえばそのシニフィアンがシニフィエ signifié を呼び出す関係は、物理的な過程としてサンタグマティクに分節されている。つまり説明しうる、説明されなければならない。本来の記号であれば、このサンタグマティクな関係は恣意的である。不条理にいき

なりイメージが出てくるのでなければならない。つまり自身パラディグマティクな関係でないけれども、次の瞬間アナロジーつまりパラディグマティクな操作に対して開かれている。記号としての言語は個別事象を超越してパラディグマティクに物的事象それ自体とつながっているにすぎない。刑事裁判の場合は、犯罪というものの性質からして、必ず物的な過程を重視します。

そのようなわけで、言語でできあがっている証拠、つまり供述証拠は価値がないということになります。

供述証拠

S2：「価値がない」というのは不正確な言い方ではないですか？　証拠能力がない、と言い直さないと。
T：なるほど、ではなぜ証拠能力がないのですか？
S6：それは自明です。前提的なクリティックを経ていないからでしょう。
S3：しかし実際には供述証拠は大きなシェアを占めるよね。どういうわけだ？
S4：供述証拠にも前提的なクリティックを施せばよいのではないですか？
S1：どうやって？
S5：だからこそ、クロス・エグザミネーション❹がある、ということか！その前提として、供述は公判廷でなされなければならない。直接性の原則ですね。これが伝聞法則の基盤なのですね。
T：性質のちがう前提的なクリティックではなく、公判廷の正規のクリティックに曝すということですね❺。とはいえ、このソクラティック・メソ

---

❹　アメリカでは「対面権」（confront）という、cross-examination と face-to-face meeting を包含するカテゴリーが動いているという指摘がある（堀江慎司「証人審問権の本質について（6）」法学論叢 142-2、1997年、23頁）。

ッドが決して対話やディベートでないのと同じく、糾問的に、尋問は徹底的に供述を自己矛盾へと追い詰めていきます。これにより信憑性つまり前提的資格を剝奪してしまう。

■伝聞例外

T：伝聞法則はそういうわけで供述証拠に関わるのですが、本件の問題は書面ですね。これはどういうことですか？
S1：書かれたものであると、少し確かなのではないですか？　たとえば日記なんかでも。あるいはちょっとしたメモでも。
S6：そうはいかない。言語にはちがいない。それに書かれているともっと危ない。ほんとうらしく見える。
T：私も、演習などの場合、レジュメなどを作って報告したり、あらかじめ訳文を書いておいて読み上げたりするのを禁じます。ただ、書かれた言語が確かなものになりうる要素というものもあります。
S3：いや、書かれた言語に対しては、反対尋問ができない、というのが大きいよ。書いて、そこに残して、書いた本人はどこかへ行ってしまう。彼岸にね。テクストの権威という問題にもつながる。経典のようにね。その場でとっちめるわけにいかないし。

❺　この点で小さな誤解がときどき見られるのではないかと考える。証言と反対尋問の手続は前提的 Critique を担う。ということは、証拠能力のない供述証拠が公判廷に姿を現わしているのである。つまりあえてなかに入れて、しかもむしろ後段にふさわしい手続によって前提的な Critique をおこなうのである。かくして、証言のなかに、直接の知覚に基づかない部分や憶測や勝手な経験則が紛れ込んでいる場合、裁判官はこれを制止しなければならない。当事者も異議申立をするであろう。この点は「関連性」という概念で処理されているようであるが、すでに公判廷に入ってしまっているために、前提的排除は相対的になりがちである。証明力判断を先取りしてしまう。信憑性があればいいか、となる。証拠を「要証事実」に単線的につなげる思考も災いしている。本来はやはり、前提的な Critique があり、そして対審的議論でもう一度吟味されるのである。

T：そのとおり。話者が書かれたものの後ろに隠れてしまって、これを質すことができない。ギリシャの政治では、だから、書かれた言語自体をものすごく警戒しました。書記や書記局のようなものがはびこる体制は絶対だめだという思想ですね。話者が隠れると、そこに権威が発生してしまう。

ギリシャではこのことを嫌うあまり、アッティカ黒絵式陶器などで、作者の署名は壺の一人称単数で書かれた。「私を作ったのは誰それです」と。そこにいる壺の見解が示されているにすぎなくなる。「はあ、そうですか」てなもので、ほんとうかどうか保証の限りでない。作った本人にきいてみなくちゃ。というわけで、書かれた言語は伝聞の最たるもので、まったく証拠能力はないのですが、ところが……。

S2：伝聞例外という規律群❻があります。被告人以外の供述ですね。公判廷外での供述は書面によってしか伝えられませんから、自動的に調書などを指すことになりますが、これは、裁判官の面前で作成された場合、供述者の死亡その他の理由で公判廷での供述ができなくなってしまったとき、または公判廷での証言と食い違ったとき（刑訴法321条1項1号）、検察官の面前で作成された場合、同じ要件に加えて❼、公判廷におけるよりも「信用すべき特別の情況の存するとき」（同2号）、その他の書面は、今供述不能に加えて不可欠で、しかも「特に信用すべき情況の下にされたものであるとき」（同3号）、証拠として採用できるというのです。

被告人の供述に関しては自白法則がかかりますが、自己に不利益な内容か、「特に信用すべき情況の下にされた」とき（刑訴法322条1項）、証拠

---

❻ これについては、どうやら本格的な学術的研究が存在しない。しかし後藤昭「伝聞法則に強くなる4：伝聞例外の体系」法学セミナー63-7、2018年、107頁以下、同「伝聞法則に強くなる5：伝聞例外としての検面調書」同63-8、112頁以下、が参照に値する。

❼ 前掲後藤「伝聞法則5」119頁によると、特信情況の但書は前段にはかからないとされる。いずれにせよ、検面調書が、捜査の透明性確保の後にもなお、政治システムとはほど遠い制度のなかで作成されたものであり、それと同等とみなすのは相当のフィクションであるという点は見逃すべきでない。

> **刑事訴訟法321条**① 被告人以外の者が作成した供述書又はその者の供述を録取した書面で供述者の署名若しくは押印のあるものは、次に掲げる場合に限り、これを証拠とすることができる。
> 一 裁判官の面前（第157条の４第１項に規定する方法による場合を含む。）における供述を録取した書面については、その供述者が死亡、精神若しくは身体の故障、所在不明若しくは国外にいるため公判準備若しくは公判期日において供述することができないとき、又は供述者が公判準備若しくは公判期日において前の供述と異つた供述をしたとき。
> 二 検察官の面前における供述を録取した書面については、その供述者が死亡、精神若しくは身体の故障、所在不明若しくは国外にいるため公判準備若しくは公判期日において供述することができないとき、又は公判準備若しくは公判期日において前の供述と相反するか若しくは実質的に異つた供述をしたとき。但し、公判準備又は公判期日における供述よりも前の供述を信用すべき特別の情況の存するときに限る。
> 三 前２号に掲げる書面以外の書面については、供述者が死亡、精神若しくは身体の故障、所在不明又は国外にいるため公判準備又は公判期日において供述することができず、且つ、その供述が犯罪事実の存否の証明に欠くことができないものであるとき。但し、その供述が特に信用すべき情況の下にされたものであるときに限る。
>
> **刑事訴訟法322条** 被告人が作成した供述書又は被告人の供述を録取した書面で被告人の署名若しくは押印のあるものは、その供述が被告人に不利益な事実の承認を内容とするものであるとき、又は特に信用すべき情況の下にされたものであるときに限り、これを証拠とすることができる。但し、被告人に不利益な事実の承認を内容とする書面は、その承認が自白でない場合においても、第319条の規定に準じ、任意にされたものでない疑があると認めるときは、これを証拠とすることができない。
> ② 被告人の公判準備又は公判期日における供述を録取した書面は、その供述が任意にされたものであると認めるときに限り、これを証拠とすることができる。

とすることができます。特定の必要がある場合に❽例外的に、そしてそちらの方をヨリ信用すべき「特別の情況」がある場合を条件に、調書が公判

---

❽ 前掲後藤「伝聞法則４」112頁は、不可欠性を必要性と置き換える日本の裁判所の傾向を指摘する。特信情況の解釈も緩いので、伝聞例外の肥大は否定しがたいように思われる。例外の基本趣旨が指摘も把握もされず流布もしていない。

廷に入ることを認められる、という規律ですね。

本件で問題になるのは、刑訴323条が設ける例外、つまり公務員が発給する証明文書、その他の「特に信用すべき情況の下に」作成された書面です。この最後のカテゴリーに該当するかどうかという点は、しかし、上告理由に至るまでは現れてきません。原審は、電話局長の回答につき、証拠として認める決定をとくにしたという意識もなく、これを論拠として、検察官の「架電記録はない」という主張に同意しています（刑集1842頁）。原審の判決文は、上告理由が告げる証拠採否の緊張感を反映していません。

> **刑事訴訟法323条** 前３条に掲げる書面以外の書面は、次に掲げるものに限り、これを証拠とすることができる。
> 一　戸籍謄本、公正証書謄本その他公務員（外国の公務員を含む。）がその職務上証明することができる事実についてその公務員の作成した書面
> 二　商業帳簿、航海日誌その他業務の通常の過程において作成された書面
> 三　前２号に掲げるものの外特に信用すべき情況の下に作成された書面

T：そして最高裁は？
S4：なるほど、最高裁は「自由な証明」でよいとしたのですから、伝聞法則の適用自体を完璧に外してかかった。職権で自由に判断してよい、と。
T：それでも、伝聞例外はなぜ認められるか、を再確認しておきましょう。どうしてですか？
S5：「特信情況」と必要性のバランスで思考されているから、とても難しい。
S6：でも、基本の思想は明白だと思う。つまり一度公の場でチェックされているということだ。そのチェックは公判廷での尋問に比べて不十分なものだ。しかし、証人がもう死亡していていない場合など、仕方のない場合はとくに認める、となっている。捜査段階でも、まさに可視化がようやくなされたけれども、勾留というのは公の場に置くということだった。弁護人がついているということも前提になる。
T：そのとおりですね。だから、公証を経た文書というのは、公の権威で

自由心証主義

T：さて、問題の電話局長の回答書に議論を移しましょう。もしこれが証拠だとすれば、明らかに伝聞ですが、伝聞例外に該当しますか？

S2：一見そのように見えて紛らわしいですけど、公の機関の回答とはいえ、なにか厳密に認証したうえでのことではありませんから、伝聞例外には全然該当しません。

T：その点は疑いないですね。ならばこれは証拠としては排除されなければならない？

S1：でも最高裁がいうように、裁判長はこれを、証拠調べをしないための判断材料に使っただけですから、いわば証拠採否のための証拠であり、証拠それ自体ではありません。公訴事実の証明に使うものではありません。

T：なるほど、そうでしたね。最高裁は「自由な証明でよい」といっています。「自由な証明」というのはなんですか❾？

S4：裁判長が職権でしうる？

T：好きなようにしてよいのですか？　しかし即時抗告の対象になりますね？

S5：証拠法に拘束されない、という意味でしょう。

T：よいところに気づきましたね。自由心証主義という原則❿があります。

---

❾　前掲田宮『刑事訴訟法新版』288 頁以下は、「厳格な証明」と「自由な証明」の区別の由来につき、ドイツからの輸入の経緯に関する特殊な事情を指摘し、批判の動向についても触れている。

❿　前掲田宮『刑事訴訟法新版』294 頁は、「証拠の評価を形式的な規制でしばらないやり方」と言う。松尾浩也『刑事訴訟法（下）〈新版補正第二版〉』弘文堂、1999 年、7 頁は、伝聞法則等は「証拠能力の制限」だから、「自由心証主義に対する影

刑事訴訟法318条ですね。「証拠の証明力は、裁判官の自由な判断に委ねる」とあります。自由心証主義の反対はなんですか？

> **刑事訴訟法318条** 証拠の証明力は、裁判官の自由な判断に委ねる。

S2：法定証拠主義です。特定の証拠が提出されると、裁判官の判断がなんらかの意味でこれに拘束される、というものです。
T：われわれがそれを斥けて自由心証主義を採るのはなぜですか？　この場合自由とはどういうことですか？
S5：特定の証拠に拘束されないという意味ではないですか？
T：ということは？
S6：いかなる典拠にも権威を認めず、すべてを批判に曝すという意味でしょう。
T：明々白々ですね。証拠の採否に関わる判断は「自由な証明でよい」のだとして、電話局長の回答に対する裁判長の判断は自由でしたか？
S6：いえ、結果としてですが、それを鵜呑みにする格好になってしまいました。「ない」という回答に対して、それをチェックする姿勢がなく、オートマティックに「ないから、調べない」に短絡してしまいました。電話局内を捜索することも可能だったでしょうに。
T：そう、全然自由でなかったですね。

■ 不存在というカテゴリー

T：しかしどうしてそんなことになったのでしょうね？

> 響は間接的ないし潜在的なものにすぎない」という。テクニカルにはそうにちがいないが、その精神は、啓蒙主義期に現れたことに端的に示されるように、先入見の排除、Critique の徹底である。したがって証拠能力制度は自由心証主義とともにある。

S全員：？？？
T：難しいかな？　心理的な誘因と、もう少し深い理由の両方を考えましょう。
S3：心理的なほうだと、やはり「電話局長の回答」だという意識が働いたんではないですか？　伝聞だが伝聞例外だ、という。
S5：伝聞法則は証拠法の原理なのだけれど、それによる拘束に引き摺られて、伝聞例外のところで、権威に無批判という動機が出てしまったということかな？　伝聞法則による拘束は、より自由になるための縛りなのに。機械的に理解し、なんのためにそれがあるかを忘れるから取り違える。裁判官がかえって伝聞法則に呪縛されている。伝聞例外に至っては、もっとその傾向が強いということが本件からわかります。

　そもそも公訴事実の証明という脈絡ではないといっているのだから、ちがう枠組で考えなければならないのに、妙に伝聞例外のタームで考えるから混線する。

T：ただ、裁判官がその陥穽にはまる深い理由もあります。そしてその混線を指摘する最高裁さえもが完全に引っかかってしまった。
S全員：？？？
T：存在論ないしおよそ形而上学の始祖であるパルメニデスは、存在しているものについては語りうるが、存在していないものについては語りえない、といいました。少し卑俗にいうと、「何かが存在していない」という命題もしくは言明は、それを批判的に吟味する思考を麻痺させてしまう。批判的に吟味しようがない。「ない」といわれると、敵の兵站の延長がゼロになったものだから、これを崩しようがない。矛盾などのほころびも論理的にありえない。実際に「あった」と探し当てる以外にない。これはものすごい負担です。

　すると、この命題を出されると一種のブラック・ホールになる。それは権威にとても近いものです。無意識のうちに伝聞例外をむしろ一種の切り札と考えている人がいると、それと似た外観の証拠があると引っかかりや

すいが、このことと不存在のブラック・ホールが相乗効果をしてしまった。もちろん、根底には供述証拠と間接事実をチェックせずにつないでいくという本件における論証の根本の欠陥があります。だからこの罠に落ちるくらい朝飯前だったでしょう。いずれにせよ、法律家たちは論理学の初歩を身につけていなかった。ふつうの人の回答は「探したけれども、まだ見つからない」がたかだかでしょう。

結局、本件は電話局長の回答を裁判官が鵜呑みしてこれに拘束され自由な判断を損なったというものでした。自由な証明はクリティックを要しない判断であるという錯覚に陥った。隙があって地金を見せてしまったようです。

第2事件の事案の概要

T：では第2事件に移りましょう。

S6：判例集からは公訴事実がわかりません。抗告審だから当然ですが。とにかく強盗致傷事件のようです。被告人Rの友人Aは、公判前整理手続で証人尋問予定となったのですが、その後に、準備のため検察側に話をきかれました。ところが、そこで捜査段階での供述にはなかった重要な事実を話すに至ります。検察側は、公判前準備手続の更新を申し立て、これは弁護側にも了承されました。しかし弁護側は、Aを取り調べた警察官が所持する記録の証拠開示を求めました。

原々審が認容したので、検察側は、いったん特別抗告し提出を拒絶しましたが、折から出された別の事件の最高裁決定を参照して特別抗告を取り下げ、警察官所持の大学ノート提出に応じました。しかしさらに、弁護側は「捜査機関において保管中の」大学ノートの開示を請求しました。

これが容れられたのに対して検察側が即時抗告、原審がこれを却下したため、最高裁に特別抗告しました。しかし最高裁は証拠開示を支持しました。その理由は、本件メモが検察官において入手可能なものであり、かつ

また予定証言の信憑性を争う弁護側の主張と一定の関連性がある、というものです。

T：よくわからなかったのですが、「検察官保管」のものを開示請求したのですよね。理由を読むとまるで、保管していないけれども認める、かのようではないですか。「入手」とかいっている。じゃあそもそも「保管外」かといえば、一番目に警察官が持ち帰ったノートを請求し認められているからこれが「保管外」で、二番目にさらにその先、戻したノートが請求されているのだから、「保管中」に戻ったかと思いきや、いや、「保管外」のその先だからもっと遠い、「保管外」のさらに外だ、などといわれている。このへんの整理は文章化されていないから、論理的にはなんだか悪夢のようですね。いったいどうなっているのですか？

S2：私もよくわからないのですが、おそらく、刑訴316条の15の第1項8号の「取調べ状況の記録に関する準則に基づき、検察官、検察事務官又は司法警察職員が職務上作成することを義務付けられている書面」というものが登場しますから、これが出発点でしょう。これは検察官所持の「外」でも重要なものは開示すべきとする本条で典型として例示されているものです。ただし、証人ではなく被告人本人に関わるものです。

　ところが、弁護人の本件請求は刑訴316条の20の「主張関連証拠」に関するもので、これは316条の15全体に対しそれ以外へと拡張するもので、その場合も被告人に限られるところ、さらに証人へと拡大した、ということでしょう。

T：第一の証拠開示請求はそれで理解できますが、第二のほうは、それらの孫準則に対していきなり親準則に戻る場合、つまり「主張関連」もなにも、そもそも検察官所持に戻る場合のように思えますが。現に、第一のほうでは警察官が自宅に持ち帰っていたものが対象でしたが、第二のほうでは、それをまた警察署に戻したところのものが問題なのですよね？

S4：いや、あくまで「警察官所持」のエクステンションなのだと思います。ひょっとすると、弁護人は戻ってきたと捉えたかもしれませんが、検察側

刑事訴訟法３１６条の２　裁判所は、充実した公判の審理を継続的、計画的かつ迅速に行うため必要があると認めるときは、検察官、被告人若しくは弁護人の請求により又は職権で、第一回公判期日前に、決定で、事件の争点及び証拠を整理するための公判準備として、事件を公判前整理手続に付することができる。
②　前項の決定又は同項の請求を却下する決定をするには、裁判所の規則の定めるところにより、あらかじめ、検察官及び被告人又は弁護人の意見を聴かなければならない。
③　公判前整理手続は、この款に定めるところにより、訴訟関係人を出頭させて陳述させ、又は訴訟関係人に書面を提出させる方法により、行うものとする。

刑事訴訟法３１６条の１５　検察官は、前条第１項の規定による開示をした証拠以外の証拠であつて、次の各号に掲げる証拠の類型のいずれかに該当し、かつ、特定の検察官請求証拠の証明力を判断するために重要であると認められるものについて、被告人又は弁護人から開示の請求があつた場合において、その重要性の程度その他の被告人の防御の準備のために当該開示をすることの必要性の程度並びに当該開示によつて生じるおそれのある弊害の内容及び程度を考慮し、相当と認めるときは、速やかに、同項第１号に定める方法による開示をしなければならない。この場合において、検察官は、必要と認めるときは、開示の時期若しくは方法を指定し、又は条件を付することができる。
一　証拠物
二　第321条第２項に規定する裁判所又は裁判官の検証の結果を記載した書面
三　第321条第３項に規定する書面又はこれに準ずる書面
四　第321条第４項に規定する書面又はこれに準ずる書面
五　次に掲げる者の供述録取書等
　　イ　検察官が証人として尋問を請求した者
　　ロ　検察官が取調べを請求した供述録取書等の供述者であつて、当該供述録取書等が第326条の同意がされない場合には、検察官が証人として尋問を請求することを予定しているもの
六　前号に掲げるもののほか、被告人以外の者の供述録取書等であつて、検察官が特定の検察官請求証拠により直接証明しようとする事実の有無に関する供述を内容とするもの
七　被告人の供述録取書等
八　取調べ状況の記録に関する準則に基づき、検察官、検察事務官又は司法警察職員が職務上作成することを義務付けられている書面であつて、身体の拘束を受けている者の取調べに関し、その年月日、時間、場所その他の取調べの状況を記録したもの（被告人又はその共犯として身体を拘束され若しくは公訴を提起された者であつて第５号イ若しくはロに掲げるものに係るものに限る。）
九　検察官請求証拠である証拠物の押収手続記録書面（押収手続の記録に関する準則に

基づき、検察官、検察事務官又は司法警察職員が職務上作成することを義務付けられている書面であつて、証拠物の押収に関し、その押収者、押収の年月日、押収場所その他の押収の状況を記録したものをいう。次項及び第3項第2号イにおいて同じ。)
② 前項の規定による開示をすべき証拠物の押収手続記録書面（前条第1項又は前項の規定による開示をしたものを除く。）について、被告人又は弁護人から開示の請求があつた場合において、当該証拠物により特定の検察官請求証拠の証明力を判断するために当該開示をすることの必要性の程度並びに当該開示によつて生じるおそれのある弊害の内容及び程度を考慮し、相当と認めるときも、同項と同様とする。
③ 被告人又は弁護人は、前2項の開示の請求をするときは、次の各号に掲げる開示の請求の区分に応じ、当該各号に定める事項を明らかにしなければならない。
一 第1項の開示の請求　次に掲げる事項
　イ 第1項各号に掲げる証拠の類型及び開示の請求に係る証拠を識別するに足りる事項
　ロ 事案の内容、特定の検察官請求証拠に対応する証明予定事実、開示の請求に係る証拠と当該検察官請求証拠との関係その他の事情に照らし、当該開示の請求に係る証拠が当該検察官請求証拠の証明力を判断するために重要であることその他の被告人の防御の準備のために当該開示が必要である理由
二 前項の開示の請求　次に掲げる事項
　イ 開示の請求に係る押収手続記録書面を識別するに足りる事項
　ロ 第1項の規定による開示をすべき証拠物と特定の検察官請求証拠との関係その他の事情に照らし、当該証拠物により当該検察官請求証拠の証明力を判断するために当該開示が必要である理由

刑事訴訟法316条の20　検察官は、第316条の14第1項並びに第316条の15第1項及び第2項の規定による開示をした証拠以外の証拠であつて、第316条の17第1項の主張に関連すると認められるものについて、被告人又は弁護人から開示の請求があつた場合において、その関連性の程度その他の被告人の防御の準備のために当該開示をすることの必要性の程度並びに当該開示によつて生じるおそれのある弊害の内容及び程度を考慮し、相当と認めるときは、速やかに、第316条の14第1項第1号に定める方法による開示をしなければならない。この場合において、検察官は、必要と認めるときは、開示の時期若しくは方法を指定し、又は条件を付することができる。
② 被告人又は弁護人は、前項の開示の請求をするときは、次に掲げる事項を明らかにしなければならない。
一 開示の請求に係る証拠を識別するに足りる事項
二 第316条の17第1項の主張と開示の請求に係る証拠との関連性その他の被告人の防御の準備のために当該開示が必要である理由

も裁判所もそうは考えていません。だから最高裁も、依然むしろ「外」を前提として検察官の手の届く範囲内だというようなことをいっています❶。そして、反対意見を含めて、争点は「主張関連」のところにおかれました。反対意見は、弁護人は当該警察官の証人尋問を公判前整理手続で請求していないではないか、という。「主張関連」のレファレンスの拠りどころがないというのです。

公判前整理手続

T：本件を分析するには、もちろん、二つの関連した制度の理解が不可欠です。公判前整理手続と証拠開示ですね。まず前者からいきましょうか。これはなんのためにするのですか？
S5：刑訴316条の2の第1項が書いています。「充実した公判の審理を継続的、計画的かつ迅速に行うため」です。そのために「争点及び証拠を整理する」とあります。
T：文言のうえでのポイントは？
S5：「充実した公判の審理」でしょうか。
T：どういうことですか？
S5：裁判員制度をにらんで、裁判員が心証を形成すべきポイントを、彼らに負担をかけずに、効率的に提示するためだといわれています。
T：陪審制度と密接に関わることは疑いないですね。陪審に訊く内容を特定する作用があります。しかし、どうして特定しなければならないのですか？
S4：公判廷の生命は陪審の前での応酬ですから、これが焦点を欠いて混乱してはならない。

---

❶ 大澤裕「証拠開示」『刑事訴訟法の争点』（前掲）141頁参照。

T：どうして混乱してはいけないのですか？ 余計なお世話ではないですか？ 大いに議論しあえばいいじゃないですか？
S6：ひょっとすると、政治的議論だからですか？
T：ひょっとしなくともそうです。井戸端会議とはちがう。政治システムの単一性に見合って、一義的で明確な結論に方向づけられています。足して2で割るようなことは許されない。1点で切る。切れるかどうか、陪審はイエスかノーかで一義的に判断する。
　さて、するとまずなにが一義的に明らかになっていなければなりませんか？ 刑事裁判の場合ですね。
S3：そうなると、もちろん、公訴事実、ないしとりわけ訴因ですね。
T：訴因は陪審設立の前提となります。特定の訴因に対して特定の陪審が立つ。これをユーディーキウム ダレ iudicium dare とかつていいました。訴追側は、もちろん、これを公判途中で変更することはできません。
S4：しかし、そういうことならば伝統的にいわれてきたことで、訴追側がはじめに訴因を一義的に定めて起訴するので十分ではないですか？ なにかあらかじめ双方で相談して訴因を決めるみたいな、そういう手続は不要です。陪審にその相談過程が知らされれば予断にもつながります。そもそも、前に手続があること自体予断につながる重大な懸念を生みます。
T：だからこそ、公判前整理手続の構成はどうなっていますか？
S2：まずは検察官のほうから訴因や論証の方針を弁護人に示すという形ですね。
T：この制度の趣旨は一方通行で、弁護人にあらかじめ訴追側の論証方針、刑事裁判ですから論証の大半は証拠を使った事実の立証になるので、その証拠の使い方の方針を知らせるために制度が存在するということになります。しかしまた、なぜあらかじめ知らせなければならないのでしょうか？ 一種の予断を抱かせ、ひいては陪審の判断を害するのではないですか？
S1：弁護人のほうが弱い立場にあるからでしょうか？
T：弱いというのは？

S3：検察側は大きな組織を有している。それを使って大規模な証拠収集ができる。そのなかからなにが飛び出してくるかわからないのでは、弁護できない。

T：いいじゃないですか、弁護側も時間をかけて調べれば。

S3：いや、公判廷ではそんなことができない。

T：そうですね。これも、変則的とはいえ、公判廷が政治システムの性質を有するからです。つまり口頭言語で構成され、ソクラティック・メソッドの授業のように、即興的なやりとりを生命とするからです。組織が出る幕などない。それが心証の材料になります、丁々発止のやりとりですね。このやりとりに備えて弁護人はあらかじめ複雑な検察側の論証ストラテジーを知っておく必要があります。といった瞬間、私はある前提を取りましたね？

S5：検察側の論証が複雑だという部分でしょうか？

T：これが複雑になるということは全然論理必然ではありません。複雑多岐ではないかもしれない。つまり訴因が複雑多岐に分節しているのではないかもしれない。しかし、一般にデモクラシー下になると、政治システムが分節的になりますから、政治システムの骨格の破壊であるところの犯罪の概念が分節的になると言いました。さらにそのデモクラシーが一定の方向に発展すると、主体の概念が分節的に厚くなり、自由保障も同様にそうなり、訴追のための論証は厳密に分節的になります。

これに対応して、訴追側には捜査のために特別の権限が与えられ、そして被告人の組織の奥深くに入っていく。かわりにその捜査のステップごとに多くの小さな政治的決定が介在していく。訴追はそれらすべての結果となります。弁護側はこのすべてを視野に入れ、そして1点で切らなければならない。最終的な政治システムの出動は、公法的な意味の単一性に縛られますから、つまり政治的決定は1回限りですから、どこか1か所切ればよいとはいえ、論理的なチャンスは無限でも、時間軸上の機会は1回です。その意味で一発しか弾丸を持っていない。だからどうしてもあらかじめ弁

護人に備えさせなければならない。

S2：とはいえ、公判前整理手続だと、弁護人もまた検察官に証明予定事実などを開示しなければなりませんよね。これはどのように説明できるのですか？

T：刑訴316条の17の第1項は、「開示を受けた場合において」と書きます。開示した部分に関する弁護側の攻撃に限って弁護側もストラテジーを明らかにしなければならない。その外側においては弁護側には不意打ちが認められます。

しかし、実際には弁護側に証明負担を課す結果になるという批判があります❿。316条の3の第2項が協力義務を定めたりしていますから、こうした誤解が生まれやすいのだと思います。

ただ、公判前整理手続後の主張立証制限が論じられても、一応条文上は弁護側には妥当しないとさ

> **刑事訴訟法316条の3** 裁判所は、充実した公判の審理を継続的、計画的かつ迅速に行うことができるよう、公判前整理手続において、十分な準備が行われるようにするとともに、できる限り早期にこれを終結させるように努めなければならない。
> ② 訴訟関係人は、充実した公判の審理を継続的、計画的かつ迅速に行うことができるよう、公判前整理手続において、相互に協力するとともに、その実施に関し、裁判所に進んで協力しなければならない。
> **刑事訴訟法316条の17** ① 被告人又は弁護人は、第316条の13第1項の書面の送付を受け、かつ、第316条の14第1項並びに第316条の15第1項及び第2項の規定による開示をすべき証拠の開示を受けた場合において、その証明予定事実その他の公判期日においてすることを予定している事実上及び法律上の主張があるときは、裁判所及び検察官に対し、これを明らかにしなければならない。この場合においては、第316条の13第1項後段の規定を準用する。

れているはずです。もっとも、協力義務から事実上の制限がかかるとされているようで、ここは少々曖昧ですね。

---

❿ 今﨑幸彦「公判前整理手続」『刑事訴訟法の争点』(前掲) 136頁。

■■ 公判前手続と証拠能力

T：ではいよいよ、証拠開示のほうの問題を扱いましょう。公判前整理手続は、公判廷における口頭のやりとりが走るためのいわば公判エクスプレス用の特注レールの敷設にほかなりませんでした。そのなかでは事実の主張ばかりではなくその論拠つまり証拠を、検察側が弁護側に明示するということが含まれました。この証拠のサイドにはここまであまり立ち入りませんでしたが、まず、前回の主題に戻って考えると、ここでただちにあることに気づきますね？

S全員：？？？

T：じゃあ、第1事件は公判前整理手続導入前のものですが、そういう手続があったらどういう経過をたどったでしょうか？

S2：あっ、そうか、電話局長の回答を証拠として認めるかどうかについて、先に即時抗告がなされて抗告審が存在していましたね。

T：公判前整理手続導入前でも、証拠採用決定に対する抗告は認めえたのではないですか？

S5：いや、証拠採用決定ではなく職権証拠調べの問題でした。しかも、電話局局長の回答が使われ、職権証拠調べをしないという決定がなされたというより、したけれども架電記録はなかった、という結論に至ったので、決定もなにも、抗告する余地自体がなくなってしまった。

　公判前整理手続があったとしたならば、電話局長の回答のところで個別に職権証拠調べ決定が争われるというより、検察側が架電記録のところを埋めて論証する責任というものが争点決定ないし予定証拠調べの問題として独自にアジェンダに上っていたことでしょう。弁護側は、その欠落を争って抗告審をかまえれば、問題が論理的に正しく立てられたんでしょうね。つまり、公判前整理手続の重要な点として、訴訟指揮上の個別決定＝抗告というシステムでは捉えきれない部分を争うことができるようになるとい

うことがある。

T：そのとおりですね。すると、公判前整理手続の役割を理論的にいうと？

S6：証拠の前提資格のクリティックに加えて、どこを証拠により論証する必要があるかということを吟味する役割でしょうか？

T：公訴事実の論証本体の、論理的なレヴェルの前提的資格を争訟的にチェックするということが、その吟味がなされれば、はじめて可能になります。つまり、なぜ公判前整理手続と公判の二段階構成にするかといえば、証拠の資格ばかりではなく、論証の正しい構成というもう一つの前提資格を明るみに出し、ここでも二重のクリティックを手続に反映させるためである、と、まあ、こうなります。

S3：刑事訴訟法にはあるまじき格好よすぎる言い方じゃないですか？ 一種の冗談ですか？

T：いや、刑事訴訟は現在では政治システムの本来の姿をとどめる稀な分野なのです。アメリカ風を通り越してじつは完全ギリシャ風なのです。と、また冗談に戻ってしまいましたが。

開示制度の意味

T：そのような前提的なクリティックのなかで、公判前整理手続が証拠をもあらかじめ選別する機能を有していることは疑いない。そのなかで証拠開示はどのように位置づけられますか？

S全員：？？？

T：では、そもそもなにを開示するのですか？

S4：証拠です。

T：いや、もっと端的にいって……。開示というくらいだから……。

S1：なにか大切に隠しているもの。

T：大切な思い出とか？ あるいは密かな計画とか？

S1：いえ、それを書いた物とか。
T：そう、必ず物ですね。
S3：えっ？　供述とかのこともあるんじゃないですか？
T：必ず物です。供述だって、調書に取らなければ隠しておけない。いや、こっそり聴いて記憶しておくことはできるけれども、音声はすぐに消えるから、隠しておくということの大事な要素である「保持する」そして「示す」ということができない。だから、物証つまり端的な物体か、または発話を記録した物以外には隠し持つことができません。これを大事にしまっている。
　一般に、これはやはり見せなければいけないものですか？
S3：なにか隠しているというのはよくない。
S4：いや、大切にしている物を持っている関係はやはりリスペクトしなければ自由が成り立たない。とくに、日記や手紙など書かれたものはそうです。
T：そうですね。個人と、その個人に属する大切な物、の関係はむしろ自由の基礎の一つです。つまりそこに徒党が土足で踏み込むことをさせないことのほうが社会の透明性に資することになります。したがって、「なにがあろうと大切な物を差し出す」などということはしなくともよい。差し出すのを拒否しうる。これが出発点です。
S2：そうかもしれませんが、刑事裁判の証拠となればまたちがうでしょう。そもそも見せるから証拠なのですし。検察官がその証拠を使いたければ、あらかじめ弁護側に示さなければならない。反対尋問の準備をさせなければならない。
T：そう、証拠は吟味に曝されます。しかし、訴追者は、それを証拠として使いたければ出すし、いやならば出さない。それだけです。弾劾主義は当事者主義的な側面を持ちます。でも本当にそれだけでいいですか？　本件は文書をめぐるものなので文書の場合から考えてみましょうか？
S4：伝聞法則の問題ですか？　供述証拠の場合、調書になって出てきます。

検察側は出したい、しかし弁護側にとってはむしろ「出すな」という異議申立の対象です。あ、でもこれは開示制度の問題ではない……。

T：開示制度の場合、問題となるのは必ず、検察側としては出したくないが、弁護側は出せという文書ですね。伝聞法則のことを考えれば、通常文書なんか出してほしくないはずだ。つねに「異議あり」ということを弁護側は考えている。ところが、検察側が出したくないのに弁護側が出せという文書がある。これはいったいなぜか？　ナゾナゾのようになりましたね。こうこなくっちゃ。

S1：あまり証拠とは関係ない文書ですか？

T：そのとおり。本来証拠ではない、しかし証拠となるもの、とりわけ証拠となりうる文書、たとえば調書、と密接関係する文書ですね。こういうものはどうして生まれるのですか？

S全員：？？？

■文書と組織の深い関係

T：そもそも文書はなぜ使う？

S3：記録保存のためでしょうか？

T：うん、保存ということはどういうこと？

S3：自分が死んでも遺るようにと。

T：それは直接相手に口頭で言うのとどうちがいますか？　伝言ゲームというのがありますよね。伝聞法則と深い関係を有する遊びですが。

S3：誰も介さずに伝える。

T：そうですね。書かれた言語には、頭越しに第三者に伝えるという要素があります。第三者が開かれている場合、これはデモクラシーの武器になる。しかし開かれているとは限らないから、通常は？

S6：なるほど、組織ですね。組織内のコミュニケーションに使われる。通常はハイアーラーキーでしょうか。検察組織は必然的に文書を使うという

ことですね。開示制度はこれと関係する。とくに、供述調書の作成に際して、副次的に作成された文書。弁護側はこれを供述調書吟味のために使いたい。それで「主張関連」などというテクニカルな用語が発生するのですね。要するに、弁護側としては、その供述証拠を出すならば、それを攻撃する手がかりとなる証拠を同時に出せ、といいたくなる。多くの場合、供述記録作成の過程に関する証拠ですね。

T：しかしそれは、いかに検察組織は公的だといっても、内々のことではないですか？　意図とか、試行錯誤の方針とか、に関わる。それをあえて出させるのはどうしてですか？

S6：それはもう、公判廷に出る以上は、なにも隠さない個と個のデュエルでなければならないということでしょう。そうでなければ政治システムとしての資質を欠くことになる。だから公判前整理手続で丸裸にする作業を完遂しておく。とりわけ組織的な側面を解体しておく。

S5：それをさせたくないという本能が検察側に働くし、そこになにかあやしいものがありはしないかという疑心暗鬼が弁護側にはつきものになる。

S3：だったら、当然に、組織犯罪なんかは検察側の開示請求が大きな力を発揮しそうなものだけれどなあ。

T：いえ、それが本来だと思います。ちなみに、物証にしても、検察側は組織を通じて得た体系的なものを持っていますから、弁護側は、好きなところだけ使うということをさせないよう開示を求めます。

S2：それでも、検察組織にしてもなにからなにまで出さなければならないということではありませんよね[13]。警察官の尋問を請求していないのにノ

---

[13] 川出敏裕「公判前整理手続における証拠開示の動向」刑事法ジャーナル21、2010年、48頁は、同一類型の一連の判決を緻密に分析し、争点明確化に資すれば開示対象が無限に広がるというものではなく、「間接的ではあっても、検察官の主張、立証にあたって考慮されている可能性」という線引きをいう。当該捜査との関連における具体的な組織的つながりに置き換えることができる。ノートの行ったり来たりで形式的に「保管内外」が決まるものではないということでもある。

ートの開示を認めるのは辻褄が合わないという反対意見は一応もっともだと思いましたが。

S5：同一の証人の、公判前整理手続になってからの新証言という、弁護側からすればやや不審な経過に対応して、警察官が持ち帰ったノートを、追及をかわすようにしてまた警察署に戻す、というような枝葉の展開がありました。これが組織を解体するという動機を強く正当化すると思います。

　つまり、一見関連しないような遠さというか間接性がかえって開示を正当化する。法廷意見は実質このことをいうものと思います。常識的に関係なさそうと判断されることに引き摺られなかったのは評価されるべきでしょう。制度のテクニカルな趣旨に即した判断だと思います。

6 自白

第1事件　最判昭41-7-1 刑集20-6-537　約束自白事件
第2事件　最判平21-7-14 刑集63-6-623　即決裁判手続事件

第1事件の概要

T：今日はまた1件ずつ見ていきましょう。では1件目をお願いします。

S1：被告人は公務員、税務職員のようですが、彼が金品などを賄賂として受け取った、というのが公訴事実です。しかし控訴審以降の実質的な争点は、捜査段階における被告人の自白が任意性を有するか、です。原審は任意性を肯定しましたが、最高裁は否定しました。ただし、ほかの証拠から有罪は優に論証しうるとして上告は棄却しました。

T：任意性に疑問を生ぜしめた要因はどのようなものですか？

S1：それがかなり複雑なのですが、贈賄側の弁護人が検察官と面談した際に、正直に話せば起訴猶予もありうると聞かされ、これを被告人に伝えたようです。これを信じた被告人が、否認していたのを一転ひるがえして自白したようです。

T：なにを自白したのですか？　ここは重要ですね？

S1：は？

S4：金品の授受はあり、被告人がこれを所持したことまでは明らかだった

のですが、これが賄賂かどうかはなお論ずる余地があります。

S2：いや、贈賄側の意図と、その意図を被告人が理解した、というところまでは争われていません。問題は、被告人が返そうとしていたかどうかです。つまり収受したかどうかです。

T：そうですね。窃盗の回❶で論ずることになりますが、単純な占有でさえ足りず、所有権の基礎となる市民的占有の取得が既遂のためには必要かもしれません。まして単なる所持、つまりデーテンティオー detentio ではまったく足りません。そして、その判定はなかなか微妙です。被告人はこの部分を否認していたのですね。それにしても、これについて検察側はどうして自白を得たいのでしょうか？「正直に話せば」という示唆には、この点について自白してくれないかなあ、という願望が表現されています。

S3：意図ないし主観的要件の論証に関わるからでしょう。なかなか物証によっては埋めにくい。

■ 自己負罪拒否特権

T：今日は自白について考えるのですが、出発点はもちろん憲法38条2項、そして刑事訴訟法319条1項です。任意でなされたのではない自白から証拠能力を剥奪しています。これはどうしてですか？

S5：憲法に規定されているところからわかるように、これは人権です。つまり社会契約に際して、自白は強要されないという点が留保されました。自己負罪拒否特権ですね。刑事司法の大きな柱です。

S2：人権説もあるけれど、結局は、自白が虚偽の事実認定に至るリスクが問題とされるのだと思う。正しい事実認定がおこなわれるかどうかがすべてですよね。

---

❶ 本書第12章。

S5：それだと、なかなか実際の自白強要は防止されないのではないかなあ。

ホッブズ

T：自己負罪拒否特権の淵源は複雑で、さまざまな研究があって争われているようですね。教会法が大きなソースであることは疑いないようですが、他方、初期近代に新たな意義を獲得したことも相当に確かなようです。もっとも、それがイングランドの具体的な制度のなかに埋め込まれるのは18世紀半ば以降のようです。端的にその歴史的意義を確認できるような手立てはなさそうです❷。

　他方、思想的には、17世紀の半

> **憲法38条（自白強要の禁止と自白の証拠能力の限界）**　何人も、自己に不利益な供述を強要されない。
> ②　強制、拷問若しくは脅迫による自白又は不当に長く抑留若しくは拘禁された後の自白は、これを証拠とすることができない。
> ③　何人も、自己に不利益な唯一の証拠が本人の自白である場合には、有罪とされ、又は刑罰を科せられない。

> **刑事訴訟法319条**　強制、拷問又は脅迫による自白、不当に長く抑留又は拘禁された後の自白その他任意にされたものでない疑のある自白は、これを証拠とすることができない。
> ②　被告人は、公判廷における自白であると否とを問わず、その自白が自己に不利益な唯一の証拠である場合には、有罪とされない。
> ③　前2項の自白には、起訴された犯罪について有罪であることを自認する場合を含む。

---

❷　井上和治「共犯者による捜査・訴追協力と減免的措置の付与——英米法の歴史的展開に関する検討を中心として」(3) 法学協会雑誌124-6、2007年、167頁以下の「自己負罪拒否特権の起源に関する若干の素描」と題された部分は、先行研究を吟味しつつ若干の一時史料をも扱う、じつはきわめて高度なものである。イングランドにおいて、清教徒革命の過程で国王大権裁判所に対する批判が高まり、職権による宣誓の廃止に至る、という状況に起源を求めるという通説を確認するものの、nemo tenetur が教会法特有の制度的脈絡から切り離され、そのいわば弾劾手続的要素を抽出されるかたちで（Edward Coke）、コモンローにおいて事実上圧力として機能していた宣誓による証言強制を一掃するにいたる、ジグザグの歴史的経過をコンパクトに描いている。注目すべきことに、それによると、コモンローの原

ばになりますが、ホッブズにさかのぼらせて考えるのが有力です。実際、ホッブズの叙述のなかで大変に目立ちます。くっきりと書かれている。ここでは *De cive* の II-19❸を取り上げましょう。今日はテクストを持ってきました。ラテン語ですが、古典のラテン語ではないから、簡単に読めるでしょう。どうですか？

S2：文章は簡単ですが、意味を取るのは難しいな。"frustra enim est testimonium quod a natura corrumpi praesumitur" というのだから、真実阻害説に立っているようにも読める。そんな証言を取っても無意味だ、根っ

弾劾主義ないし当事者主義的な要因に、教会法的な意味の糾問主義に対する強い緊張感が加わって、はじめて高いレヴェルの真の弾劾主義が実現する、という断絶点の特定である。いずれにせよ、本書にいう、弾劾主義の第一層、きわめて政治的性質の強い刑事裁判に固有の力学、に自己負罪拒否特権が位置づけられる、という点がきわめて興味深い。

❸　Similiter neque tenetur quisquam pactis vllis ad se accusandum, vel alium cujus damnatione vita sibi acerba futura est. Itaque neque pater in filium, neque conjux in conjugem, neque filius in patrem, neque quisquam in eum sine quo ali non potest, testimonium dicere obligatur : frustra enim est testimonium quod a natura corrumpi praesumitur. Quamvis autem pacto ad se accusandum aliquis non teneatur, in quaestione tamen publica ad respondendum cruciatu cogi potest. Responsiones autem illae facti testimonium non sunt, sed investigandae veritatis adjumenta. Ita ut sive verum sive falsum cruciatus respondeat, sive non omnino respondeat, jure faciat. (ed. Warrender) 仮に訳せば、以下のようになる。「（生命身体を賭ける契約は成り立たないということからして）論理必然的に、誰もいかなる契約によっても自分を弾劾すべき責任を負わないし、また、その者の弾劾が自分にとって致命的となろう他の者を弾劾すべき責任をも負わない。かくして、父が息子に対して不利な、一方配偶者が他方配偶者に対して不利な、息子が父に対して不利な、誰であれその者なしでは自分自身が立ちゆかないというその者に対して不利な、証言をすることを義務づけられない。というのも、腐っていることがほぼ確実な証言など、無価値だからである。もっとも、誰も契約によって自分を弾劾する責任を負わないとはいえ、公の審問においてであるならば、真実たるの宣誓の上答弁を強制されることがありうる。ただし、この答弁は事実を証明するための証拠ではなく、真実糾明のための補助である。だから真実たるの宣誓をしたとしても、その答弁が真実であろうと虚偽であろうと、はたまた全然答弁しないとしても、違法ということはない。」

から腐ってるのだから、というわけですからね。

S4：ともかく、自白にはそもそも証拠能力が欠ける、決して考慮してはならない、腐った食べ物を食べてはいけないのと同じだ、判断を害する、といっているんですから、それだけで感動します。

S3：いや、証拠能力のことはいっていないね。なぜならば、前提的なクリティックを経ていない証拠は御法度だというのが証拠能力制度のエッセンスだったはずだよ。ところが、ホッブズは、任意性のない自白をアプリオリに排除している。前提的なクリティックの手続にも入らせないつもりだ。ま、いうならば、の話だけれどね。証拠能力なんかなんにも意識していないから。

身体を賭けては自然に反する

S6：まあともかく、テクストの脈絡も視野に入れましょう❹。まず"similiter"で始まる。「同様に」ですね。ということは少なくとも前のII-18を読まなければ意味は取れないということです。そもそもここはなにを論じているところかを確認していなければ読んだことにさえならない。

　つまり、自然の法則のなかで、さらに契約に関するものをホッブズは叙述している。彼は唯物論者ですから、物の自然からスタートする。そしてそれで個人の情念の部分をも説明しきる。*De cive* は、この情念の部分を軽くさらったうえで、その個人が情念を手がかりに社会を形成する部分を扱う。まだ政治システムないし主権を樹立する前ですね。そういう自然の社会状態において、契約というものがあり、これがやがて公権力を樹立する際の基礎になるのですが、そのなかにII-18が収められている。

　そこでは、契約のなかで、生命や身体を賭けてなされる取引は自然の法

---

❹　以下の基底的なホッブズ解釈については、A9K、162頁以下参照。先行研究への言及もこれに譲る。

則に反し、してはならないといっている。してはならない、というより、そもそもそんなものは成り立たない、といっているようにも読めます。
S3：公権力樹立のための契約では、個々人はすべてを投げ出すのではなかった？　そもそもすべてについて全員が権利をもっている……。
S6：そうです。しかし投げ出すのは個々人の生命・身体ではなくこれに帰属する物に限られる。こういってよければ占有ですね。だからこそ、全員がこの世のすべての物についていつか占有しうるかもしれないという期待をもってよい。すべての物は、誰かの物と決まっていたりはしない状態におかれている。その意味では安心できない。サッカーのボールには名前が書いてない。帰属はオープンだ、いや、そもそも帰属を観念しえない、ゴールまでは。

　しかし、その占有の対象に、生命と身体は決してならない、といっている。もちろん、これは将来公権力を樹立する契約を締結したとしても同じだと。それはあらかじめ排除されている、と。II-19 は、自分を弾劾することは生命身体をリソースとして賭けながら契約をするのと同じで許されない、と付け加えている。
T：たしかにそれが大きな枠ですね。
S4："a natura corrumpi" というのは、そういうことなんですかあ。自然の経路をねじ曲げる、と。真実の把握というのはなにか自然の、透明で妨げられない経過である、と考えられているんですねえ。
S1：自白と、生命身体を賭ける契約とは、なぜ同じなのですか？　わかりませんでした。

■ 公権力

T：うん、なるほど、そこも重要ですね。いずれにせよそうするとしかし、なぜ生命と身体を賭ける契約が自然に反するか、ということに尽きてきますね。どうして自然に反するのですか？

S3：そこは呆気ないかな。II-18 では、恐怖が極点に達するから、逃げ出すか戦うかしかなくなり、契約にならない、といってます。恐怖はメトゥス metus で、このあたりの叙述の鍵を握る概念らしい。その克服が公権力樹立契約の目的ということになっている。

　逆にいえば、このメトゥスを極小化するのは必然だから、どうしても公権力樹立に至る、とされる。かつその性質がある種絶対的なものになるのは、互いの間のメトゥスをゼロにするためには公権力に対するメトゥスを無限大にするしかないからだ。しかも、互いの間のメトゥスが極大化されて人々はここにいたるとされる。

S5：生命と身体を危険に曝されれば、ふつうの契約は成り立たないけど、むしろ公権力樹立契約の唯一無二の機会になりそうですね？　怖れてすべてを投げ出し、公権力に委ねる。

T：だからメトゥスという概念が使用されたのだと思います。怖れているだけで、不確定だ。だからかえって怖い。たがいの脅威が極点までに達しながら、しかしまだ戦闘にはいたっていない状態です。

　しかし実際に生命と身体を賭けるところまでいってしまうと、その臨界を突破してしまう、といっている。すべてを投げ出して交換を挑み覇権を争うタイプの形態の社会関係を、北アメリカ先住民の言葉をフランスの社会人類学が借りてポトラッチといいました。私は、ホッブズの自然的な契約論のなかで、このポトラッチへの着目があり、これを巧みに利用して公権力樹立を目指すという動機が潜んでいる、と読みます。しかしもちろん、それを文字どおり暴走させるのではなく、精錬する。一種の仕掛けとして利用する。見せるだけ。他方、生命・身体を取引材料とするポトラッチをほんとうにしてしまっては、元も子もなくす、とホッブズは考えたのだと思います。

　当たり前ですね。公権力でさえ、否、公権力こそは、一人ひとりの個人の生命と身体を守ることを至上の課題とします。反対は暴力的博打的精神です。だから、樹立された公権力がそのような途に迷い込み冒険主義的に

なったならば人々はいつでも覆してよい。その冒険主義的行動の一つに戦争があり、だから、国家樹立後、国家間の戦争が、各主権者に課される準則として、禁じられます。

■ 自白ということの意味

S1：それで、自白はなぜ生命・身体を賭ける契約と同じなんですか？「同様に」の意味ですね。

S6："vel"「あるいはまた」でもう一つの類型を並べています。"cuius damnatione vita sibi acerba futura est" つまり、本人でなくとも、その人が弾劾されたならば「自分が生きるのも辛くなる、そういう人にとって不利な供述」もしなくてよい、というんだね。だから、生命・身体を賭けるというのは、自分の懐のなかのなにか特別大事なものを投げ出すということである、と捉えられていると読めます。

S5：むしろ、まさにポトラッチたる点が同じだということでしょう。そういう博打的な取引になるということ。

T：身体刑を意味するスップリキウム supplicium は、犠牲を捧げて絶対的な帰依をすることをも意味する語です。すべてを投げ出して完璧に相手に跪くということですね。それで均衡を得る。自白に至るやりとりは、そのような帰依に到達する過程です。他方、公権力の樹立は政治システムの樹立と等価であり、公権力構成原理に携わる主体が、鋭い緊張関係を維持するのでなければなりませんが、正しく自然の過程が進めばそうなるものを、自然の契約ではない帰依などされると、元の木阿弥、すべてが狂ってくる、ということでしょう。

S6：なるほど、自白を裁判の基礎におくと、厳密な判断である政治的決定、ひいては政治システム自体が崩れる、と考えられている、というわけですね。"corrumpi"（崩れる、腐る）があらためて雄弁に響きますねえ。

S2：すると、虚偽排除説ですか？

S4：政治システムの構成原理、政治的決定の要件、を政治的自由の意味の人権と解せば、人権擁護説でもある。
S5：両者は同一に帰するということかな？

■ 証拠としての自白

T：II-19 は、しかしながら、"autem"（「ただし」）により、ある留保をしていますね。どういう留保ですか？
S6："Quamvis pacto ad se accusandum aliquis non tenetur" つまり「自己弾劾の『契約』は無効だ」が、"in quaestione tamen publica ad respondendum cruciatu cogi potest" つまり「公の審問においては拷問によって答弁を強制することが可能だ」というのです。
T：ただし、ただちにそのことも割り引かれますね。
S6："Responsiones autem illae facti testimonium non sunt, sed investigandae veritatis adjumenta" とありますから、「その答弁は証言とはされない、単に真実探求の補助資料にすぎない」というのです。
T：非常に難しい。ナゾナゾですね。拷問と聞くと穏やかではいられませんしね。ここは、古典のラテン語ではたくさん見られるが、近代語ではありえない、論理的なステップを一段省略するという表現方法が見られるところです。いきなり証言つまり証拠テスティモーニウム testimonium に観点が移っているのがおわかりでしょう。自己弾劾は、決して証拠法上の概念ではない。現在の日本語でも、民事訴訟で自白というのは少しちがうことだということをご存知でしょう。自分に不利な結論を自動的に導く訴訟行為のことです。自己弾劾は、だから、今日の後半のテーマ、司法取引に近い語です。

　「さてしかし証拠法に場面を移すと」という言葉がまず省略されています。次に、「自己に不利益な証言は公判廷においてのみ考えうることである❺」という前提が密かにおかれています。そして、「その場合はこれを

強制しうる」というのです。拷問が出てきますが、これは古典に通じた表現で、ギリシャ・ローマでは、奴隷に対してならば拷問を加えて真実を語らせてよいとされていました。

しかし、実際には拷問はせず、奴隷の証言は物証と同じと考えられました。自然科学の実験を拷問に喩えることをご存知でしょう。物が自然になにかを言うのですね。奴隷の証言はこれと同じだ、と。これを近代的に解釈するならば、そしてホッブズにとっても古典に寄り添うこの *De cive* においては、というのも *Leviathan* では少しちがうのですが、実質、宣誓に

> ❺ この部分は *Leviathan*（XIV-30）では抜け落ちる。かわりに、拷問による自白は（何かの手掛りにはなっても）証拠としては採れないという原則が宣明される。かつ、拷問はむしろ証人の（自然権としての）安楽（なにか言えば拷問を逃れられるということ）に資するのであり、拷問するほうには役に立たない、というわかりやすいロジックが使われる。自白、そして拷問による証言、の証拠能力の否定という印象は残るが、「ただし公判廷では」というロジックは不鮮明になった。また、公権力樹立後は判決後執行段階でバネが働いて自白者による実力による抵抗を不可避的に招く、という理由づけも見られる。つまり自然権というロジックへの平準化が見られる。全体として、自然権だから自白は強制されない、という定式になっている。流布しやすい反面、なぜそうなのかということは不明になっている。参考までにテクストを示しておこう。A covenant to accuse oneself, without assurance of pardon, is likewise invalid. For in the condition of nature, where every man is judge, there is no place for accusation : and in the civil state, the accusation is followed with punishment;which being force, a man is not obliged not to resist. The same is also true, of the accusation of those, by whose condemnation a man falls into misery;as of a father, wife, or benefactor. For the testimony of such an accuser, if it be not willingly given, is presumed to be corrupted by nature : and therefore not to be received : and where a man's testimony is not to be credited, he is not bound to give it. Also accusations upon torture, are not to be reputed as testimonies. For torture is to be used but as means of conjecture, and light, in the further examination, and search of truth : and what is in that case confessed, tendeth to the ease of him that is tortured;not to the informing of the torturers : and therefore ought not to have the credit of a sufficient testimony : for whether he deliver himself by true, or false accusation, he does it by the right of preserving his own life.

よって真実を語らせるということかと思います❻。これは公判廷でだけ問題になる。それでいてなお、この証言は正規の証言ではない。参考資料以上ではない、というのです。

自白の証拠能力

S1：ホッブズはなぜこういうことを言うんですか？

S2：わからないけれども、自白を一定程度証拠として認めるという、現在の規律につながる気がする。

T：というと？

S2：自白も供述証拠でしょう。供述証拠も一定程度クリティックを経れば証拠能力が認められる。こういう処理に近いというのではないかな？　ただ、それにしても、現在、伝聞法則を自白論においては聞かないですよね❼。違法収集証拠排除と任意性という、別の二つのチャンネルで問題を扱う。

S5：ホッブズの「但書」、つまり「公判廷ならば」という部分に対応するとすれば、ホッブズの主旋律に対応する日本国憲法38条1項に加えられる、2項「強制、拷問若しくは脅迫による自白又は不当に長く抑留若しくは拘禁された後の自白は、これを証拠とすることができない。」のほうだと思うなあ。ただ、この2項には任意性という要素はまだない。任意性は刑事

---

❻　この点は前掲井上「減免的措置の付与」167頁以下によって優に確認できる。ホッブズは古典を意識した表現で実質時代のイッシューに言及していると見ることができる。

❼　前掲井上「減免的措置の付与」223頁によれば、現在でも自白は伝聞例外に該当し、したがって、捜査段階の自白と公判廷における自白は区別されない、という。供述証拠であるということ、にもかかわらず供述証拠としては扱われず別枠となるということ、これらの迂回はあまり意識されていないことかもしれない。ちなみに池田公博「自白の証拠能力——違法排除のあり方・派生証拠の取扱い」刑法雑誌52-1、2013年、102頁以下が物証との比較を（違法排除サイドに）意識する。

訴訟法319条1項の「その他任意にされたものでない疑のある自白」という付加によってはじめて登場します❽。もちろん、アメリカにそのような潮流があったようですが。

S2：私もホッブズは案外先取りしていると思う。ホッブズが「補助的にならば使える」というところも気になるなあ。憲法38条3項「何人も、自己に不利益な唯一の証拠が本人の自白である場合には、有罪とされ、又は刑罰を科せられない」もあるし、刑訴319条2項でも、「公判廷における自白であると否とを問わず、その自白が自己に不利益な唯一の証拠である場合には、有罪とされない」とされています❾。どうしても、ホッブズのあそこを読んだときにはこの条文を連想してしまった。ホッブズと同じように、この条文も珍しく証明力を直接規律している。

S3：まさに、いまでも自白は伝聞例外、というか、伝聞法則と別系統だ。ホッブズの場合も、伝聞法則とか供述証拠とか反対尋問とかは意識されていないね。まず公判廷においてでなければ許されないし、許されないというその意味は、禁じられる、自白を強いることはおろか、自白を任意ですることさえ禁じられる、ということで、だから証拠能力とか伝聞法則となんとかは吹っ飛ぶ❿。そしてなにより、公判廷での宣誓による自白とい

---

❽ 川島享祐「刑事訴訟における自白の証拠能力——自白法則の理論的構造の再検討（1）」法学協会雑誌136-1、2019年、138頁以下。任意性の付加は、論理的には自白排除の拡張であるが、原点を忘れさせ、任意性さえあればよいという方向に議論が逸脱していく、と分析される。

❾ 補強法則については、前掲井上「減免的措置の付与」232頁以下。

❿ （自白の規律と違法収集証拠の規律を別個の問題として扱う、ないし別個のレゾンデトルを有するとする）二元説については、『刑法雑誌』52-1、2013年、67頁以下の共同研究が全面的に扱う。以下にも触れる歴史的な二段階に対応するアプローチであると思われる。ただし、憲法上の（自白取得プロセスを問題とする）自白規律と任意性という二元性に混同されるきらいがなくはない。現在ではすべて証拠能力規律のプラットフォームに滑り込んでいるのである。この点、前掲川島「自白の証拠能力」が（単に二元説に立つというのでなく）自白規律の独自の根拠を明らかにすべく方法的に切り離すアプローチを提案するのが大変に注目され、連載2回目以下の公表が期待される（著者の好意により原型たる2016年度東京大学法学政治

えども、信憑性が劣るから、主要証拠としては使えない、といっている。

自白法則

S6：たしかに、証拠能力制度との接触は 18 世紀の後半になってはじめて生ずるようですねぇ❶。

　証拠能力という概念自体はむしろ教会法などの古い法定証拠主義に親和性を持つ面があるけれども、二重のクリティックという原則は、ホッブズにはないものだ。「公判廷における宣誓つき自白」を取り扱う部分でホッブズが意識しているのは、依然単一の政治システムの作用だよね。ただし、こういう面もある、と裏を言っている。それが風に乗って種子として飛び、証拠能力概念と伝聞法則等証拠排除原則が発達する時代に着地し、根付く。「公判廷ならば」が独自の証拠排除原理として組み直される。二重のクリティックの脈絡にね。季節は政治からデモクラシーへ移っている。そしてここから任意性原則も派生した。本流のほうは憲法 38 条 2 項になってわれわれにたどり着いた。ただし、自白は条件次第で証拠とされうるようにはなった。

　そもそも、ホッブズの脈絡だと、強制もエシャンジュ échange の一種だ

> 学研究科助教論文を読むことができたが、問題設定は格段に明確化され、イングランド法の部分の今後の公刊も（本書締め切りに間に合わないが）待たれる。上記共同研究においても二元説にとっての課題が 2 項相互の関係であるとされているだけに、まずは自白排除固有の意義の解明は鍵を握る。そのためには歴史的な二段階を押さえる必要があるであろう。
>
> ❶　Langbein は、もちろんこの点の留意に欠けるところがあるはずだが、少なくとも *Advesary Criminal Trials*, p. 218ff. では、この面における 16・17 世紀の前史に触れない。つまりいきなりのように弾劾主義の第二段階で自白法則が現れるのである。つまり、ホッブズ後段は第二段階ではじめて実現したのであり、いわば春と夏は同時に来た、という可能性がある。春はホッブズのテクストの中にしかなく、実務の分析においては春の識別は困難であり、暦のうえの春には冬の現実しかなかったのかもしれない。

し、そもそもこのエシャンジュがよくないのだから、利益誘導などによる自白の獲得も絶対に違法だということになる。そうしたエシャンジュの絶対的排除は政治的空間においてでなければ達成されないから、結局たかだか公判廷ないしそれに準ずるところでの自白が唯一効果抜きで認められる。憲法38条2項の文言はただちにホッブズのエシャンジュやその極としてのポトラッチによるプレッシャーと解せますよね。そうすれば、概念としてはつながります。任意性もひょっとすると近代化以前の古い刑事手続以来の要素なんでしょう。しかし、全体として自白が許される条件を開放性と読み、公的な空間で、という意味に解釈する余地はあるなあ。捜査段階で自白を求めるとしても、可視化は徹底されなければならないし、かつ、それは公判廷での決定的証拠として用いることはできないと考えなければならない。憲法38条3項ですね。

　要するに、18世紀後半以降のデモクラシー化のなかで、証拠排除制度が形成されていった。デモクラシー化のなかですから、二重のクリティックが浸透していく。ここへ、もっと基底的な層に属する自白排除が滑り込んだ。ただし、自白固有の第一段階審査が模索される❷。二つの相のギャップを探究するのが今後の研究課題ですね。

T：少し大胆すぎる解釈ですが、ホッブズの理解と、18世紀後半以降の理解を、厳密に比較する作業は意味を持ちうると思います。なかなかに難しい作業になるでしょうが、そういう結論になるかどうかは別として、若い研究者の研究に期待しましょう。

---

❷　自白法則の登場は、基本的に弾劾主義形成のフェイズに位置する自己負罪拒否特権形成と大きく区別されて、補強法則とともに、1740年代に登場、そして1760年代に確立される。前掲井上「減免的措置の付与」223頁以下で、この論文の主題ではないが、きちんと確認される。すると、おもしろいことに、二段階Critiqueが、（自白はホッブズそのままにen blocに、かつホッブズを裏返して伝聞例外を構成するから）伝聞法則によってではなく任意性と補強法則によって達成されたということになる。なぜそうなのか、イングランド史固有の問題なのか、理論的含意があるのか、研究を待つ。

■ 事案に戻る

T：事案に即して考えるとどうなりますか？

S1：一審の公判廷の様子、そして裁判官の心証形成の様子、これらは判例集からはまったくわかりません。

T：しかし控訴審はその点非常に興味深い姿をはっきり見せてくれているのではありませんか？　自白の任意性について控訴がなされたのですが、これを斥ける仕方はどのようなものでしたか？

S2：まず、なぜ詳細を自白するに至ったかの経緯が、一審公判廷での各証人の証言を総合して詳しく認定されています。そしてそのような「経過のもとになされた被告人の自白は、その信用性はもとより任意性についても十分の検討が加えられなければならない」（刑集548頁）とされ、その後に、捜査段階での被告人の供述の変遷を追跡します。信用性と任意性は区別されています。そのうえで任意性を肯定することになります。

S3：えっ、それはどうかなあ。どうやら贈賄側から渡される金銭は税金の支払いとなかなか区別がつかないものらしい。それに、渡されたものに気づいて慌てて返すことなんて日常茶飯事だ。そこで、自分の懐にたしかに入れたという点の論証は微妙になる。控訴審の判決は、この微妙さに対応して被告人の供述が、8月28日の起訴猶予示唆の前は終始変わらず曖昧であったのに、8月28日後は急に具体的な事実を含むようになる、という変化を無視する大きな欠陥を抱えています。そして、微妙ならば不起訴という示唆があっただけなのに、どこまでしゃべっても不起訴と被告人が勝手に思い込んだのだから、大いに信用性がある、と言い、これを決定的な論拠として、「以上の事柄の外前記各自白調書の内容を仔細に観察し、且つこれを関係証拠と対比検討してみると、これらの自白供述は捜査官の違法な取調べに基因するものでなく、被告人が任意になしたものであることを認めるに足り」（刑集550頁）と結論づけるのだから、内容の信憑性を根

拠として任意性を認定している。

　これは笑わずにはいられない愚かな文章だねえ。しかも、「起訴猶予になることを期待した結果」そのような自白をしたであろう、しかし「自白の動機が右のような原因によるものとしても、捜査官の取調べそれ自体に違法が認められない本件においては、前記各自供調書の任意性を否定することはできない」（刑集550頁）というほうに持っていってしまう。任意性の判断が証拠能力に関わり、したがって前提的なチェックが必要であるということを全然理解せず、中身が正しいから、任意性がある、といってしまった。しかも「だから取り調べに違法性がない」と判定し、さらに「違法性がないから任意性があるんだ」と循環をダブらせてしまった。

ホッブズが激怒する

S4：さすがに最高裁は自白に至る経緯を問題とし、任意性を完全に独自に否定していますね。
S5：高裁の水準がこの場合例外的に低かったということだとよいのですが。しかし制度のきちんとした理解が定着しているようにも思えません。
T：それで、自白を引き出す経過自体の問題はどうですか？　どこが違法ですか？
S6：枠組をはっきりさせておきましょう。ポイントはホッブズの quaestio publica ですね。捜査段階とはいえ、"publica" といえるものであったかどうか？
S5：そうでないことは自明なので、むしろ、その論拠をどこに求めるかでしょう。
S1：自白すれば起訴猶予にしてやるはずだったのに、そうしなかった、つまり検察が嘘をついた、裏切った、ことがいちばんの問題ではないですか？
S3：勝手に信じただけであるという反論が簡単に成り立つな。

S1：しかし最高裁は、福岡高裁の判決例（福岡高判昭和29年3月10日高刑判特26-71）を引き、結果「不起訴処分に付する旨の約束」があったと決めてかかっていますよ。

S6：そこは少し疑問な点でした。原審が、被告人が起訴猶予を信じたことに検察官が直接関与したわけではなく、弁護人との面談の結果、その弁護人を介して伝わったにすぎない、ということを少なくとも暗に「取調べ自体には違法性がない」ということの根拠にしています。つまり取調べ中にそのように持ちかけたのではない。最高裁は、少なくともこの点について原審を論駁しなければならなかったと思います。

S4：そうだと思います。そして、違法なのはかえって、直接でなく媒介を使ったところでしょう。使ったのでないとしても、いわば検察に責任がなくとも、その自白は排除されます。

S2：そういえば、被告人の弁護士が媒介したのではなかったなあ。贈賄側の弁護士が検察官と面談した。被告人に同情したという動機の点も違法性を裏づける。

T：そうですね。そもそもこの租税関係の曖昧さ、それに呼応する贈収賄、そのやりとりのなかに起訴便宜主義が巻き込まれてしまった。公権力の根底を否定する取引関係になってしまった。贈賄側弁護士は被告人弁護士と馴れ合い、そこへ親族や関係者が入っていく。彼らがよってたかって被告人を説得し、そして自白させる。あの手この手で誘導している。

　この自白調書は公判廷に決して入ってはいけないものでしょう。しかし弁護人が加担しているのだから、いったい誰が異議申立をするのか、と絶望的な気分になります。控訴審ではさすがに別の弁護人がついたのでしょう。彼はさぞかし驚いたでしょうねえ。

　ホッブズならば激怒しますね。公権力が完全に簒奪されている。腐敗している。"corrumpi"ですね。だから自白はダメなんだ、とたかだか宣言するでしょう。証拠法上の規律の前に切り取らなければならない、悪い芽だと。

第2事件の事案の概要

T：第2事件に移ります。

S1：自衛隊の物品調達担当者が、物品の一種であるパソコンを自宅に持ち帰って自分のものにしたという横領事件です。事件は、即決裁判手続にしたがって結審し、執行猶予付き判決が出されましたが、被告人は、故意の認定が難しい事件であるから即決裁判手続の「事案が明白であること」という要件を満たしていないこと、即決裁判手続の場合の上訴制限が憲法違反であること、などを主張して控訴しました。

しかし控訴審は控訴を棄却したので被告人は上告しました。これに対し最高裁は、上訴制限の合憲性をいい、かつまた即決裁判手続が虚偽の自白を誘発するという点を斥け、上告を棄却しました。

即決裁判手続

T：すると問題はなによりも即決裁判手続ですね。これはどういうものですか？

S2：刑事訴訟法350条の16以下です。事案が明白で軽微である等の場合、検察官の申立てにより、被疑者同意のうえ、証拠法の規律を免れた簡易の証拠調べ手続で判決することができるというものです。刑訴350条の24と27が効果ですね。

被告人にとっては、350条の29で必ず執行猶予付きとなることが魅力です。証拠法的規律の解除は、実質被告人が公訴事実を認めることを意味します。自白を含む供述証拠がクロス・エグザミネーションにかかりませんから、本件でも、「横領したことに間違いありません」という被告人の調書と、即決裁判手続への同意とが表裏一体となっています。

つまりこれが実質的に有責答弁制度のような働きをします。そのかわり

刑事訴訟法 350 条の 16　検察官は、公訴を提起しようとする事件について、事案が明白であり、かつ、軽微であること、証拠調べが速やかに終わると見込まれることその他の事情を考慮し、相当と認めるときは、公訴の提起と同時に、書面により即決裁判手続の申立てをすることができる。ただし、死刑又は無期若しくは短期 1 年以上の懲役若しくは禁錮に当たる事件については、この限りでない。
②　前項の申立ては、即決裁判手続によることについての被疑者の同意がなければ、これをすることができない。
③　検察官は、被疑者に対し、前項の同意をするかどうかの確認を求めるときは、これを書面でしなければならない。この場合において、検察官は、被疑者に対し、即決裁判手続を理解させるために必要な事項（被疑者に弁護人がないときは、次条の規定により弁護人を選任することができる旨を含む。）を説明し、通常の規定に従い審判を受けることができる旨を告げなければならない。
④　被疑者に弁護人がある場合には、第 1 項の申立ては、被疑者が第 2 項の同意をするほか、弁護人が即決裁判手続によることについて同意をし又はその意見を留保しているときに限り、これをすることができる。
⑤　被疑者が第 2 項の同意をし、及び弁護人が前項の同意をし又はその意見を留保するときは、書面でその旨を明らかにしなければならない。
⑥　第 1 項の書面には、前項の書面を添付しなければならない。
刑事訴訟法 350 条の 24　第 350 条の 22 の決定のための審理及び即決裁判手続による審判については、第 284 条、第 285 条、第 296 条、第 297 条、第 300 条から第 302 条まで及び第 304 条から第 307 条までの規定は、これを適用しない。
②　即決裁判手続による証拠調べは、公判期日において、適当と認める方法でこれを行うことができる。
刑事訴訟法 350 条の 27　第 350 条の 22 の決定があつた事件の証拠については、第 320 条第 1 項の規定は、これを適用しない。ただし、検察官、被告人又は弁護人が証拠とすることに異議を述べたものについては、この限りでない。
刑事訴訟法 350 条の 29　即決裁判手続において懲役又は禁錮の言渡しをする場合には、その刑の全部の執行猶予の言渡しをしなければならない。
刑事訴訟法 403 条の 2　①　即決裁判手続においてされた判決に対する控訴の申立ては、第 384 条の規定にかかわらず、当該判決の言渡しにおいて示された罪となるべき事実について第 382 条に規定する事由があることを理由としては、これをすることができない。

執行猶予を得る、あるいは公判の負担を免れる、というわけですね。事実認定を争わせませんから、403条の2の第1項で、事実認定に関する上訴は制限されます。その合憲性が最高裁で争われました。

T：平成28年改正によって、新たな位置づけを得ましたね？

S2：「合意」という制度の内部に位置を得ました。刑訴350条の2の第1項2号の「ヘ」です。157条の2の刑事免責と並ぶ司法取引です。刑事免責が、自身有罪のおそれのある証人から検察官の裁量により自己負罪拒否特権を奪うと同時にその証言をその証人に不利益には使わないこととする、という制度であり、これは合意や協議をするものではないから取引ではない、といわれる❸のに対し、「合意」制度のほうは、被告人との合意のうえで、そもそも公訴を提起しないなどの特典と引き換えに証言拒否権を奪うものです❹。こちらのほうは、この制度が適用される犯罪類型が限定されています。刑事免責にはこの限定はありません。

　この「合意」制度において検察官が提示しうる事柄のメニューのなかに、即決裁判手続の申立てがあるということになります。この限りで、いまでは即決裁判手続は「合意」制度の内部に位置づけられたということができます。このことによっていっそう需要は減ったとは思いますが。

T：すると、むろんそうでなくともそうですが、なおいっそう、即決裁判手続を論ずるためには司法取引を論じなければなりませんね。

S2：最高裁が取り上げた論点、虚偽の自白を誘発するというのは、司法取引を論ずる際には必ず登場します。もっとも、最高裁は実質なにも論じていませんが。ただ誘発しないとだけいっている。上訴制限の違憲性についても、もともとそこは立法政策の問題だというのみです。

---

❸　川崎英明他『2016年改正刑事訴訟法・通信傍受法条文解析』日本評論社、2017年、42頁以下。「刑事免責」の方は、「派生的使用免責」の性質を有するが、適用範囲に限定がなされない点に問題があるとされる。検察官が「必要と認めるとき」に裁判所の形式審査のみによって達成される。

❹　前掲川崎他『2016年改正刑事訴訟法』60頁以下。

この場合の上訴制限の合理性についてはなにもいいません。いくら立法政策の問題だとしても、勝手に制限してよいというわけではないでしょうに。一定の合理性があれば、あとは立法府の選択の問題だ、というのでなければならない。
　ところが、即決裁判制度を採用する以上は上訴制限が合理的だというのみです。それはそのとおりです。しかし実質即決裁判制度のポイント、つまり事実認定を争わせないというのが一定程度合理的かということが問われている。ここを論じなければトリヴィアルになってしまう。

自己負罪拒否特権は放棄しうるか？

T：司法取引のコアは、自己負罪拒否特権の放棄ですね。これを放棄させるか、それとも自発的に放棄するか、の別はありますが。しかしそもそもこれは放棄しうるのですか？

S6：さきほどのホッブズの"crociatu cogi potest"が引っかかりますねえ。拷問によって自白を強制しうる、というようにも読めますが、要するに、自己負罪拒否特権を剥奪するということですね。真実を語らせる、ということで、反対尋問さえ省略されて証拠能力テストをスルーしてしまいますが、「えっ？　そんなことがどうしてできるのか」「真実を語らせるなどというのはありうるのか」「拷問すれば痛みを免れるために嘘でもなんでも言うだろう」と思うのですが、しかしわれわれの法典でも同じ発想をしている。拷問のかわりに証言拒否罪と偽証罪がある。"crociatu"はそうとも読める。

S3：ホッブズが特定の場合において公判廷での自己負罪拒否特権の剥奪を想定しているとして、それはどのような場合ですか？

T：ホッブズのテクストからはその点はなかなか判明しません。さきほどは、このセンテンスを、公判廷ならば一定の条件下自白も証拠となりうる、と解したのですが、さらに読み込むと、もっと進んで、その自白を強いる

刑事訴訟法350条の2　検察官は、特定犯罪に係る事件の被疑者又は被告人が特定犯罪に係る他人の刑事事件（以下単に「他人の刑事事件」という。）について一又は二以上の第1号に掲げる行為をすることにより得られる証拠の重要性、関係する犯罪の軽重及び情状、当該関係する犯罪の関連性の程度その他の事情を考慮して、必要と認めるときは、被疑者又は被告人との間で、被疑者又は被告人が当該他人の刑事事件について一又は二以上の同号に掲げる行為をし、かつ、検察官が被疑者又は被告人の当該事件について一又は二以上の第2号に掲げる行為をすることを内容とする合意をすることができる。

一　次に掲げる行為
　イ　第198条第1項又は第223条第1項の規定による検察官、検察事務官又は司法警察職員の取調べに際して真実の供述をすること。
　ロ　証人として尋問を受ける場合において真実の供述をすること。
　ハ　検察官、検察事務官又は司法警察職員による証拠の収集に関し、証拠の提出その他の必要な協力をすること（イ及びロに掲げるものを除く。）。

二　次に掲げる行為
　イ　公訴を提起しないこと。
　ロ　公訴を取り消すこと。
　ハ　特定の訴因及び罰条により公訴を提起し、又はこれを維持すること。
　ニ　特定の訴因若しくは罰条の追加若しくは撤回又は特定の訴因若しくは罰条への変更を請求すること。
　ホ　第293条第1項の規定による意見の陳述において、被告人に特定の刑を科すべき旨の意見を陳述すること。
　ヘ　即決裁判手続の申立てをすること。
　ト　略式命令の請求をすること。

②　前項に規定する「特定犯罪」とは、次に掲げる罪（死刑又は無期の懲役若しくは禁錮に当たるものを除く。）をいう。

一　刑法第96条から第96条の6まで若しくは第155条の罪、同条の例により処断すべき罪、同法第157条の罪、同法第158条の罪（同法第155条の罪、同条の例により処断すべき罪又は同法第157条第1項若しくは第2項の罪に係るものに限る。）又は同法第159条から第163条の5まで、第197条から第197条の4まで、第198条、第246条から第250条まで若しくは第252条から第254条までの罪

二　組織的な犯罪の処罰及び犯罪収益の規制等に関する法律（平成11年法律第136号。以下「組織的犯罪処罰法」という。）第3条第1項第1号から第4号まで、第13号若しくは第14号に掲げる罪に係る同条の罪、同項第13号若しくは第14号に掲げる罪に係る同条の罪の未遂罪又は組織的犯罪処罰法第10条若しくは第11条の罪

三　前2号に掲げるもののほか、租税に関する法律、私的独占の禁止及び公正取引の確保に関する法律（昭和22年法律第54号）又は金融商品取引法（昭和23年法律第25号）の罪その他の財政経済関係犯罪として政令で定めるもの
四　次に掲げる法律の罪
　イ　爆発物取締罰則（明治17年太政官布告第32号）
　ロ　大麻取締法（昭和23年法律第124号）
　ハ　覚せい剤取締法（昭和26年法律第252号）
　ニ　麻薬及び向精神薬取締法（昭和28年法律第14号）
　ホ　武器等製造法（昭和28年法律第145号）
　ヘ　あへん法（昭和29年法律第71号）
　ト　銃砲刀剣類所持等取締法（昭和33年法律第6号）
　チ　国際的な協力の下に規制薬物に係る不正行為を助長する行為等の防止を図るための麻薬及び向精神薬取締法等の特例等に関する法律（平成3年法律第94号）
五　刑法第103条、第104条若しくは第105条の2の罪又は組織的犯罪処罰法第7条の罪（同条第1項第1号から第3号までに掲げる者に係るものに限る。）若しくは組織的犯罪処罰法第7条の2の罪（いずれも前各号に掲げる罪を本犯の罪とするものに限る。）
③　第1項の合意には、被疑者若しくは被告人がする同項第1号に掲げる行為又は検察官がする同項第2号に掲げる行為に付随する事項その他の合意の目的を達するため必要な事項をその内容として含めることができる。

刑事訴訟法157条の2　検察官は、証人が刑事訴追を受け、又は有罪判決を受けるおそれのある事項についての尋問を予定している場合であつて、当該事項についての証言の重要性、関係する犯罪の軽重及び情状その他の事情を考慮し、必要と認めるときは、あらかじめ、裁判所に対し、当該証人尋問を次に掲げる条件により行うことを請求することができる。
一　尋問に応じてした供述及びこれに基づいて得られた証拠は、証人が当該証人尋問においてした行為が第161条又は刑法第169条の罪に当たる場合に当該行為に係るこれらの罪に係る事件において用いるときを除き、証人の刑事事件において、これらを証人に不利益な証拠とすることができないこと。
二　第146条の規定にかかわらず、自己が刑事訴追を受け、又は有罪判決を受けるおそれのある証言を拒むことができないこと。
②　裁判所は、前項の請求を受けたときは、その証人に尋問すべき事項に証人が刑事訴追を受け、又は有罪判決を受けるおそれのある事項が含まれないと明らかに認められる場合を除き、当該証人尋問を同項各号に掲げる条件により行う旨の決定をするものとする。

ことができると書いてあるわけですね。

　その次の、公訴事実のための証言ではないけれども、真実解明には補助的に役立つ、というのも、自白はそれでもなお第一線の証拠とはならず、補強証拠としうるにとどまる、と解したのですが、捜査協力の観点を持ち込みしかもホッブズが通じている奴隷の拷問のことも視野に入れると、これらは明らかに自白者自身の処罰に関わるのではなく、第三者、たとえば奴隷の主人に関わるとも読めます。"investigationis veritatis adjumenta" という語はそのように想定するとよく響きますね。大きく鳴りはじめる。

取引の問題

S4：自己負罪拒否特権の放棄といっても、刑事免責の場合でさえ、gratis で放棄するわけではありません。検察官の申立てで一方的に放棄させられる場合でも、見返りは必ず用意される。だとすると、刑事免責は司法取引ではないという言明は、大変にミスリーディングです。放棄に対する嫌悪感は、取引の感覚が刑事司法に合致しないからではないですか？

S5：取引という性質を批判する議論にもいくつかあります。真実究明に反するというもの、減刑等が本来のものの歪曲にほかならないというもの、他人を売って刑を免れることの不公平、そしてとくに証言の信憑性です。

S3：でも、処罰という目的に照らして相対的にヨリ高い効率が得られるなら、合理的なのでは？

S2：そこいらあたりは見解が分かれて、根拠にならないと思うな。捜査のところでも見たように、刑事司法は政治システムの一翼を担うのだから、取引、つまりエシャンジュ échange がいかにその政治の理念を害するかという点がポイントになると思う。

T：なぜ害するのでしたか？

S6：エシャンジュがレシプロシテ réciprocité、つまり集団間の利益交換にほかならず、したがって政治が解体しようとしている当の事柄を促進し補

強してしまうからでしょう。
T：ちなみに、その政治システムはなにを使って構築するのでしたか？
S6：ああ、なるほど、所与として与えられているのはレシプロシテのメカニズムだけでしたね。これを徹底的に精錬し料理して使う以外にないということでした。
T：そうすると？　論理的に？
S4：司法取引も精錬し料理すれば使える？
T：そうだけれど、その前に？
S1：集団を解体するためならば使える？
T：そのとおりだ。ただし、そうしなければ集団を解体しえない、というぎりぎりのケースでなければならない。かつ、その手段は相当に洗練されたものでなければならない。集団の解体というのはホッブズの観点でもあります。突然の「公判廷ならば」は、自白法則のほうではなく、こちらのほうにも引き延ばしうる。

ウィンディキウス

T：公権力に関係する取引をあれほど嫌ったローマでも、集団がもっと嫌いだから、公権力の透明性のパラデイクマとある意味では正反対のパラデイクマ、伝承上の設立先例がありました。ウィンディキウス（Vindicius）伝承です。この固有名詞自体、「解放」を意味する語根を擬人化したものです。ウィンデクス リーベルターティス vindex libertatis「自由のための取戻人」などというときのこのウィンデクス vindex と同根です。これは誰でもその人が自由だと言い立ててその人を解放しうるという人身の自由のための制度です。

　ウィンディキウス伝承というのは、共和革命直後のローマで王政復古のクーデター計画が生じ、王とつながった地下組織が形成される。その謀議をその家の奴隷が知らせる、というものです。その奴隷の名がウィンディ

キウスだったとされます。このとき、刑事司法当局はウィンディキウスに、真実の証言をすれば自由身分を与えると約束します。このウィンディキウス伝承は近代のヨーロッパでも非常によく知られたトポスとなります❶⓹。

　この伝承のポイントは、政治システムを守るために、政治システムを解体するおそれのある集団を解体すべく、その支配下にある者を解放する、という動機です。その集団から見ると、裏切りを促すということになります。

S6：すると、そのようなパラデイクマに即さない司法取引は認められない、ということでしょうか？

T：私はそのように考えます。しかし、組織犯罪のためには司法取引が有効である、ということはいたるところに書かれています❶⓺。ただし、にもかかわらずこの点はなかなか要件化されない。そしてなによりも、では組織犯罪とはなにかについての詰めた考察が見当たらない。この点には第10回目に戻ってくることになりますが。

S2：たしかに、刑事免責制度では犯罪類型の限定はないし、「合意」制度においても、犯罪類型の限定はあっても犯罪形態の特定はまったくありませんね。ざっと見るところ、要件化の本格的な試み、たとえばそのような条文案などもないようです。

S3：しかし要件化するのは技術的に難しいのではないかな？

---

❶⓹　本来の意味の共和主義的伝統のなかに位置づけられるということである。決して新奇な制度ではない。

❶⓺　川出敏裕「経済犯罪と取引的捜査手法」ジュリスト1228、2002年、141頁、同「協議・合意制度および刑事免責制度」論究ジュリスト、12、2015年、71頁が、公正感からする反発を駁して「より責任が重い犯罪組織の上部の者は処罰できず、組織の下部の者だけを処罰する結果になるほうが、よほど公正でないという考え方もありうる」と述べ、制度導入の趣旨をここに見る、のは基本線とすべき考えである。制度化に際しては、たとえば、論証しようとする犯罪の被疑者を監督すべき地位にあった個人や組織には認めないことが考えられる。いわゆる「トカゲの尻尾切り」を避けるためである。

T：その点に関していえば、やはり「組織犯罪」というものの概念構成が理論的にまったくできていないということに尽きます。第10回目で詳しく議論しますが、その点で大きな誤解さえある。それはまた政治システムとはなにかが、まったく見えていないからです。

■ 事案に戻れば

T：それで事案に戻るとどうなりますか？
S1：いままでの議論と本件事案とはどこにも接点がないように思います。
S3：あまりにかけ離れている。
T：どうでしょうか？　この事案はいかなる集団とも関係していませんか？　被告人はいかなる集団とも関わっていませんでしたか？
S2：自衛隊とその隊員とのあいだの関係であるにはちがいないけれども……。
T：上告理由から判断するとどうしてもバイアスを免れませんが、そもそもこれが立件されること自体、やや異様ではありませんか？　さらに、控訴審の争点の一つで当惑させる問題がありますね？
S2：自衛隊の警務隊が捜索に動きましたね。
S4：たしかに、大規模な窃盗団が働いたわけではなく、廃棄寸前のパソコンが1台、それも売られたわけではなく自宅にあった❼。
S5：うーん、これも事実関係はわからないけれども、それらの不自然さと、なにかどさくさに紛れて即決裁判手続が採られたことと、妙に連続的です

---

❼　本件の実体法上の問題は手続法的論点を考察するに際しても避けて通れない。嫌疑が業務上横領だからこそ、認定は高度なものとなり、自白が欠かせない。組織犯罪の可能性も高いから、司法取引にも適する。しかし本件は明らかにたかだか窃盗、それも使用窃盗の件である。「不法領得の意思」があったかどうか。少なくとも組織を通じて売却するなどのことはない。違法性が軽微である。司法取引には全然適しない。なお、横領・窃盗については本書第12章で取り上げる。

ねえ。

　問題のポイントはやはり十分なインフォームドコンセントになっていなかった点にあると思う。いや、そうだったかどうかが争われるべきであった。そこはまさに上級審でチェックすべきポイントじゃないか。弁護人がつくことはこの手続の最もコアな要件で、かつ同意の確認にも制度は周到です。だから形式が踏まれているだろうからオーケーだ、というのは転倒した議論であり、条文がそこに気を使っているならば、そこを厳格に審査するのがふつうだと思います。

　いずれにせよ、被告人は退職金と退職後の職を失っているようです。執行猶予が付くというだけで安心させたことはなかったか、審査し直すべきであった事案ではないか。

S1：それにしても、組織の犯罪とは関係ありませんよね？

T：しかし、組織と個人の関係において、組織を解体して個人を解放するという動機が暗に含まれなければならないところ、組織が個人をからめとって規律する、その方向に加担したことは否めませんね。どう加担したかというと、組織と個人のあいだの緊張関係のなかで、個人が組織に容易に帰順する、これを強いた、という加担ですね。むろん推測の域を出ませんが、退職と退職後の就職に関して、なにかトラブルがあったのではないですか？　組織を抜ける際の問題ですね。ある種の組織は抜けるとき相当のストレスを双方にもたらします。警務隊が動くというのは密告がなければありえない。

　いずれにせよ、組織解体とは逆方向のヴェクトルをもつこの司法取引は落としどころとしてよくない。これも一つの取引です。レシプロシテ réciprocité という限りにおいて。しかしこれは性質の悪いレシプロシテです。不透明なのは、あえてレシプロシテを用いる狡知につきものだから容認しうるとしても、本来とは真っ逆さまな目的をもっている。

7 未遂

最判昭 53-7-28 刑集 32-5-1068（高刑集 30-1-150）
拳銃奪取目的警官襲撃事件

事案の概要

T：今日から刑法に入ります。では今日の事案、概要をお願いします[1]。
S2：中心的な公訴事実は、被告人Rが拳銃を奪うべく改造した建設用びょう撃銃を警察官V1に向けて発射し、V1を負傷させたこと、およびそのびょうがV1を貫通して流れ、通行人V2を負傷させたこと、この2点です。

　一審は、V1に関し、確定的故意はもちろん未必の故意をも否定し、強盗傷人としました。V2に関しては少し複雑な判断をしました。いわゆる法定符合説を採って、対象が異なっても同一の犯罪類型に収まっていればその犯罪が成立するということを前提とするのですが、ほかの対象へとそれていくことにつき予見可能性がなければならないとし、本件ではその予見可能性があったとして、V2に関しても同一の強盗傷人が成立するとい

---

[1] 未遂を扱うのだから当然であるが、本章では犯罪論の中枢部分を論ずる。

う結論に至りました。

　法定符合説に過失のロジックを組み合わせたことが特徴です。つまり、そういうことをすれば当然通行人を傷つけることはあるべしと考ええたはずであるというのですね。もともと強盗致傷は結合犯なのだというロジックも混ぜています。

　二審は、V1に関して未必的故意を認め、殺人未遂としました。V2に関しては、過失であるとし、予見可能性を肯定し、この予見可能性によって殺人未遂に包含しうるとしました。

　最高裁は、原審の過失云々や予見可能性云々のロジックが適当でないことを認めたものの、かえって端的に法定符合説一本で、V2に関し殺人未遂、つまり結合犯としての強盗殺人未遂罪にあたるという結論を採りました。

■ 殺人罪

T：まず、強盗のところと未遂のところを括弧に入れて、殺人について考えましょう。復習ですが、殺人はなぜ犯罪なのですか？
S1：政治システムを構成する自由独立の主体それ自体を消滅させるのですから、殺人は政治システムの根幹を破壊する行為です。したがってこれは犯罪です。
S3：さらに、政治システムの骨格が拡張子を得ると、政治システムを直接構成するのでない自由独立、つまり一個人の非政治的自由が政治システムの根幹に含まれていくから、この自由の基盤、つまり非政治的個人一人ひとりが自由を享受するその前提、その個人の存立そのもの、の破壊、も犯罪となる❷。

---

❷　本書第1章29頁以下。

T：完璧ですね。さて、いずれにせよ自由独立の主体を消滅させるわけですが、それはどうやってするのでしたか？
S6：必ず実力によるのでした。いくら呪っても、いくら宣伝しても、そのようなことに人々が惑わされることなどありえない、本人も強力に反撃する、システムとして総じて万全の批判的判断能力を備えている、という想定でした。それが政治システムであると。
S4：政治システムがテリトリーの実力と利益のロジックを克服してできあがるのだから、その根幹の破壊はその方面、つまりテリトリー上の集団の力によってしか論理的になされえない、ということもあります❸。
T：その帰結は？
S5：犯罪とは必ず物的な結果のことであり、物的な結果が伴わなければいかなるアイデアも、いかなる試みも、絵が描かれただけだから犯罪ではない、ということです。

故意なければ責任なし

T：そういうわけで、物的な結果が必要なのだけれど、他方、いくら物的な結果があっても、それだけでは決して犯罪は成立しないのでしたね？
S4：大事な責任要素を忘れてはいけませんね。故意がなければ、責任は生ぜず、犯罪にはなりません。
T：もう少し具体的にいうと？　鳥に目がけて矢を放ったところ、突風で矢が流されて人に命中してしまったという場合、どうしてこれは犯罪ではないのですか？
S4：主体 a の背後というか上というか、それを越えるところから力 M が加わっているからです。

❸ 本書予備的討論 12 頁。

T：力Mが自然力ではなく、誰か他人が押したという場合もそうですね。
S4：aがただ集団Aに属していただけである場合、この集団が殺人に関わったというだけではaによる犯罪というものは成立しません。
T：ということは？
S6：政治システムは完璧に自由独立の個人によって形成されているということです。そこから無分節の実力形成へと移行するには系統的な営為を要します。反射的に、一人ひとりのその営為を問うことになる。したがって、そのどれかの個人を一人ひとり切り出して、それがそれぞれ政治システムの根幹を破壊した、と考える以外にない。集団から個人を切り出すという作用を責任原理、つまり「故意なければ責任なし」が担っているということでした。
T：自然の、個人を越えるヨリ大きな力からも切り出されますね。民事の契約法であれば不可抗力、ウィース マーヨル vis maior❹ といいますが。しかし故意概念の働きはこの切り出しだけでしたか？
S2：もう一方の側面があるということだった。物的結果と1点たるその主体を一義的無媒介に結び付けるという作用でした。
T：二つの側面のあいだの関係はどういうものでしたか？
S1：コインの裏表と形容されました。一方が他方をほぼ同時に意味するが、しかし両側面として弁別できるということでしょうか？
T：論理的にも、1点で切る、ということは他の連続たるを措定することを意味します。ほかに折れ目はないということですね。

■ 傷害

T：以上が基本の確認ですが、さてところで、傷害はなぜ犯罪なのです

---

❹ IRL、105頁、146頁。

か？　政治システムの根幹を破壊したとはいえないように思えますが？
S全員：？？？
T：殺人まではわかる。しかし？
S1：殺人に至る危険があるからですか？
T：殺人に至る危険をいちいち犯罪としていたらきりがありませんね？
S5：自由は、いまや主体がなにかを把握している、占有している、と捉えられるはずでした。かくして自由の根幹が主体それ自体となる。政治システムをひとまず離れて、ね。

　もし傷害が罪となるとすれば、幹となる主体の概念が拡大したと考えるのが論理的です。主体は、点のような存立そのものと、延長をもつ従たる部分、というように拡大されるのでしょう。
T：そのとおり。主体のコアと主体の従たる部分が分節的❺に捉えられる、というふうにも言い換えることができます。殺人と傷害は分節的に捉えられる。反面、主体は外皮をまとって装甲化されたということができます。
S6：「それはなぜ起こったか」「それにどのような意味があるのか」がはっきりしなければ、説明にはなりませんが……。
T：占有概念獲得に続くこの第二の自由要塞化、主体自体の装甲化、は、じつは、ローマでは、紀元前 1 世紀という遅い段階に至って所有権概念が樹立される❻、それに対応して実現しました。ですから、所有権概念が機能する場面でなければそのような装甲化は前提を欠くということもできます。

---

❺　この「分節」は、普通の（英語として日常的に用いられる）articulation の意味で、segmentation ではないが、POL で定義された〈分節〉とは、遠くで関連しているものの、ひとまず異なる。本章では、事実の経過の節目のような意味（厳密にはパラデイクマの節目という意味）でこの「分節」という語が以下多用される。なお、危険や内部軍事化をいう場合に、「無分節」という語も用いられるが、これは POL で定義された系列の語用である。

❻　IRL、125 頁以下、木庭顕『[笑うケースメソッド] 現代日本民法の基礎を問う』[IC] 勁草書房、2015 年、117 頁以下。

しかし同時に、そこで得られた思考を抽象的に受け継ぐこともできます。所有権概念を機能させるかどうかは、社会にとって、プラスとマイナスのある、微妙な問題ですが、しかし主体の自由を保障する回路が一つ増えるという面、そのような精神構造や意識を培養するという面、は貴重であり、かつこれはテクニカルに所有権概念を機能させるか否かとは相対的に独立のことです。だから、所有権概念を有しない英米法においても、この、装甲化された主体という観念は意識に浸透しているといえます。

さて、そのような思考を全面展開した時代の一つが19世紀ドイツであることは疑いありません。ただしこのときには所有権概念自体も一世を風靡しました。そして、民事法および刑事法の両方で法学的営為を通じてローマが圧倒的なモデルになりました。この授業でいう第三層❼がどっと流れ込んだ格好です。

現在日本で基軸を成している犯罪論の基本的な理論構成は、この時代のドイツに淵源をもちます。その評価は難しいのですが、時代的制約を離れて、主体の装甲化という点を抜き出して発展させることは間違ったことではないと私は考えています。いずれにせよ、この授業の以下の刑法の部分は、そういう立場を前提に進められていきます。

■ 未遂

T：では、いよいよ未遂を論じましょう。未遂という以上はまだ物的な結果が出ていませんよね。それでもう犯罪になる場合がある。これはどうしてですか？

S3：保護法益が危殆に瀕したからでしょう。結局は社会にとって非常に危険だということだ。

---

❼ 本書予備的討論26頁。

T：しかし危険というのは想像の帰結ですね。その先になにか致命的な結果を見ている。しかしその致命的な結果はまだ頭の中だけにある。そのようなことを罰していいわけがありません。

　いわゆる危険犯が規定され、罰せられることがありますが、意味がちがいます❽。社会にとって、この授業においては政治システムにとって、危険な具体的な物的な結果が発生したということを意味します。要するに、未遂と聴いていきなり危険に走るのは短絡です。この点は現在の日本の学説においてもしっかり認識されています。

S2：なるほど。未遂犯の場合も具体的な着手が必要であるとされます。

T：ははん、で、その着手とはなんですか？

S2：学説が対立するようです❾。

S1：ピストルで殺人をする、その発射が着手ではないでしょうか？

S5：しかしまだ結果は出ていない。

S3：しかし結果が出る具体的な危険性が非常に高い。ほら、ここでやっぱり危険が出ました。

S6：いや、それでもまだ早い。一歩一歩いきましょう。まず、なんらかの侵害、物的な結果が必要ですね。つまり、自分の側での発進ははっきり存在する。しかしそれだけではだめで、相手側にたしかにダメージが発生し

---

❽　山口厚『危険犯の研究』東京大学出版会、1982 年（とくに 56 頁以下）は、法益侵害に固執するあまりかえって法益侵害の可能性というように行為を捉える皮肉なこととなった。危険は法学的に（後述のように「内部軍事化」として）十分厳密に概念規定しうるものであり、たしかに、なにか第二次的な法益侵害結果が密かに想定されてはいても、それではなく、危険自体一個の独立の物的な結果である。したがって依然行為を罰するのではない。

❾　前掲山口『問題探究総論』205 頁以下の優れた整理によれば、実行行為の一部がおこなわれたことを要件とする「形式的客観説」と、既遂結果発生の危険性を要件とする「実質的客観説」が対立するという。後者が主流をなすとする。つまり未遂犯の骨子を危険と捉える学説が多いということである。ただし、危険の捉え方に 2 通りあり、「行為の危険性」か「結果の危険性」かで分かれるともいわれる。後者のなかでもとくに厳重に限定を加える立場は「形式的客観説」と接近するとされる。

ているのでなきゃ❿。

S4：ダメージが発生したならば既遂ではないですか？

S6：いや、物的結果は求める、にもかかわらず既遂ではない、しかも危険ではない、というパズルを正面から解かなければならない。

T：なるほど。なんらか具体的なダメージが加わった、さあ、ここでよく四方を見渡して、勝負ですね。

S6：そうです。見渡すと、いまや、軸になる主体の概念が二層化されたのだった。その場合、コアの侵害は、必ず二段になる。なぜならば、まず外皮にダメージを与える。次いでコアを破壊する。すると、開始があり、物的な結果がある、という二段ではなく、開始があり、第一の物的な結果があり、第二の、中心の結果がある、という三段になる。未遂罪成立の要件たるいわゆる「着手」は第一段と第二段をあわせていう、ということになるかもしれません。

S4：すると、未遂罪が罰せられるようになるのは犯罪論における主体の形而上学的概念構成が変化するからであると、こういうことですか？

S1：いや、それだとおかしいなあ。弾丸を発射した、しかし弾丸が命中しなかった、それでも殺人未遂罪は成立しますよ。射撃が下手で見当はずれのほうに弾丸が飛んでいっても、です。まだ外皮も破っていない。第二段

---

❿　前掲山口『問題探究総論』4頁は、「旧通説」が「既遂結果の発生に向けられた行為」をメルクマールとしたのに対して、「既遂結果発生に現実的な危険が生じた段階」をメルクマールとする。なんらかの物的結果の発生を未遂の場合に求める。先述の「実質的客観説」の危険概念のうち結果志向の類型である。これは、「形式的客観説」が構成要件に固執したとしても行為にとどまる曖昧さを払拭しえない点を考慮すると優れるが、しかし犯罪結果それ自体から独立の次元を設定し、そこから危険概念で本体につなぐ、そのような理論構成はやはり問題を含む。現に、たとえば佐藤拓磨『未遂犯と実行の着手』慶應義塾大学出版会、2016年は、「形式的客観説」をほとんど採る者がないと切り捨て（129頁以下）、「実質的客観説」の（ドイツの学説の影響を受けた）メルクマール（時間的近接性と行為経過自然性と被害者領域介入、132頁）をもかなぐり捨て、構成要件との関連性を否定して独自の「直前行為」があればよいとする（230頁）。これが一個の趨勢をなしている。

は存在しないじゃないですか？

T：だからこそ思考法、形而上学の変化こそが重要であるということになります。いわゆる懸隔犯が盛んに論じられることに見られるように、三段階がはっきりしている場合もある。毒物郵送などです。発送が未遂時期ではなく、到着がそれです。占有線を突破して中に入らなければならない❶。外皮ですね。次いでＶがその毒物を摂取して死に至る。これが既遂時期です。射撃のような場合、この外皮は相当に抽象的にしか概念しえない。

　罰するかどうかは政治的決定によりますが、傷害罪にも未遂は概念しうる。じつは占有自体が外皮です。コアは身体になる。あわせて二重構造をもった主体を成している。なにが主体のコアで、なにが外皮か、これは難しい問題で、政治的決定つまり罪刑法定主義に服します。

　基幹のモデルは、じつは所有権概念成立に付随する占有の二重構造ですが、強盗がよい例を与えてくれます。外側の占有線の突破が要件となります❷。次いで占有の中枢ないしセンターないし幹を破壊する。最初の突破が未遂線です。だから射撃の場合にも、まずは相当に抽象的な占有線の突破があったとみなします。次に主体のコアが深くダメージを受けたと捉えます。逆にいえば、そう捉えうるかどうかの事実認定が決定的に重要になります。

　ただし、重要なのは、主体の内部において、コアと外皮のあいだの二重構造を捉えることです。そうでないと、結果の一部発生を要求するのに、その一部がじつは占有線の外である、という、かえって広い犯罪成立を容認する皮肉な結果になります❸。一部結果発生説の弱点は、結果発生を未

---

❶　「実質的客観説」の「被害者領域への介入」はこれをいうかもしれない。
❷　（前掲東條論文によって触発されたにとどまり議論を展開する準備がないが）不能犯を罰しえないのは、被告人がいくら濃厚な故意をもっていてもその手段では占有線を突破しえず第一段の侵害を惹起しえないことが明白で、笑うしかないからである。
❸　必ずしも「形式的客観説」を支持しうるのでない理由のもう一つは、一段目と二

遂にも要求する形式性ではなく、その一部と既遂結果のあいだの関係を捉えていない、あるいは危険でしかつなぎえない、ということに尽きることになります。

■なぜ危険に着目されるか？

T：それでもなお、未遂理論がどうしても危険に傾くことには理由があります。わかりますか？
S4：結果の本体が発生していないのだから、これをヴァーチャルな空間に見るしかありません。
T：それもあるけれど、そのことはもう論じました。そのほかに重要な理由があります。見落としているサイドがあるでしょう。
S2：行為の側、犯罪主体の側でしょう。
T：そのとおり。そこではなにが起こっていますか？
S3：実力の形成ですね。内部軍事化です。それで占有線を突破して突っ込んで行く。どうしても実力形成時点で危険をいいたくなりますし、未遂成立を認定したくなります。
T：実際、その傾向は根強い❹。しかしこれは明らかな飛躍です。危険犯として別途罰するのは別ですが、これは未遂とは関係ない。軍事化それ自

段目のあいだのロジックをこちらも説明できないということであるが、このことと結果よりも行為を捉える（前掲団藤『綱要総論』初版、264頁がリーディングとされる）ことは密接に関連する。毒物郵送パラデイクマにおいて、驚くことには、発送自体が実行行為（着手）である、とされる。一目はどうしても犯罪を構成する物的結果でなければならず、したがってVのなんらかの占有線を突破していなければならない。それでなおその結果が最終ダメージに届かなかった場合である。行為を捉えると、行為が二段を踏むわけではないから、ちぐはぐになり、構成要件に沿ったつもりでもはぐれる。

❹ 未遂罪を結果で捉えるか危険で捉えるかは伝統的な対立図式である。それはローマ法学内部に及び、lex Cornelia 解釈にあたってイタリアとドイツの学説が鋭く対立する。

体の違法性を厳密に考えて刑事法的に違法とする選択肢は、厳然たる別ジャンルとして存在します。

未遂罪が陥る第一の罠

T：そのようなわけで、未遂罪の処罰は決して危険を罰するのではない[15]という点を強調しておかなければなりませんが、それでも、未遂を処罰するようになると二つの点で混乱が生じます。未遂罪を判定する場合に最も難しいのはどういう点でしょうか？

S2：それはもう、故意の認定でしょうね。人を傷つけた、しかし果たしてその人を殺すつもりだったかどうか。

T：この故意は、「故意なければ責任なし」の「故意」と同じですか？

S4：同じです。

S5：同じでなければならない。だけど同じように見えない。この故意は物的な結果と対応していないから、なんだか故意そのものを罰しているようになってしまうなあ。結果は実現していないのに、その「故意」、危ないなあ、とかね。危険を通じて、「故意」そのものの悪性を罰するようになる。

T：そのとおり。ここに大きな混乱の芽がある。でもどうしてこういう混乱が生ずるのでしょうねえ？

S1：さっき確認した「故意」と、この「故意」は、やはりだいぶちがうよ

[15] 前掲東條論文「実行の着手（1）」にじつに鋭い問題提起が見られる。学説の主要な対立点も鳥瞰できる。なお、「不能犯論も実行の着手論も同じ「危険性」という概念の下で議論がなされているにもかかわらず、そこで実際に問題とされていることは異なっている可能性がある」（212頁）といわれる場合、同一の語で異なる概念が指示されているのか、同じ概念が使われながら語用が異なるというのか、やや曖昧で、「危険」だけでは未遂を論じえないとする論旨からすると前者のようにも思えるが、少なくともどちらかはっきりさせる必要がある〔ただし、今後の刊行部分で明確化されると期待できる〕。

うな気がします。

T：どこがちがいますか？

S1：さきほどの「故意」は、主体を明確に切り出すというところに一つのポイントがありました。いま出てきた「故意」は、趣がちがいます。強いていえば、切り出しの裏側の側面、主体と物的結果の無媒介的な関係というあたりに関連しそうです。こちらと関係がありそうです。でも、無媒介ではない。いや、反対に四苦八苦してつながなければならない。

T：つながなければならない、ということは？

S1：途中で切れているということですか？

T：切れていれば、犯罪は成立しないじゃないですか？

S3：切れているのをつなげるというより、連続的な延長を先へ進めている、ということではないかな？　傷害から殺人へと。先へ進める原理として、意図という精神的作用がいわれている。目的と言い換えてもいい。行為の意味と言い換えることもできる。意図も目的も意味も観念的だから、全然物的でない。だから微妙になる。

S2：というより、傷害のところは問題なくつながる場合、その先の殺人という可能性まで、因果連鎖を発進させた主体にもう一段さかのぼらせていいかどうか、が問われている。

二つの「故意」

T：そうですね。責任という概念は、意外にも、政治や法が警戒する概念です。少なくとも政治や法は責任を一つひとつ明確にしようとする。だからむしろ一つひとつ明確にすることを責任と呼ぶ。しかし放っておくと責任という思考は事柄をさかのぼらせる。子供の非行も結局親の責任ではないか、などと。この思考は複雑に絡まりあった関係、そして集団を呼び出してしまう。だからこれを法は嫌います。

　しかし、いまの場合、どうしてまた、そういう危ない橋を渡らなければ

ならなくなったのですか?
S6:主体を装甲化したからでしょう。装甲化したばかりに、多少複雑な関係を相手にせざるをえなくなりました。被害者の側に入ったイムパクトは屈折する。すると、故意の認定の生命である無媒介とはいかなくなる。一段二段とさかのぼる。
T:加害者側の主体もまた装甲化されて捉えられていることにも注意してください。反射的に鏡のこちら側も屈折します。
S6:なるほど、まさにこちら側で、危険という最初の落とし穴を避けることができたとしても、意図や目的という概念を使わざるをえない羽目に陥ります❶。圧力をかけておかないと鏡の向こう側にわたって屈折を超えて延びる力が出ない。
S5:しかも、遡及点を求める方向と、故意のもう一つの作用である主体切り出しがダブる。
T:矢が風に流されたために起こったのだから故意がない、というときの「故意」Ⅰと、殺人の「故意」をもって傷つけたのだから傷害ではあっても殺人未遂だ、という場合の「故意」Ⅱ、この二つがいったいどのような関係に立つか、これが基本でしたね。この二つの側面は表裏一体だった。

　ところがいままったく別物になって現れた。「故意」Ⅱは、切れたものをつなげる話に変質した。明らかに、主体の装甲化がこの変質に関係している❶。ここに光の屈折が基因している。しかるに、犯罪が成立するかど

---

❶ 前掲佐藤『未遂犯』101頁以下は、着手に故意は必要かという問題に関し、故意が危険に影響するという説を的確にも斥ける。故意は独自の要件である。そのうえで、なぜ故意と危険が接近するかと問わなければならない。主体装甲化に伴って内部軍事化が問題となる。これが危険の概念であるが、故意責任の或るヴァージョンをも基礎づけるのである。

❶ かつてドイツから受け継ぎ通説化(前掲団藤『綱要総論』初版、215頁などを参照)したといわれる「意味の認識」を故意成立に要求する考えも主体装甲化に基因すると思われる。19世紀の実証主義とカント的ないし新カント的な形而上学が結び付いたのであろう。本来はこのような道具立ては必要ない。政治システムが定着

うかは、なんといっても、無媒介性を回復しうるかどうかにかかっています。すると、物的結果 F1 と未完の物的結果 F2 のあいだの関係が問題となる。F1 までは無媒介にくるのですよね。残りは、パラデイクマとしてそれが直線的に F2 に達しているかどうかです。

裏からいえば、F2 という結果は実現しなかったけれどもパラデイクマとして F1-F2 間に切れ目がないのでなければ未遂罪は成立しない。まさにそこで振り返ると、故意のもう一方、主体の切り出しに関わる「故意」Ⅰは随分遠くに見えるようになってしまっており、ⅠとⅡは生き別れ寸前である。両者の関係をよほど精密に追跡しないと混乱します[18]。

> し堅固な基盤を獲得していることが刑事司法の前提であるから、実力を形成しただけで政治システムの根幹を傷つけることは自明であり、実力を形成しておきながら政治システムの根幹を傷つけていることに気づかない、ということはありえない。その意味を理解していなければ、もっと罪は深い。しかし主体が装甲化されるとき、実力形成のプロセスは区々になり、Ａ区間までは認識していたがＢ区間は認識できなかった、いや、認識すべきだったではないか、という議論になる。ここで過失と並行して「故意」が論じられるという事態が現れる。しかし、未遂を罰しうるようになったからといって、過失を罰するのは誤りである。Ａ区間自体が物的結果を伴っている場合と、伴っていない場合では、ともにＢ区間につながったとしても全然異なる。同様に、覚醒剤とは知らずに頼まれて運んでしまったとしても、他人の物を確かめもせずに運んでしまった落ち度を出入国行政上咎められることはあっても、「覚醒剤輸入罪」には該当しない。覚醒剤を覚醒剤として（ひょっとすると自分自身に）引渡すというＢ区間につながっていないからである。ＡＢを無媒介に貫く行為に還元できないからである。計画のミスでＡ区間で挫折したのと同列には扱えない。意味の認識を欠く、あるいは対象物の性質の認識を欠く、ということは、このように、区間問題に置き換えることができる。主体装甲化のコロラリーたる所以である。
>
> [18] 玄守道「覚せい剤の故意の認定について」刑事法ジャーナル53、2017年、13頁以下は、運び屋として利用された事案について、構成要件との関係で故意を認定する伝統説＝高山説を支持し、「何か違法な薬物かもしれない」という意識だけでは故意に足りないとする。もちろん、玄が認めるように、「無関心」で運び屋として利用された点はそれ自身悪質である。主体として成り立っていない。しかしこれは政治システムの骨格の破壊行為そのものではない。政治システム自体の政治的責任である。集団を組織した側の処罰がポイントとなる。この事案は未遂の事案ではないが、「受け子」の事案（平成30年判決（最判平成30年3月22日刑集72-1-82））に対して示唆を与える。伏線のコミュニケーションがあり、つなぎのコミュニケー

未遂罪が陥る第二の罠

T：以上と密接に関わりますが、区別しなければならないもう一つの罠がありますが、誰かわかりますか？　またしても「故意」に関係します。

S5：本件の下級審の判断を読んでいて思ったのですが、「過失」というロジックで責任が拡大することではないですか？　「傷害の故意で傷害の結果が発生した。だから傷害罪だ」とはならずに、そのような結果をまったく意識していなかったかもしれないが、「本来十分に予見できたはずだ、たまたまそうならなかっただけだ、だから殺人未遂だ」ということになる。

S1：どんな犯罪を犯す場合にも、注意深くなければならないんですね。

S2：それは少し不正確ですね。未遂の判断ではなく、錯誤の判断に過失責任の判断パターンを下級審が使ってしまい、これを最高裁がたしなめたのでした。それに結果的加重犯の問題が絡んでいる。

T：しかし、V1 についての殺人未遂認定に、V2 についての過失判断が効

> ションがあり、最後の欺罔行為自体はなかったのであるが、中間部をさせられた「受け子」が詐欺未遂で有罪となった。着手すなわち占有線侵犯がないにもかかわらず未遂が認定された大きな理由は、運び屋と同様このエイジェントが組織から個人として切り出されていない事案だったからであり、このため背後の故意が足りない部分を補ってしまったのである。もちろん、「切り出し故意」の弱さは、未遂罪の故意を希釈しないが、だからといって着手時点をさかのぼらせることにはならない。着手認定を強める方向にも使えないはずである。この点、佐藤拓磨「詐欺罪における実行の着手──最高裁平成 30 年 3 月 22 日第一小法廷判決を契機として」刑事法ジャーナル 57、2018 年、21 頁以下のアプローチには危惧を覚える。具体的危険を要件とする多数説（山口、橋爪）に対し、「進行度合いにおける未遂処罰に値する段階」を主張する。多数説であると（詐欺のような場合）「着手時期が遅くなりすぎる」というのである（「形式的客観説」についても「未遂の成立範囲が狭くなりすぎて不当」とする）。処罰すべき段階で処罰するというトートロジーであり非論理の極みである。危険概念、そして故意についての混乱した理解、がひたすらのっぺら棒を生みつつあるように思われる。なお、この平成 30 年判決山口補足意見については東條前掲 207 頁以下に F1-F2 論からの示唆的な批評がある。

いている、このことも確かですね。つまり V2 については、過失判断のフォーミュラを用いて殺人未遂つまり殺人の故意を認定している。いいですか、注目してください、おもしろいことに「過失」判断のフォーミュラを使って「故意」を認定しているんですよ！　最高裁は、これはまずいと思って、「出口が一致していればそれだけでいいんだ、余計なことをいうと挙げ足を取られるじゃないか」とばかりに、ヤバいことには蓋をしてスタコラ逃げるかまえです。

　そして、V1 について強盗致傷、つまり結果的加重犯ではなく、殺人未遂、つまり未遂犯に置き換わった点も重要です。控訴審で起こったことですけれども。もともと F1 は強盗で、F2 が傷害だった。ただ F2 は現実の結果になった。しかるにこの F2 を跳躍台として F3 たる殺人が俎上にのぼる。強盗という基本線を据える判断様式がいきなり、傷害をステップとして殺人に飛躍する。これと、V1 の案件から V2 へと飛躍すること、この両者が共振現象を起こしています。そのうえで、前者が後者に伝染し、殺人未遂が V2 についていわれるという極端な結論に至りました。そのなかは論理がグズグズに崩れている。

「故意・過失」の「故意」との混同

S4：「故意・過失」という場合の「故意」が作動している[19]ということは

---

[19]　すでに述べたとおり、前掲高山『故意と違法性の意識』は、故意の二つの側面を弁別した、近年最も鮮やかなモノグラフではあるけれども、その一つの側面、本書にいう（「切り出し故意」と対比される）「無媒介故意」、高山論文においては（「違法性の意識」と厳密に区別される）「故意」、の側の把握において的を外している。規範的責任論を避けてあえて心理的故意概念に帰るのであるが、この軸を行ったり来たりしているあいだは、結局犯罪の故意を「故意過失論」の「故意」によって理解したことになる。事実、高山は過失犯の理論構成を決定的な論拠として採用する（同 134 頁以下）。過失犯自体 monstrum であるのに、あまつさえそれで故意を理解しようとする。せっかく「非難可能性」というおぞましい概念を追い出したのに、

ないでしょうか？
T：そうだと思います。しかも故意を補うための過失ですね。その故意は、物事を十分注意して統御しながら結果を出すという精神の働きです。そこに落ち度があってずれてしまい思わぬ結果を招いたが、それもおまえの不注意のせいだ、過失がある、故意があったも同然だ、という場合の故意ですね。この故意が本来の故意と混同されます。
S1：「故意・過失」の「故意」と、「故意なくして責任なし」の「故意」はちがうのですか？
S6：そもそも「過失犯」などというものはそれ自身ありえないんですよ。故意もなしにどうしてそれが犯罪だといえるんですか？　この1点を取っても、「故意・過失」の「故意」は刑事法のそれとは全然異なって、民事法の観念が誤って侵入しているのだと判断がつくじゃないですか？
T：もちろん、その言い方は不正確で、過失犯の「過失」は「故意・過失」の「過失」ではなく、したがって「故意なくして責任なし」の故意を排除せず、「過失」といってもその意味の「故意」に含まれる、というのが正確ですが、この点は後の回で触れます。

　ややこしくてすみませんね。しかし私のせいではない。いずれにせよ、犯罪の「故意」と故意過失論の「故意」がしばしば混同されるということについては疑いありませんね。そして混同にも理由があります。どうして混同されるんでしょうか？
S1：ともに主観的要素だからですか？
S4：それをいうなら、ともに責任要素だから、ということになるんじゃないかな？
S2：第一の罠と関係しているんだろうねえ。

> かわりに導き入れるのは「故意過失のような心理的責任要素によって自らの社会侵害性（!）を示した者に対しては、その犯罪性について刑罰による再社会化が目指される」（同386頁）という恐ろしいものである。

S6：なるほど。すると民事責任との混同も少し説明できるね。例の「主体の装甲化」が原因だ。民事においては、占有主体の占有、市民的占有で二重構造をもたなければならないその占有、その内部を軍事化させて侵害し損害を発生させることが故意だ。この場合「過失なし」の抗弁はその余地を失う。この抗弁の余地がある類型は、内部をよく分節させている場合に現れる。そして、分節はしているが、じつはつなぐことができる、という場合に「過失あり」の判定がなされる。

　しかし、この過失概念はどうしても占有内部に対する占有主体の統制を問うものになる。きちんと内部分節を管理していたかどうか。その心懸けから注意義務規範遵守に力点が移ったのは一つの進歩だけれど。そして故意までこの内部統制のロジックに感染する[20]。

S3：え？　内部軍事化の統御は、「無媒介故意」と密接に関係するじゃないですか？　統御できないということは別の因果連鎖の介入を許すということを意味する。

S5：なるほど。でも、無媒介かどうかは全体判断なのに統御の点に判断を絞らせる点が混乱のもとなのではないですか？　とくに、結果が発生していない場合にまで、うまくやれば結果が発生していたはずじゃないか、統御不十分だ、というので、発生していたはずの結果について罰する。まるで、殺すならしっかり殺せといっているようにさえ聞こえる。

---

[20] 故意に関する「意思説」の批判と「表象説」の論拠づけに関しては前掲高山『故意と違法性の意識』143頁以下がきわめて明快である。故意を違法要素とする混乱と意思説が連帯の関係にあるという。本書が予備的討論で説明した故意はいうまでもなく責任を基礎づけるのであり、結果が違法を基礎づける。責任のためには、個人のその行為の始点がその結果を招くことを認識していただけで十分である。その後のチェックは結果のところでなされる。意欲を要求すると、統御について責任を問うこととなり、行為そのものを、さらには意識そのものを罰しかねないこととなる。つまり、高山の意思説批判は、故意・過失モデル浸透批判でもある。これは彼女の一貫した理論的立場に沿うものであり、見事であるが、それだけに、他面で故意・過失モデルに依拠する部分のあることが惜しまれる。

S6：たしかに、未遂罪における故意拡張、さっきのF1からF2へと架かる橋のことだけれど、錯誤の場合にあれを過失モデルの闇使用によって達成するというのは、そういう混同なしには考えられないね。

■ 事案に戻って

T：では事案の分析に移りましょうか。
S2：少し待ってください。この事案のポイントは、いわゆる「錯誤」のはずです。Aを殺そうとして発射した弾丸が間違ってBに命中してしまいBが死んだという、教科書設例そのものではないですか？ なのに、まだこの問題をわれわれは扱っていません。
T：まあ、そう言わずに、事案を虚心坦懐に分析しましょう。
S全員：（笑）
T：まずV1について見ましょう。本件は非常に大きな特徴をもっていますね？
S全員：？？？
T：V1攻撃におけるRの動機ですが、これはどういうものですか？
S1：だいぶ政治的な動機であるようですね。テロリストに近いというか……。
T：そうですね。警察官をねらった犯行ですね。
S4：でも警察官を殺そうとしたのではありません。拳銃を奪おうとした。
S3：それでも物取りとはわけがちがう。少し混乱しているけれど、警察官を襲うということと別のテロ行為のために拳銃を手に入れるということが混ざっている。
T：いずれにせよ、政治的な動機が優っているとすれば、われわれの枠組はどうなりますか？
S6：なるほど、装甲化された個人とかの問題ではない。否、政治システムを離れた自由の帰属点としての個人の問題でさえない。

T:すると……。

S5:あっ、そうか、故意の正しい概念を使うケースだ。そして未遂という枝分かれがアジェンダには上がらないケースだ。だから、V1については強盗傷害一本だ。

T:逆にいえば政治的なニュアンスの分、責任は重大です。ただし、罪刑法定主義の問題があり、見合った構成要件は存在しないと思います。さて、それでV2に対するほうはどうでしょう？

S2:自動的にこちらも強盗傷害になるのでしょうか。それはものすごく違和感があるなあ。もう少しで殺すところだったから殺人未遂というのは素人にも受け入れられやすいと思いますが、強盗傷害がいったいV2とどう関係するのかがわからない。

S5:こちらも自動的に、故意の概念を厳格に適用しなければいけませんね。予見可能性で責任拡大だなんてやってはいけません。厳密な意味の故意はV2に関しては？

S3:間違ってV2に当たってしまったんだから過失だなんておかしなロジックは排除するというんですね？

S4:V2を傷つけた行為の故意ねえ？ なぜV2が傷ついたか、ですね。それはやはりV1を傷つけようとしたからじゃないですか？ するとやはりV1についての責任と被る。

■ 違法性の実質と故意

T:しかしその思考には致命的な弱点がありますね。警察官を襲って拳銃を奪うということには特有の政治的意味がありますね。他方、V2はたまたま通りかかった一私人にすぎない。これが殺人であったとしても全然違法性の性質がちがう。本来は条文が異ならなければならない。日本のように一個の条文で殺人を処理している国はありません。錯誤の問題の少なくとも一部分は、構成要件の曖昧さに帰する。それ自身ばかばかしい問題で

す。つまり空論です。

S3：その考えに同意するかどうかは別として、V2を傷つけたことの実質的な違法性、つまり故意の実質は、不特定多数が行き来する空間で改造びょう撃ち機なんてものを発射したことにあるな。それ自体公共空間を脅かした罪でしょうねえ。それで人を殺傷した。

S1：それもけっこう重いですね。けど、適当な法令があるんですか？

S5：裏から考えれば、V1について適当な構成要件があれば当然にそこに含まれてきそうですね。公共空間で暴力を振るい、公共空間を規律する警察官を傷つけ、公共空間を行き来する人を傷つけた、となるとこれは一個の故意であるともいえます。

T：いずれにせよ、V1とV2、それぞれにつき違法性を実質的に見る、故意を実質的に見る、なにか流用のようなことをしない、ということが重要です❷。そのためには犯罪の事案をしっかり広い視野で位置づけるということが不可欠です。その視野のためには、19世紀ドイツで成立した理論的枠組の射程を正確に知っていることが必要です。さらにそのためには、ギリシャ・ローマ以来の脈絡を把握しておくことが大事です。

　教科書設例は無駄ではなく、刑事法の基礎にどのような自由をおくかという問題を考えさせる役割を果たしているとは思いますが、同時に必要である適当な視野を与えなければ、ただのパズルになり、悪用に対して歯止めがかかりません。視野を限定する作用のみが独り歩きし、おかしな結論が丸暗記されていきます。

---

❷　現行法を前提とすれば、V1について強盗致傷、V2についても同様となる。AをねらったのにBを殺したという場合、事件ごとに見なければならないが、A殺害のための実力行使の当然の結果の一つがB殺害であるから、Bについて傷害致死罪を問うことが多くなるであろう。

8 正当防衛

最判平元-11-13 刑集43-10-823　包丁防御事件

事案の概要

T：今日も1件です。ではお願いします。
S3：被告人Rは、Aが殴る蹴るのポーズをとって迫ってきたのに対し、駐車していた自己のトラックから「菜っ切り包丁」を取り出して身構えました。これが、「暴力行為等処罰に関する法律」1条の「兇器を示し」て刑法222条1項の脅迫の罪を犯したことにあたるとして訴追されました。実際にはRの行為が正当防衛であったかどうかが争われました。
　一審は、これは先制攻撃だからそもそも正当防衛に当たらないと

暴力行為等処罰に関する法律1条
団体若は多衆の威力を示し、団体若は多衆を仮装して威力を示し又は兇器を示し若は数人共同して刑法第208条、第222条又は第261条の罪を犯したる者は3年以下の懲役又は30万円以下の罰金に処す

刑法222条（脅迫）　①　生命、身体、自由、名誉又は財産に対し害を加える旨を告知して人を脅迫した者は、2年以下の懲役又は30万円以下の罰金に処する。

しました。控訴審は、正当防衛には当たるものの、相当性を欠いて過剰防衛となるとしました。最高裁は、Rの行為はつねに防御的であったとして正当防衛を端的に認めました。

■ 基礎となるパラデイクマ

T：ではまず、なぜ正当防衛は違法性を阻却するのか、ここからいきましょう。
S2：やむをえないからではないですか？ それ以外のことを期待できない状況であったからかと……。
S4：先に侵害行為の違法ということがある。これを糺す限りにおいて、それ自身としては犯罪であるとしても相殺される。いわば正義の行為である部分があるということだと思います。
S3：緊急避難の場合と異なって補充性は要求されないのではなかったかな？ それに、私人が勝手に正義実現のエイジェントになってはいけない。
T：そうですね。刑事法の基本前提から積み上げていかなければおかしな議論になります。個人をめぐる実力の問題が絡まっているのですから、明らかに……？
S1：非政治的な文脈におかれた個人の自由がポイントで、その自由の幹となる部分の破壊が犯罪となるのでした。
T：その場合、幹が破壊される前になにかが侵害されますね？
S1：占有でしょうか？
S2：でも、占有は民事法の概念でしょう？
T：しかし他方非政治的な、つまり領域の、実力の規律を一手に担いますよね。占有する関係はじつ

> **刑法36条（正当防衛）** 急迫不正の侵害に対して、自己又は他人の権利を防衛するため、やむを得ずにした行為は、罰しない。
> ② 防衛の程度を超えた行為は、情状により、その刑を減軽し、又は免除することができる。

は実力の関係と同じである。しかしながら、十分に分節的であり、分節破壊的な形態の対極に位置する。後者が実力で前者が占有というように区別される。こうでしたね。ならば、分節破壊的な実力が占有線を突破しようとするとき、これを占有の内側からブロックする行為は？
S5：それはなにも違法ではない。占有の作用そのものでしょう❶。
T：ですから、攻撃に対して「できる限り逃げる」というような義務はありません。占有している限りはね。
S5：いずれにせよ、正義とは全然関係ない。占有は正義と全然関係ありませんから。むしろ正義思考を峻拒します。

正当防衛の隠れた要件

S2：だけど、それらはすべて民事の実力規制の話ですよね。「自己又は他人の権利を防衛するため」とあるから、たしかに占有のモデルが妥当するだろうけど。「権利」とは書いてあるけれども、権原を意味しないことは明らかだからね。とはいえ、占有モデルなら、違法性阻却という必要がない。そのままでも違法性なんかないからね。
T：そのとおり。そのことはどこに現れていますか？
S1：ただの占有線突破が「侵害」のことであるとすると、それだけでは足りずに「急迫不正の」と付け加えられています。
T：「急迫不正」の意味については、すぐ次に論じますが、いずれにせよプラス・アルファが求められていますよね。しかしこれはどうしてでしょうねえ？

---

❶ 橋爪隆『正当防衛論の基礎』有斐閣、2007 年、71 頁以下、118 頁以下参照。ドイツで有力な「法確証原理」を批判的に解体しつつ「利益優越原理」からその具体像として「現場に滞留する利益」を導く。これはもとより占有を言い当てたものである。

S4：攻撃が特別だということだ……。
T：特別だということの結果……？
S4：特別の侵害を与えた……？
T：特別の侵害というと……？
S5：あっ、そうか、占有侵害を越えて、犯罪に至ったということだ！
T：犯罪に至るということは？
S5：占有のみならず占有保持主体自体を破壊した、その結果に至った、ということです。
T：そうなったら反撃できないから、それに至ることが確実な状況が生まれたということでしょう。そういう状況であるならば当然になおさら……？
S6：発達した複雑モデルの装甲主体の外皮を傷つけたということです。外皮だけでコアは残っている。
T：そう、Aの行為にはそのような要件が隠れている。しかしそれだけでなく……？ それに対して……？ Rの行為に関してはなんと書いてありますか？
S1：「やむを得ずにした行為」とあります。
S2：それは通常、補充性のことではなく相当性のことだと解されてるよ。
T：ちがいます。「やむを得ずにした」のほうではなく……？ 「行為」というけれど、なんでも防御の行為という意味ですか？
S6：あっと、それはちがうな。なんらか犯罪となる行為だ。ということは、同じだ、Aの側がただの侵害でなく外皮を傷つけて幹を破壊しそうだというのに対応して、Rの側も、反撃したためにAの側の主体を傷つけ、これによって犯罪行為が既遂になったということだ。
T：この二つ、Aの側の行為とRの側の行為がもたなければならない構造が、まずは正当防衛の二つの隠れた要件ですね。

急迫不正

T:それでいよいよ「急迫不正」の部分の解明ですね。
S2:「急迫」と「不正」がどうも合わない。それに、「不正」と「侵害」はトートロジーのような気がします。
T:いい勘をしてますね❷。便宜「不正」のほうを落として考えましょう。「急迫」というのは?
S1:差し迫った脅威ということでしょうか?
T:そのとおりですね。脅威という語がつかわれました。これはラテン語では?
S6:もちろん、メトゥス"metus"ですね。強迫訴権のあのメトゥス、「明白にして現在の危険」のあのメトゥス、ホッブズのテクストの鍵を握るあのメトゥス、ホッブズがトゥーキュディデース読解のカギを握ると考えたあのメトゥス、です。
T:するとその内実は?
S6:占有線を突破しなくとも、その手前ですでに高度な内部軍事化を遂げて脅威を与えている状態です❸。
T:たしかにそれは怖いですね。そのことを違法とするにはどのような論

---

❷ かくして急迫性の基礎は客観的な事態であり、判定は形態に基づくべきであり、「積極的加害の意思」は要件とされない(佐伯仁志『刑法総論の考え方・楽しみ方』有斐閣、2013年、134頁以下)が、前掲橋爪『正当防衛論』238頁以下が説くように、攻撃側の主観的事情がいっさい考慮されないのではなく、内部軍事化(次註)と、アモルフな混乱状況を区別することは必要であり、内部軍事化の達成のためには継続的な営為が不可欠であり、それは強い意思の作用を前提とする。つまり内部軍事化判定の諸要因の一つとしての限りにおいて意思も考慮される。
❸ 内部軍事化ないし metus については、さしあたり IRL、133頁、さらには A9K、40頁。Hobbes や Thoukydides については同181頁、なかでも Cicero に関しては、POSS、970頁以下。

理的前提がありますか？

S6：内部軍事化自体が実力の形成、つまり占有線の突破に等しいという前提です。これはそのままでは背理ですが、内部を分節化していることが正しい状態であるという新たな要請が秘かに含意されています。

T：どうしてそのような要請が妥当するようになったのですか？

S6：それは主体概念の装甲化のコロラリーだったのではないですか？

T：すると、内部軍事化の違法化は単に主体の防御が強化されたことを意味するだけでなく、主体にヨリ高い資質を要求することにもなったということですね。もっとも、ローマ共和末にこの変化が起こったときには、所有権概念のヘゲモニーという、それ自身として見れば問題の多い歴史的事象のコロラリーでしたが。しかし、さきに申し上げたとおり、その歴史的事象とは一応切り離された遺産として継承することも可能でしょう。ホッブズがトゥーキュディデースを援用しえたように、また私などがエウリピデースを援用するように❹、ギリシャからの系譜をクローズアップしてローマ的な脈絡から解放されることも可能です。

■「不正」の意味

S2：「不正」のほうはどうなりますか？

T：占有線を突破しなくともそれ自身で違法だ、という思考は倫理を課す、つまり正義に近い思考をすることになる❺。

S4：それで故意が必要だということになるのですね。

---

❹ 木庭顕『誰のために法は生まれた』朝日出版社、2018年、298頁、Euripidesについて詳しくは、DEM、323頁以下。

❺ 高山佳奈子「正当防衛論（上）」法学教室267、2002年、82頁以下は「不正」を占有侵害と同義に解する。ある意味では、高山も占有パラデイクマに拠ったと見ることができるし、また、かえって「不正」という要件のredundancyを指摘した、とも見うる。

S2：いや、故意は必要ないと解されるのではなかった？
S6：内部軍事化のためには頂点からの指令と周到な準備・統御が不可欠です。
T：指令の結果、誤って内部軍事化が発生するということもある。通常「過失がある」といわれる。この言い方は不正確だけれど、これに対しては正当防衛が認められますね❻。しかしそうでない場合、アモルフな状況の混沌のなかで迷い込んだ者を撃ち殺しても正当防衛は成り立ちません。軍事化が明確な形態で発生していなければならない。対抗軍事化を安易に認めると、事態が悪化します。「故意なければ責任なし」の「故意」と「故意・過失」の「故意」の区別が意味をもつ場面です。前者の故意がない場合は正当防衛は認められません。
S1：「不正」ということの意味はこれですか？
T：ただし非難可能性のようなことにもっていってはいけません。対抗軍事化をヨリ怖れるという判断です。いずれにせよ、内部軍事化を達成し、なおかつ実際に占有線を突破してきて、なおかつ主体の破壊が目前のこととなったならば、ということです。「急迫不正の侵害」は、じつは"and"でつながっています。「侵害による犯罪が、なおかつ急迫不正であった場合は」と読まなければなりません。そうでないと、Ａが内部軍事化しただけでＲに正当防衛機会が生じたという誤解が生まれ、予防的先制的反撃を許すことになってしまいます。これは「不正を糺す」という思想とも密接に連動していく。

---

❻ 前掲高山「正当防衛論（上）」84頁がいっさいの責任要素を顧慮しないとするのは、占有侵害を唯一のメルクマールとする観点、とくに法確証説論駁の観点、からして正当であるが、急迫の問題との関係に気づかないため、過度に責任要素を排除したと思われる。また、正当防衛は、単なる阻止ではなく、もう一段深く加害者を傷つけるのであることにも留意する必要がある。きわめて限定的にのみ認められる。

■ 武器

S1：Aが武器を持つとどうなりますか？
S6：メトゥス metus は武装した実力、ウィース アルマータ vis armata、英語に直訳すれば armed force ですが、これに置き換えられますよね❼。
T：武装すると、主体はどのように変化しますか？
S5：武装すると、外皮のところ、ここがとても攻撃的になる。「主体とその武器」という分節を概念する場合ですが。
S1：ハリネズミのように防御を固めたということでしょうか？
T：しかしそれであれば他者に対してはあまり脅威にはなりませんね？
S5：結局のところ、主体が根幹と外皮によく分節されていることが安心感を与えるということでした。こちらに突っ込んでくるときには必ず一体化しなければなりませんから。
T：これに対して、通常武装というと？
S2：なにか攻撃的な手段を持つ……。
T：すると主体根幹とその手段のあいだは……？
S6：そこに強い目的手段関係が現れる。集団でいえば、みごとなほど盲目的狂信的に従う連中がいる。武器は口答えしません。いちいち説得しなければ動かないような連中を抱えていても脅威にはなりません。だから周りは安心です。そこで議論するようにでもなっていれば、合理的な判断というものも期待できる。無茶苦茶はしないだろうと、ね。
T：というわけで、武装は急迫性判断のための重要な要素です。ただ、いわゆる「武装」にもさまざまありますから、きわめて防御的な場合には必ずしも急迫性をもたらしません❽。

❼ IRL、133頁以下。A9K、33頁以下（註27参照箇所）。
❽ 以上、正当防衛論は伝統的に占有圏内のディスコースであると同時に、国際法に

相当性原則

S1：Rの側の武装の問題はどうなりますか？

S2：相当性の問題になると思うな❾。Aが武装したならば、その限りでのみ、Rの武装も許される。そうでなければ過剰防衛になる。「やむを得ずにした行為」というのは、そう解されていると思う。

S4：そんなに単純ではないと思います。「守るために必要な限度」という考え方も有力です。

T：順序立てて考えましょう。Aが内部軍事化をしただけではまだまったく正当防衛の余地はありません。いくら必要でも、です。占有線を越えてなおかつ侵害が始まろうとしたならば、というところは欠かせません。問題は、このときにRもまた内部軍事化をしてよいか❿です。とくに、そうしなければとうてい止められないと思った場合です。

S6：基本からすると、その場合には公権力の介入を求めるべきでしょう。なぜならば、内部軍事化は定義上攻撃的であり、予防的先制的でありうる。だから容易には認められない。そうでなく、ハリネズミなら、それは外皮のところだけを軍事化した状態で、主体根幹とそれとの分節はしっかり保たれている。

S5：だと、相当性原則はもっぱら、「いかなる場合にも外皮の部分の軍事

おける議論とパラレルであるが、A9K全体の論証命題、つまり国際法における概念構成がGrotius以来ボタンをかけちがっているということ、が正当防衛論においても妥当する。

❾ 高山佳奈子「正当防衛論（下）」法学教室268、2003年、67頁以下が「相当性」を「最低限度性」と理解するのに留保なしに同意する。

❿ 前掲橋爪『正当防衛論』242頁以下が「防衛意思」を不要とするのは、意思の問題ではなく実力の形態の問題だということを指摘する限りで妥当と思われる。橋爪の論旨はそのとおりである。しかし逆に言えば、相手のエスカレーションに対してもこれに乗らずに通常の防御の限度で対処するという姿勢は強く要請される。

化にとどまるべし」という原則となりますか？
S1：「外皮の部分の軍事化」というのはどういうことですか？
T：通常の言葉だと「限定的な実力行使＝武力行使」という以上に特定できません。占有に二重構造を概念し、下位の占有部分につき、侵入をブロックするための実力形成を認めるということです。

　Ａの側と同じ全面的な軍事化をＲに認めれば、武力衝突は限りなくエスカレートしていきます。どうしても報復を正当化しかねない。正当防衛を認める際の最も重要な判断は、報復という要素がないということを確認することです。やった、やりかえした、ですね。相当性原則は報復否定と関わる。

　それでも、Ａが侵入してきているので、限定的実力行使をしただけでＡの基軸を傷つけてしまう。その違法性が阻却されるということです。

本件事案

T：これでなんとか本件事案を論じうると思います。
S3：たしかに、いままでの議論はよく当てはまると思う。そもそも駐車場の場所取りに端を発している。占有概念が働きそうな予感をさせる。
S1：Ａの側の内部軍事化が急迫であるというのも、絵のようにイメージできます。Ａはボクシングのようなポーズをしてかまえて脅威を与える。主体がすごく軍事化している感じがします。
S5：でも侵害がないですよ。Ａはまだなにもしていないじゃないか。正当防衛の余地がまったくない。それなのにＲは武器を取った。
T：いえ、今日のテーマではありませんが、ここは脅迫罪について少し見ておかなければならない場面です。「暴力行為等処罰に関する法律」１条はこの場合脅迫罪の加重規定として用いられています。そして、脅迫罪は、心理的メカニズムを通じての侵害を問うものです。だから、空間的な侵害が一見なくとも占有線突破と主体重要部分破壊がありうるのです。

S4：とはいえ、AがRを心理的にほんとうに追い込んだといえるかどうかはやっぱり疑問ですね。それなのにRが武器を取った点に不適当なものを、私も感じます。

S3：しかしRのほうだって武器を取ったとしてもまだなにもしていない。包丁だってかなり防御的なタイプだし、最高裁は終始Rが守勢だったといっている❶。RがAを強迫したとはいえないんじゃないかな？「暴力行為等処罰に関する法律」の要件部分をやや一人歩きさせた訴追だったと思う。つまり「兇器を示し」の部分だね。

　もともとは「団体もしくは多衆の威力」と並列で、これに相当する「兇器を示し」でなければならないはずです。つまりこの場合軍事化はかなり特定されている。いや、まさに典型的な軍事化がイメージされている。Rはそもそも強迫していないし、まして加重要件の軍事化にはほど遠いと私は考えます。

T：これはAにもいえるのですが、強迫の真髄は見えないことです。匿名の電話などがいちばん恐ろしい。見えていればたかが知れている。Aのポーズなど丸見えで、お笑いぐさです。「団体もしくは多衆の威力」はそこへいくと奥深く、どこまで深いのか見えませんから、恐ろしい。「兇器を示し」は、これに相当するくらいの得体の知れない恐ろしい武器、せめてなにが飛び出してくるかわからない銃が不可欠だと思います。

　つまり、ひとまずRの対応は、Aの軍事化の態様を考えれば笑止千万で過剰です。しかし自身の行為はそもそも構成要件に該当しない。だから違

❶　前掲橋爪『正当防衛論』355頁は、本件判決について、「防衛手段として相当性を有する」ものであることを要請するところにポイントを見る。「相当性」を要求すると、弱者がとっさに採った強い行動が免責されなくなるという懸念（前掲山口『問題探究総論』65頁以下）があるが、正当防衛が成り立つほどの状況自体のうちにすでに、防御側が追い詰められて大きなレヴェルの軍事化をしえないという要件が籠められているのであり、そのなかでたまたま採った武器が強いものであったとしても、相当性に影響はない。

法性を阻却される必要さえない。正当防衛を論ずることなく無罪ではないかと思います。

⑨ 過失犯

```
第1事件  最決平 12-12-20 刑集 54-9-1095   近鉄生駒トンネル火災事件
第2事件  最決平 20-3-3  刑集 62-4-567    薬害エイズ厚生省事件
第3事件  最決平 17-11-15 刑集 59-9-1558   抗がん剤過剰投与事件
第4事件  最決平元 -3-14 刑集 43-3-262    軽トラ荷台事件
```

■ 事案の概要

T：今日は少し乱暴ですが、都合により4件まとめていきます。ではどうぞ。

S4：1件目は、近鉄生駒トンネル事件です。電気工事のミスで火災が発生し電車の乗客1名が死亡する事故となりました。誘地電流をアースするための銅板の1種類をつけなかったために火災が発生したとして施工業者が起訴されました。

　一審は、本件火災につながった電路形成につき予見可能性がなかったとして過失を否定し、無罪としました。銅板は発熱経由の火災に対するもので、実際にはこれが原因で火災が生じたわけではなかった、というのです。

　控訴審は、火災発生の細かいメカニズムまでは予見可能であったとはいえないとするものの、本件銅板はやはり誘地電流をアースする作用を有し、それをしておけばメカニズムはともかく本件火災は起きなかったとして、

予見可能性を肯定、過失を認め有罪としました。最高裁は、控訴審の判断を基本的に肯定した形です。

　２件目は、薬害エイズ厚生省事件です。訴因が二つあり、その時間軸上の位置が重要です。つまり、第一の時期において、HIVに汚染された非加熱輸入血液製剤によって血友病患者が死亡した、ということ、第二の時期において、すでに加熱輸入血液製剤が販売開始されていたにかかわらずなお非加熱輸入血液製剤が使われて別の血友病患者が死亡したということ、この２点です。訴追されたのは、生物学的製剤の許可を司っていた厚生省の担当課長です。

　一審は第一の訴因については無罪、第二の訴因については有罪としました。前者の場合、危険を知ったとしても同剤が優れており輸血せざるをえなかったから結果回避可能性がなかったのに対し、後者の場合、加熱製剤の登場によりこの点が改善されていた、という判断です。検察側と被告人側のいずれもが控訴しましたが、いずれについても控訴棄却、被告人のみが上告しましたが、当然第二の訴因について、最高裁はこの上告を棄却しました。なおかつ、職権で、行政の担当者に作為義務を課して不作為につき刑事責任を問うという異例の判決について説明しています。法令上の監督権限などを越えて広く防止義務を認定しています。

　３件目は、その大学病院の診療科にとっては経験のないまれな難治性の病気の薬を、週単位の投与量であるのに日単位の投与量と文献を誤って読んだ担当医が過剰に投与したために、副作用によりその患者が死亡したという事件です。副作用を放置して対処しなかった点も問われました。

　上告審まで争ったのは、教授であり担当医らを指導する立場にあった診療科長のみですから、この点についてのみ見ていきますと、一審は投与計画を承認し副作用対策を取るよう指導しなかった点につき、過失を認定しました。二審は、副作用の点について、指導上の責任ではなく、みずから対処しなかった直接の責任を肯定しました。最高裁は、すべての点につき直接の責任を認め、上告棄却ながら職権判断し、いっそう厳しい見解をあ

えて表明したことになります。

　4件目は単純で、軽四輪をスピード違反で走らせて衝突転倒させ、荷台に乗せていた2人を死亡させた、というものです。この2人が荷台に乗っていたことを運転していた被告人が知らなかったと認定されています。

　一審から最高裁まで一貫してこの点が被告人の過失成立を妨げないという点で一致しました。端的にいえば、これだけのスピードで走らせればなにかしら人を傷つけるだろうことは十分に予測できた、というロジックが展開されています。

「故意なければ責任なし」ではなかったのか？

T：大変ご苦労様でした。ではまず、いつものように基本の確認からスタートしましょう。「故意なければ責任なし」であるのに、「過失犯」とは、これはいかなることか、という問題がありますね。過失犯などというものがどうして正当化できるのですか？

S5：特定の重大な法益の侵害につき、故意、つまりこの場合は故意・過失の故意ですが、その故意がなくとも、つまりそのような意図がなくとも、故意があったのと同視しうるような重大な落ち度がある場合、故意があったとみなして、刑事責任を問う、これが過失犯である、ということができます❶。

S3：もちろん、私の観点からは、いわゆる「新過失論」が重要です❷。

---

❶　「故意犯および過失犯は基本的に同じであり、両者が異なるのは責任のレベルにおいてであるにすぎない。故意は「構成要件該当事実の認識・予見」として故意犯としての責任を基礎付け、過失は「構成要件該当事実の認識・予見可能性」として過失犯としての責任を基礎付けるのである。」（前掲山口『問題探究総論』157頁＝再掲）。

❷　過失論の学説史に関しては、高山佳奈子「過失の概念」『刑法の争点』有斐閣、2007年、74頁以下が最も優れた整理を与えてくれる。

つまり、故意・過失の意味の過失が主観的ないし心理主義的であるのを反省し、客観的な注意義務違反に根拠を求めます。

S5：そこは、もちろん、いわゆる行為無価値論に陥るという批判があります。つまり重大な結果が発生せずとも理論的には注意義務規範違反だけで刑事責任を問いうることとなる。ただし、民事法でいわゆる過失概念の客観化の影響を受けて心理主義を克服することには寄与したでしょうね。

S2：いずれにせよ、判例は折衷説で、「注意義務違反❸も必要だけど、古典的な過失も必要だ」と考えるようだね。予見可能性を最も重要なメルクマールとしてるように思える❹。

S3：その予見可能性という概念自体、過失概念の客観化の産物じゃないか。

S4：いや、むしろ規範的責任論、非難可能性❺の問題で、責任主義のコロラリーだね。

S1：でも、社会的には過失犯の比重は大きいよね。

過失犯の現象学

T：そのことの意味も考察しなければなりませんが、今日はいつもとちがって、4件も一気に並べたこともあり、事案の奥深くに入るのではなく、過失犯が現れてくる形態を眺めてみましょう。もちろん、この4件は最近の有名な判例を並べただけで、サンプルとして厳密な意味を有しませんが、それでも、ただちに気づくことがありますよね？

S全員：？？？

---

❸ 注意義務については、さしあたり、松宮孝明『過失犯論の現代的課題』成文堂、2004年、151頁以下。
❹ 予見可能性については、さしあたり、前掲松宮『過失犯論』105頁以下、佐伯仁志「過失犯論」法学教室303、2005年、37頁以下。
❺ 前掲高山『故意と違法性の意識』19頁以下。

T：過失犯というオバケはどこでヒュードロドロと出るんですか？
S1：トンネル、病院、病院、道路……？　交通と病院かな？
T：交通と病院の共通点は？
S4：いやいやいやいや。そんなこと考えてなんの意味があるんですか？　勝手に採ったサンプルじゃないですか？
T：もちろん、これは学問というよりは遊びです。
S2：過失犯には業務上過失罪とそうでない過失罪があるけれども、今回は全部業務上ですよね。「業務上」の範囲については一般によく争われます❻が、これら4件では争われてさえいない。
T：なぜ「業務上」が多く、かつ「業務上」が重要なのですか？
S全員：？？？
S1：業務上になると注意義務が課されるからでしょうか？
T：なんで業務上だと注意義務が課されるんですか？　日常生活でも「健康に注意しましょう」とかいいますよ。
S1：あまり注意を必要としない業務もあります。たとえばこの授業をする業務とか。
T：そうですね（笑）。だとすると、業務上の注意がとくに必要とされるのはどういう場合ですか？
S3：人の生命と身体を預かる業務かな？
T：コロッセオといえばローマ、凱旋門といえばパリ、生命・身体といえば？　この授業に毒されていれば？
S5：あ、わかった、自由が帰属するその基幹だ。それも第二段階のね。
S2：それが？

---

❻　佐藤輝幸「刑法211条1項における業務上過失及び重大な過失の概念」千葉大学法経論集27-1、2012年、123頁以下。ドイツ法を含む学説や判例の動向に詳しい。加重の要素を「自ら選択」したことに見るが、後述のように、事情はどうあれ、公共機能を担ったことに求める以外にない。これが「過失犯」のデフォールトであり、他は罰するべきではない。

S5：うーん……。
T：コートを預かるのは？
S1：クローク。
T：お金を預かるのは？
S1：銀行。
T：生命・身体を預かるのは？
S1：病院？
T：それ以前に？　自由な主体の基幹ですよ。そうだとなると？
S1：政治システム？
T：そのとおり。
S3：すると、過失犯は、生命・身体をその意味で預かる者の注意義務に関わる、と？
S6：預かったのに生命・身体を傷つけたのだから、それが政治システムだとすれば、その機能不全は明らかです。するとわれわれは犯罪の定義に一歩近づく。
T：まだ漠然としていますが、われわれは少なくともオバケの出どこの形態学をしたことになりますね。

公共空間

S2：でも、これらの判例で責任を問われているのは、公務員ばかりではなく、私人もいますね。
S3：自由を実現するための政治システム、その破壊が犯罪であるという定義には合致するな。私人であろうとこれを破損させれば犯罪となる。私人が公共空間の機能を破損させて、ほかの私人を傷つけた場合ですね。
T：その場合、政治システムの根幹の破壊とはいっても、自由な体制そのものを危殆に陥れるというニュアンスとは少しちがいますね？　なぜならば、私人が公共的な機能を一時的には麻痺させるかもしれないが、復旧不

可能な状態にするわけではない。主としてほかの私人の生命・身体を破壊したのですよね？

S6：言語と議論の場である政治的空間に対して、ここへの自由なアクセスのための二次的な公共空間が区別されます❼。典型的には広場ですね。どうやら後者のほうが問題らしい。

T：そこでは？

S1：人々が悠然と歩いている。たがいにすれ違い、ときとして言葉を交わします。

S4：行ったり来たりしているけれども、決して誰にも占有が発生しない。上野公園のお花見の席取りは本来は違法でした❽。

S5：でもって、その無防備な人を誰かが実力を形成して襲う。トラックを暴走させたりして。

S3：それだけじゃなくて、その公共空間自体が人を襲ったりしたら、それはもう。警備のための人員が人種差別意識に駆られて暴行を加えたりとか……。

S2：そういうのは政治システムの根幹の破壊とは少しちがうけれど、それでもそれに準じて扱うことも許されるだろう、ということはわかります。だから犯罪だというんですよね。だけど、どれも故意が明白ではありませんか？　今日は過失の議論でしたよね？　現に4件の判例はどれもトラック暴走とか、暴行とかとはちがう。

なぜか距離が

T：そうですね。よい点に気づきましたね。おのずからわれわれは「過失犯とはなにか」に接近していることになります。政治システムの破壊は端

❼ IP、139頁以下。
❽ IP、84頁。

的な構造をもっています。破壊は一義的であり、ヤッと破壊するともう破壊されている。訴追する場合にたくさんたどらなければならない場合がありますが、それは行為ではなく、組織です。組織的な犯罪が圧倒的多数だからです。政治システムが大いに展開されて個々人の存立自体がそれに属するようになってもこのことに変わりはありません。唯一、主体の構造化は厄介な問題をもたらすということでした。ところが過失犯の場合は、どうやら元に戻って公共空間自体が問題らしい。にもかかわらず？
S4：たしかに、いっそう難しい因果関係を論じなければなりませんね。
S3：予見可能性だって、その遠い因果関係を読めたかどうかだ。
T：この距離はどこからくるのでしょう？
S全員：？？？
T：では、まず、何と何のあいだの距離でしょう？
S1：行為と結果のあいだの距離です。
T：その場合、行為とは？
S5：政治システム自体によるか、私人による、政治システムの破壊行為です。
T：結果は？
S6：個人の生命・身体の破壊です。うーん、そう言われてみれば、政治システムと個人の生命・身体は、政治的な存在でもない限りは、ただちにはつながっていませんね。構造的というか論理的に距離がある。
S1：交通事故の場合だと、一瞬にして結果が現れますが？
S6：しかし隣人をいきなり撃ち殺したのとはわけがちがう。双方占有がないから、基準がない。なぜ衝突したのか、一方はスピード違反か、他方は赤信号横断か、といろいろ厄介になる。第4事件がよい例ではないですか？　運転手が知らないあいだに荷台に友人が乗っていた。事故は一瞬ですが、事情は込み入っています。つまり公共空間との関係が、ですね。

　実力組織による政治的空間の占拠など、もちろん背景は複雑ですが、行為は明確です。それは、政治的空間というものの性質と実力組織による占

拠が論理的に相手を定義するほど直接的に関係しているからです。
T：ではもう、距離がどこに由来するか、おわかりですね？
S5：公共空間の足が延びている？
T：そうですね。わかりやすいのは、第１事件と第２事件です。トンネルの工事は現場でしたかもしれないけれど、判断、方針決定はどこか中枢でなされていたにちがいない。それに、工事会社が訴追されましたが、鉄道会社、あるいはそれをチェックする官庁が正常に機能していたかどうか。薬害エイズの場合は、もっと端的に中枢における判断が問われました。

　３件目は本来中枢におかれている判断が現場に委ねられているケースです。それでなお、最末端ではなく、中間点が訴追されました。

　４件目は、私人によるものですから、もうまったく、中枢とは関係なく見えます。しかし論理的には、トラックはいったん領域から中心に行き、中心から領域へと降りてきたのです。なぜならば、公道は第一義的には領域の個人が自由に都市中心に行くことができるようにと存在している。都市中心には、すべての人に開かれアクセスが保障されている空間が存在している。結果、ここを経由すればすべての人のところに自由に行くことができる。

　さてしかし、この件では、実際に都市中心から降りてきたのは人を巻き込む実力体だった。アクセス保障という公共機能が降りてきたのではなく、それを乗っ取った実力体だった。ただし、これは訴追の内容で、そのように事実認定しうるかどうかは別問題ですから、あとで議論しましょう。
S4：すると、過失犯の基本問題を構成する距離は、実質的には都市中心と領域とのあいだの距離であると、こういうことですか？
T：占有保障が政治システムの第二の重要な任務になる頃、市民社会の原型ができあがっていくと考えてよい。いわば市民的自由を保障するために、公共空間は領域のすみずみへと血管のように枝を延ばします。それは占有を保障すると同時に経済ないし取引をも支えます。

　と同時にしかし、たとえば流通路に生命・身体にとって有害なものが流

れ込まないようにするという作用を通じて生命・身体をも保障する。厳しい地形を貫いて自由なアクセスを保障するということもある。

しかしすると崖崩れから生命・身体を守る必要がある。4件目においてさえ、理論的には、暴走トラックが出現しないようにする責務を政治システムは負っているといえます。

過失概念のロジックとは？

T：これに対して過失概念のほうは？　これは元来何物ですか？
S4：『民法篇』❾によれば、不法行為責任において認められる抗弁でした。「過失なし」の抗弁ですね。たしかに不法行為は成立しているけれども、しかし「過失はない」と被告が抗弁を提出するのでした。
T：その抗弁が認められる類型があるのでしたね。主体が装甲化されると、そこに一種の二重構造が現れます。裏から見ると、主体は頂点がなにかを使っている関係ですね。頂点と使われるほうが分節している類型においては、頂点に占有侵害＝損害発生の責任が一応帰属するとはいえ、十分に統御していたのに占有侵害が発生してしまった、やむをえなかった、という抗弁は認められます。

これに対して、主体が一体化している、軍事化している、そのような場合は、明らかに頂点からの指令が存在しますから、このような抗弁ははじめから認められません。これが故意責任です。反射的に、「過失なし」の抗弁の余地がありながらしかしその抗弁が認容されなかった場合に過失責任があるとされました。この両者では法的な効果が異なっていました。懲罰的賠償の有無や、取引社会からの追放の効果の有無ですね。

さて、もしここまで論じてきたように、「公共空間のエクステンション

---

❾ IC、199頁以下。

において発生した公共空間の機能破壊が個人の生命・身体を破壊する」という点に「過失犯」の中身があるとすると、そこに「過失」という語を用いることの是非はどうでしょうか？
S5：それより前に、そこにどうして「過失」という語が用いられたのか、考えなければいけなくなりますね。なぜなら全然自明ではない。
T：なるほど、それはしかし大変難しい。まずローマでは過失犯などというものは存在しません。考えられもしない。この語は民事責任のものです。そして、ローマでは民事と刑事が峻別されました。刑事責任となるものについては不法行為責任は発生しません。逆もそうです。刑事責任の分野に被害者が出てきて賠償を求めたりすると、絶対に排除しなければならない報復の動機が蘇るからです。

　近代では、まず中世を引き摺ってこの最後の点が曖昧です。それでも過失犯が近代のはじめから存在したとは思えない。どうしても19世紀を待たねばならないだろうという予想が立つ。一方で所有権概念全盛ということがあります。他方で経済社会の発達によって公共空間が枝葉を延ばす。
S2：しかし、この二つのこと、つまり所有権概念のヘゲモニーと公共空間の延長は、歴史的には関連していたかもしれないが、論理的には全然ちがうことですよね。
T：まったくそのとおり。しかしその双方において過失概念が使われた理由は必ずしも歴史的なものにとどまらない。
S6：故意と結果とのあいだに距離ができるという点でしょう。その距離を結ぶ線上が分節される。そして因果関係でつながなければならなかったり、それを抗弁で遮断するという可能性を生んだりする。
S3：だとすると、形式的な符合で実質を伴わないから、われわれは形式的な符合に幻惑されて一方を他方に流用した、といわれても仕方がない。むしろ致命的な混乱だと評さざるをえないのではないでしょうか？
T：私はそう思います。実際、罪刑法定主義による構成要件に該当し、なおかつ民事の過失不法行為責任が問われる場合のすべてが刑事訴追されて

いるとはとうてい言えない。

刑法209条2項によれば過失傷害は親告罪であり、210条の過失致死の量刑も非常に軽い。実際に使われているのは211条の業務上過失致死傷であり、しかしこの「業務上」をめぐって争いがあり、曖昧さを払拭しえない。むしろ、さまざまな特別法によって実際には規律されています。

> **刑法209条（過失傷害）** 過失により人を傷害した者は、30万円以下の罰金又は科料に処する。
> ② 前項の罪は、告訴がなければ公訴を提起することができない。
> **刑法210条（過失致死）** 過失により人を死亡させた者は、50万円以下の罰金に処する。
> **刑法211条（業務上過失致死傷等）** 業務上必要な注意を怠り、よって人を死傷させた者は、5年以下の懲役若しくは禁錮又は100万円以下の罰金に処する。重大な過失により人を死傷させた者も、同様とする。

S4：ただ、少なくとも法学教育では、公共空間なんぞ少しも意識されず、単純な個人対個人事例で考えているのではないですか？

S1：そうでなくとも、たとえば医師の責任なんぞやはり私人対私人ですよね。

公共空間を担う人的組織

T：近代の特徴は、政治システムが国家を備えたというところにあります。これは、政治システムの物的基盤が法人化を通じて占有を獲得したのである、というように言い換えることができます。占有は同時に費用投下＝果実収取の人員を意味します。すると政治システムが国家を通じて独自の人員を有するということになります。

これはギリシャ・ローマでは厳格に忌避されたことでした。儀礼を司るわずかな公共奴隷セルウィー プーブリキー servi publici しかいなかった。これに対して、近代の政治システムはたくさんの人員を抱えるばかりかこれを高度に組織します。組織の人員は自由人ですから、雇用契約によって

組織がなされるのですが、公共機能を担っているというところからさまざまな特殊性が生まれます。

　さらに、反対に、領域に翼を拡げたこれらの公共機能は、どれも所詮占有を有して費用果実関係に立ちますから、これをロカーティオー コンドゥクティオー locatio conductio❿に出してしまうということが可能になります。アウトソーシングですね。私鉄の例などは古くから見られます。

S5：財政に国庫が登場し、国家賠償責任が生まれる脈絡ですか？

T：歴史的には、中世からの脈絡で個人の責任が先にあったのだと思いますが、論理的には、公共空間自体の欠陥につき組織の内部の個人が刑事責任を問われる事態が後から発生します。捻れていますが。公共機能を担う人的組織の内部の個人の責任をどう考えるかというのは依然大きな問題で、なかなか明確な見通しが開けません。

　さらに、医療や教育のように、かつては民事上の契約によって規律された分野が公共的な機能を担うようになります。この場合には個人が他人の生命・身体を預かることになります。そもそもそこには異例の信頼が存在します。これを裏切った場合に刑事責任を負う可能性があるということになります。

■「過失犯」も故意責任原理に基づく！

S2：それらの場合には契約関係が必ずありますね。契約法上のサンクションではなぜいけないのでしょうか？

T：契約法上のサンクションに服するとすれば、どういうタイプの契約責任原理が妥当しますか？

S4：あっ、過失責任ではなく故意責任ですね。高度な信頼関係に基づく契

❿　IC、143頁以下。

約ですから、非常に自由で、履行ができない場合でも、背信的な要素がなければ責任を問われませんでした❶。そのかわり、要求される高度な資質が欠けるときには懲罰的な責任を課される。この場合はドルス マルス dolus malus つまり故意が認定される。これはそのまま医療や教育のケースに妥当しますね。

T：しかし他方ではそれが過失犯の重要な一類型なのでしたね？ すると過失犯にも、少なくともその意味の故意責任が妥当するということになる。その「故意」が刑事法上の「故意」と同じものかどうか、なお予断を許しませんが。しかし考える糸口にはなります。

S1：でも、契約法上のそのような類型の契約違反がすべて犯罪になるということはありませんよね？ プラス・アルファとしてなにが必要か、過失犯の基礎に公共空間の働きを見る仮説をそのプラス・アルファが支持するものかどうか。

T：まずなんといっても、取引関係においては、いかに高度な信頼に基づく契約であってもドルス マルスが「過失犯」になるということは決してない、ということを強調しておかなければなりません。これは当たり前のことですが、若干の類型がそれぞれ「故意」の既遂犯になるだけのことです。経済犯罪を考えれば容易にわかりますね。

　しかし、いま「故意」と言った事柄の内容ですが、じつはこれのほうがヨリいっそう刑事法の本来の「故意」とは異なる。つまり政治システムの破壊であるという客観的な意味づけとは異なります。「背信的」という意味だからです。ところが、同じく信頼に基づく契約において、生命・身体に関わる場合、犯罪とされることがある。これを認めるならば、なんらかの理由であえて、本来民事責任が妥当するところへ刑事責任を転用していると考えるべきではないか。

---

❶ IC、197頁。

そうするとまず、転用なのだから、刑事法の「故意」と取引法の「故意」はなんら符合するものではない。そのうえで次に、ヨリ大事なことには、なぜあえて転用するのか、ということがある。その実質がある。その実質は、主体の基軸である生命・身体そのものを支える営みが特定の地位に立つ個人に委ねられているということではないか？

　そして、たとえ個人に委ねられている場合でも、それは端的に公共的な機能であり、むしろ原型が再び姿を現す、のではないか？　個人への信頼という形において政治システムのエッセンスが端的に現れる。その信頼の裏切りは端的に犯罪となる。刑事法上の故意につきものの諸々の抗弁が消える。故意犯でないように見える。むしろ、もっぱら客観的に高度な因果関係のほうをたどらなければならない。この部分が、民事の過失責任と一見似るのでややこしい。

　現に二つは一般的に大いに混同されてきた。その点、「新過失論」はそれ自身混乱していましたが、しかしなにか混乱していると気づいた功績は大きい。

　たとえば、介護職員が端的に介護される人を殺したとしましょう。とんでもないことですが、この小さな状況の内部だけに刑事責任を探るのでよいか。ここがこれだけ重大だと、やはり組織や体制の責任が問われる。あるいは組織や体制を規律する公的機関の責任はどうか、となります。どうしてそのようなことが可能だったのか。ありえないことですから。問題はどうしてもそのようになる。必ず因果関係は相当にたどらなければならなくなる。判定は大変に難しくなる。ちなみに契約関係だって難しくなる。殺された人と社会福祉法人のあいだの契約でしょうから、法人の契約責任は厄介な問題になる。

　このときに殺意など問題にならない。それと同様に刑事でも殺意などは考慮事項の一つにすぎない。そして、そのような事件が起こっても仕方がない、ずさんなシステムしか構築されていなかったとすれば、政治システムの根幹の破壊に準じて考えざるをえない。実力組織が外から襲って破壊

にかかった、というのとは全然ちがう。

　しかし、システムや組織に対して責任を引き受けた個人が裏切ったというのは、それと同視しうる。もちろん、ヨリ低い程度での破壊ですし、政治システムの根幹というよりその末端の破壊であることは否定できない。それでも場合により公訴を提起しなければならない、ということはあるでしょう。ここが罪刑法定主義を超えた次元にある、ということはできないと思いますが。

　それどころか、諸々の非常に詳しい特別法が用意されるべきでしょう。なおかつ、過失犯の場合は、必ず原点に戻っての思考が要求される。つまり犯罪とは本来政治システムの根幹の破壊であるということをいちいち思い起こさなければならない。民事の過失概念やそれに付随した道具概念を安易に用いないほうがいい。立件の難しさに正面から向き合うべきでしょう。それがその特定の公共的機能を復元するために有意義です。

従来の道具概念について

S2：仮にそのような問題提起を一応理解できたとしても、刑事過失責任を判断する際のフォーミュラはあまり動かないのではないかなあ。因果関係論や注意義務や予見可能性、「業務上」の概念あたりだけれど。

S5：そうでなければ、むしろおかしいでしょう。

S6：因果関係や予見可能性は、公共空間や公共機能のエクステンションの問題だとわかれば、民事過失責任論との無意識で無意味なアナロジーが避けられます。注意義務や業務に関しても、公共的な機能との関係を意識すれば、無理がなくなると思います。注意義務は、公共機能を担うに相応しいプロフェッショナリズムを欠いたかどうか、です。

　「業務」というのは、判例や学説で、「社会生活上の地位」とか反復性や日常継続性など、曖昧な基準ばかりですが、私人でも公共空間にある場合には一定基準が要求されますから、「業務上」というメルクマールはおか

しい。「公共機能の圏内では」ということだと思います。
S3：えー、でも、そのへんは「新過失論」によって達成済みになっていないかな？
S6：客観化しても、個人の行動を準則で縛る方向になってしまったと思います。公共的な責任を意識したものではなかった。また、公共的な機能つまりライフラインなどだからこそただちに生命・身体につながるのである、という限定にも失敗したと思います。
S4：単純に経済的利益を損なう公共空間の機能不全を引き起こしても刑事責任の問題にならないのはどうしてですか？
S5：派生的といえども、政治システムの根幹を破壊しなければ犯罪とはならないからでしょうか？　政治システムの根幹の破損によって、かつ、同じく政治システムの根幹を担う個人の生命・身体を破壊した、ということがなければ犯罪にならないということだったかと思います。
S6：そう、類型的に、そのような破壊は必ず個人の生命・身体の破壊につながる、という部分を罪刑法定主義は捉えなければなりません。もちろん、なにかの僥倖で生命・身体は無事だった、とすれば、刑事責任は問えません。しかし故意は、「殺そうと思った」ことではない。生命・身体の破壊につながる、そういう公共機能を破壊する行為をしたことが故意です。
S2：そうすると、大事なこと抜きにその工事をしようと思ったことが故意ですよね、プロだから「うっかり」は弁解にならない。前の日の飲酒等があればなおさらですが、それでその公共的機能を阻害してしまった。その機能が人々の生命を左右する大事なことに属するかどうか、まあ、因果関係論とあまり変わりないと思うけれども、実際には、これを判断するということですか？
　たしかにニュアンスというか、重点というか、それは移りますね。その工事のミスはトンネルに人を殺させるものだったかどうか、ですね。
S4：技術水準の問題で誰も予見できなかったとしても、責任は免れないのかしら？

S6：まあ、後知恵だけれど、政治システム設営の責任はそれほど重いということだと思う。その薬を流通させないということが公共空間の任務であると認定され、かつ流通すれば人が死ぬということが確かであるならば、流通させた責任者は刑事責任を負います。そのような情報はまだ届いていなかった、という抗弁は成り立ちません。危険だったとしても、まったく供給しないよりは多くの生命を維持させた、オルターナティヴが一つもなかった、という抗弁が成り立つのみです。副作用等の厳密なチェックは、公共機能の役割で、知らなかったではすまされない。

各事案について

T：最後に各事案を簡単に論じておきましょう。
S1：1件目は、典型的に公共空間のエクステンションが問題になった事案であると考えてよいですか？
S5：工事の施工業者の責任が追及された点に関しては、因果関係のたどり方、予見可能性に偏った判断基準などなど、民事責任のロジックが色濃く残っていて[12]、典型的な事件であるのに、工事の検査体制や、その公的な

---

[12] 前掲松宮『過失犯論』143頁以下に、予見可能性論が因果関係論を害する典型を見る。争点は因果関係であり（山口厚「過失犯における因果経路の予見可能性——近鉄生駒トンネル火災事故事件」法学教室250、2001年、112頁以下）、これが肯定されれば、あとは多重下請構造のなかでどこに責任が落ちるかという問題が残るにすぎない。前掲佐伯『過失犯論』44頁は、必ずしもそれを批判しはしないが、まさかその因果経路でということは予見できなかったとしても、どうせ別の経路で同じ結果に至ったさ、という判決のロジックの綾を最もシャープに明らかにしている。ブラックボックスを置いて考え、なかの具体的な経路につき予見可能性を要請しないというのである。どちらの経路か、ということこそ因果関係の問題であり、判決は、「いずれにせよ」というのはよいが、そうであれば公的な責任を負った主体を捉えるべきで、スペシフィックな工事の選択に右往左往している下請を訴追すべきではなかった。Rの工事はスペシフィックな因果経路の上にはなかったかもしれない。

基準がまったく論じられていませんね。

　そんななかで、一審のみが、この業者が多重下請けの構造のなかでやや偶発的に受注した素人であったことを認定しています。元請側の検査がおこなわれたかどうか、間接的にですが、疑問を呈しています。ただ、どうやら、検査体制面での訴追はなされていない。基準が明らかで、ほんとうに非常識な工事だったとしても、チェックの体制が元請にも鉄道会社にも監督官庁にも備わっていなかったのではないでしょうか。それほどデリケートな工事とはみなされていなかった。ここに大きな責任があると思います。

S2：2件目は、取引的公共空間が個人の生命・身体の存立を握っていた事件ですね❸。担当者の責任は免れないと思いますが、しかし、最新の情報をただちに反映させる体制が作られていなかった責任が十分には追及されず、通常の不法行為判断に引き摺られているのは、1件目と同じですね。

　加熱血液製剤発売前の時点でも、海外からの情報により疑念が発生しうる状況になった瞬間に、すでにアラームを送る責任を公共空間というものは負っているのではないか、と思います。そしてその危険を回避するための最大限の措置を取っていた場合にのみ免責されるでしょう。結果回避義務論❹になってしまいますが。ところが本件であれば、当該血液製剤を使

---

❸　前掲松宮『過失犯論』174頁以下に、本件が注意義務問題に置き換えられるのを見る（ただし、判例はすでに注意義務の内容として予見可能性＝予見義務を考える、と前掲佐伯「過失犯論」38頁は指摘する）。善管注意義務などが誤った連想媒体であるが、これは注意義務 diligentia、つまり所有権者の市民的占有内の規律保持義務、に転化しやすかった。労働監督モデルである。しかし人を殺す薬剤を流通させてはならないという政治システムの責任は、これと最も異なったものであろう。流通を禁じたのに入ってしまった場合にのみ、抗弁が成り立つ。流通をオーケーしてしまったのであるから、はっきりした故意が存在する。

❹　山口厚「薬害エイズ事件3判決と刑事過失論」ジュリスト1216、2002年、10頁以下は、予見可能性と結果回避可能性の連動が厳格責任ないし新過失論的概念構成を招くと批判する。しかし強い予見可能性を要求したとしても、具体的には、誰を基準に採るかの論争に現れているように、水掛け論か、曖昧な基準に帰着してしま

わずとも、性能の面で劣る選択肢であったにせよ、ただちに死を招くというようなことはなかったとされています。ポイントはむしろ、代替製剤をライヴァルとして排除する利害関係ではないかとさえ疑われます。公共空間としてはそのような利益関係の侵入を許したことが重大です。

S6：いや、海外で情報が発信され始める前でも、責任はあると思います。先端を海外に依存すること自体、おかしなことです。

S4：3件目は、これまでの議論からすれば、高度な信頼を担って生命を任された責任者がまったく基準に達しないずさんな判断をしたということでしょうか？ 診療科長の職責がなにも果たされなかったことは確かです❶❺。それだけで抗弁の余地がない。そしてミニマムに組織がたどられた事件でしょうねえ。かつ、おそらくそれが十分にたどられたといえるのではないでしょうか。

S3：4件目は簡単かな。公共空間のなかにいるという自覚があれば、こういうことは起こらない。荷台に人を入り込ませるルーズさも、同じ違法性のなかに含まれます。

S4：いや、私は、責任論の観点から、公共空間のロジックをクローズアップすればするほど、「荷台に人」については刑事責任を問えないと思います。予見可能性がないからではない❶❻。たしかに、「もっと飛ばせ！」と

う。実質は、当該公共機能が果たすべきであった役割である。その内部に予測ということが含まれることは疑いない。プロは適切な措置といえども一定程度裏切られるということを織り込まなければならない（「信頼の原則」）。しかし予見に尽きるものではない。

❶❺　チームのトップの刑事責任が問われたのであるから、diligentia の問題と考えたくなるのは当然であるが、それは、適切な指示をしたのに遵守されなかった場合の話であり、本件はまったくなにもしなかった、ないしは容認していたケースである。故意がある。

❶❻　山口厚「過失における予見の対象」法学教室 107、1989 年、92 頁以下に鋭い批判を見出す。これに対して前掲松宮『過失犯論』116 頁以下はきわめて曖昧である。法定符合説的なロジックを解体するためには、しかしながら、予見可能性の具体的たることを求めても、どうしても拡散希釈される。本件のように公共空間の構造が

盛り上げた場合などとはちがう。しかし積極的に加わっていなくとも、便乗していれば、少なくとも形態的に実力の内部にあり、公共空間の側にはいないのではないでしょうか。バスの乗客とはちがいます。

> はっきりしている場合は、それが刑事責任の範囲を画する。

10 「組織的な犯罪」

- 第1事件　最判昭33-5-28 刑集12-8-1718　練馬事件
- 第2事件　最決平15-5-1 刑集57-5-507　スワット事件
- 第3事件　最決平22-3-17 刑集64-2-111　街頭募金詐欺事件
- 第4事件　最決平27-9-15 刑集69-6-721　リゾートクラブ預託金詐欺事件

事案の概要

T：今日も少し多いのですが、一息に紹介してもらいましょう。

S5：1件目は、少し古いのですが、労働争議のさなか、第一組合員の何人かが、会社側の第二組合の委員長と、両組合衝突における傷害事件において第二組合に加担したと信じられた警察官、この双方を襲うことを考え、後者につき実行し、傷害致死にて訴追されました。問題は、組合員外であり、かつ実行行為には加わらなかった政党員 R1 と R2 の罪責です。

一審以降すべて全員についていわゆる「共謀共同正犯」を認定しましたが、とくに最高裁が示した基準がリーディングな意義をもつとされてきました。つまり、実行行為に参画していなくとも、謀議に関わっていれば正犯となるが、その謀議は、一堂に会してのものでなくともよく、いわば持ち回りのようにして鎖状に成立したのでもよい、という基準が示されました。ただし、ともかく謀議は必要であるということでもあります。

2件目は、暴力団組長が専属のボディーガードの一団を従えて車列を作って移動するときに、捜索令状が執行され、銃刀所持により、組長自身が逮捕され、訴追されました。

一審と二審は、ボディーガード隊の銃刀所持につき、謀議があったとし、有罪としました。しかし明示的な謀議があったとの認定はなしえないケースであるので、この点につき被告人は上告しました。そこで最高裁は職権で、当然のこととして認容していれば謀議がなくとも共同正犯が成立しうる、という判断を示しました。

3件目は、訴因が三つあります。第一は、被告人Rが街頭募金をおこなわせるためであるのにこれを「喫茶店で働く」と偽って募集をかけたこと、第二は、街頭募金は偽りであって実際にはその金銭を自己のものとしたこと、第三は、その金銭を金融機関で両替して、「組織的な犯罪の処罰及び犯罪収益の規制等に関する法律」の10条1項にいう、「犯罪収益等の取得若しくは処分につき事実を仮装し、又は犯罪収益等を隠匿した」こと、です。

一審から最高裁まですべての訴因につき有罪という判断が示されましたが、争われたのは、詐欺罪における欺罔行為が募金者一人ひとりにつき成立するのか、それともまとめて包括一罪となるのか、でした。最高裁は包括一罪としました。

4件目は、被告人Rをオーナーとする株式会社が会員制リゾートクラブの預託金詐欺をおこない、多数から多額の金銭を集めた、というものです。役員や従業員が多く関わったので、「組織犯罪処罰法の組織的詐欺の共同正犯が成立する」と一審において判断されました。

控訴上告いずれも棄却。最高裁は、「詐欺罪に当たる行為を実行することを目的として成り立っている組織により行われた」かどうかが基準となり、「加担している認識のない営業員や電話勧誘員がいたからといって、別異に解すべき理由はない」（刑集726頁）としました。

■ 謀議

T：刑法60条「二人以上共同して犯罪を実行した者は、すべて正犯とする」は、そのまま読むと、実行行為そのものを共同でした場合を指すと思われますが、周知のとおり、判例はそのような解釈を採りませんね？

S2：実行行為に関わっていなくとも、「謀議」に参加していれば「共謀共同正犯」となる、というのが確立された判例です。

T：しかしこの判例については、少なくともかつては、多くの批判がありました。それはどうしてでしょうか？

S5：犯罪は必ず物的な結果でなければならず、物的な結果を得るためには物的な行為を必要とします。そのような物的平面とは別の、考えやプランなどは、どれだけその物的な結果と密接なものであっても、あるいは、政治システムにとってどれだけ危険であっても、決して罰せられません。謀議だけに関わった場合には、まさにプラン

> **刑法60条（共同正犯）** 二人以上共同して犯罪を実行した者は、すべて正犯とする。

> **組織的な犯罪の処罰及び犯罪収益の規制等に関する法律10条（犯罪収益等隠匿）** 犯罪収益等（公衆等脅迫目的の犯罪行為のための資金等の提供等の処罰に関する法律第3条第1項若しくは第2項前段、第4条第1項又は第5条第1項の罪の未遂罪の犯罪行為（日本国外でした行為であって、当該行為が日本国内において行われたとしたならばこれらの罪に当たり、かつ、当該行為地の法令により罪に当たるものを含む。以下この項において同じ。）により提供しようとした財産を除く。以下この項及び次条において同じ。）の取得若しくは処分につき事実を仮装し、又は犯罪収益等を隠匿した者は、5年以下の懲役若しくは300万円以下の罰金に処し、又はこれを併科する。犯罪収益（同法第3条第1項若しくは第2項前段、第4条第1項又は第5条第1項の罪の未遂罪の犯罪行為により提供しようとした財産を除く。）の発生の原因につき事実を仮装した者も、同様とする。
> ② 前項の罪の未遂は、罰する。
> ③ 第1項の罪を犯す目的で、その予備をした者は、2年以下の懲役又は50万円以下の罰金に処する。

に関わったにすぎず、物的な平面に降りたとはいえません。であるのに60条を適用するというのでは刑事法の根幹が崩れてしまいます❶。

S3：だけど、謀議というのはなにもアイデアだけというのではないと思います。実行に向けたはっきりした合意がある。

S4：いや、「共謀共同正犯」論に対する批判にはもう一つの側面があります。つまり刑事法の対象はあくまで個人一人ひとりです。これは政治システムの構成原理に対応するということでした。一人ひとりについて見ると、謀議だけして実行行為をしていない❷。

S6：いいえ、謀議自体物的な経過です。記号行為なしには謀議はできませんが、シニフィアン signifiant の発信はシニフィアンの物的性質を利用するものです。いえ、空論ではありません。謀議に客観的ななにかを要求する見解はこの点をいうものです。つまり物的な痕跡が遺る。

S5：うーん、もしそうなら、謀議シニフィアン発信罪という新しい構成要件を作成し、かつこれが政治システムの破壊に該当するのだということを証明しなければならないのではないですか？

---

❶　共犯理論における「犯罪共同説」の「故意共同」に対する批判として、たとえば前掲山口『問題探究総論』266頁以下。

❷　実行行為の分担を不要とする判例に対する批判はかつて多かったが、現在では共謀共同正犯という判例理論を受け容れるのが学説においても大勢であることについては、照沼亮介「共謀共同正犯」『刑法の争点』(前掲) 100頁以下。前掲山口『問題探究総論』278頁以下でさえ、実行行為の分担では共犯性に対してリーチが足りないとし、「具体的な事案における共働の実態を十分に捕捉する」には、「共同正犯の基準」として「構成要件実現にとっての重要な因果的寄与」というものでしかありえないと、問題を放り出す以外にない。少なくとも多少とも組織的な犯罪については、まさに組織についての議論と立法の積み重ねが足りず、いたずらに古い共犯理論で対処してきた点に問題がある。具体的な物的な結果の各論的な問題である、というのが本書の立場である。だから各論の部分で扱う。

■ 集団形成

T：犯罪をなしうるのは個人だけであるというのは決定的な原則で、割り引くことはできません。他方、考えやアイデアはいかに犯罪と近かろうとも罰することができないというのも、例外を考えることが許されない原則です。そしてもちろん、この二つの原則は密接に関係しています。物的な行為というのは、身体の一義性において、一人ひとりによってしかできない。ところが、ふわふわと漂うアイデアやプランは複数の人々が漠然と共有することができます。

　なのですが、問題があります。政治システムの破壊は実力によってなされます。しかるに、実力は定義上必ず集団の形成によって存在を得るのです。政治システムの任務は集団を解体して個人の自由を実現することですが、だからこそその敵は定義上集団なのです。政治システムの中核をなす刑事司法もまた、まさに個人を単位としてしか訴追しないことを通じて、集団の解体に関わっている。あるいは、集団を解体するからといって集団の発生を助長するような制度は作らない、ということです。

　しかしまさにそのゆえに、政治システムを破壊する集団の動きをしっかり捉えなければならない。このことはわれわれに大きなディレンマを突きつけます。つまり、間違っても個人しか処罰しない。しかしまさに集団によってこそ犯罪は起こる。さてどうするか。

S1：素朴な疑問ですが、「およそ犯罪は集団によるものである」といわれてしまうと、単独犯もあるのではないのか、いや、それが実際にも主たる部分を占めるのではないか、単独犯でも集団が形成されているといえるのか、そのあたりのことが気になります。

T：まず、犯罪の実行行為が単独でおこなわれた場合にも、あるいは犯罪自体に関わっているのは単独の個人である場合にも、必ずそこには集団の蠢きがあります。訴因を特定するときにそこから個人を切り出す思考作業

をわれわれがしているのです。

　次に、実力を行使している場合、たとえ実行行為自体は個人がしているのであっても、必ず相手、つまり被害者がいます。占有線を突破して襲いかかった時点で、じつは相手を服属せしめる集団形成行為をしているのです。詐欺のような、有形的実力でない場合にむしろいっそうはっきりします。利益の絡まり合いを創り出している。だから、単独犯などというものも、たまたま襲いかかっている側がミニマムな規模であるだけである、と考えたほうがよい。

ディレンマの克服

T：さて、ではさきほどのディレンマの克服はどのようにしましょうか？
S3：意外と簡単なのではないかと思う。個人と実行行為をつなげる前に、個人と集団形成をつなげて考えるとか。集団性が極小の個人犯の場合も含めて、集団形成が実行行為の不可欠な論理的前提なのだから、それを介して個人を実行行為に具体的に結び付けうるものかどうか探る、というのはどうかな？　実行行為の前に軍事化があるはずです。一人でもです。
S4：個人が集団のなかへと解消されることにはなりませんか？
S2：個々人の行為の違法性を実質的に判断するということになるのでは？
S5：物的な結果との関係が間接的になり、行為そのものの違法性がクローズアップされる恐れは払拭できませんね。
S6：個人と集団形成との関係を厳密に詰めるという限りにおいて、S3君の答えは傾聴に値すると思うな。しかしそれをどう厳密に詰めればよいか？　組織への参加では責任を基礎づけるのには不十分であることは明らかです。少なくとも組織の形成に寄与していなければならない。さらにいえば、これとさらに微妙に異なることとして、その組織の軍事化に寄与したということが必要ではないでしょうか。軍事化は集団がほかへ侵入するための論理的前提です。直前には必ずなんらかの意味で暴力的になっているはず

です。このことに具体的な行動で寄与したということがなければ訴追はできないと思います。

S3：大前提として、集団ないし組織の具体的な軍事化が政治システムないしデモクラシーの根幹をどれだけ傷つけるかという論告をもっと要求していいと思う。それとの関連ではじめて個々人の具体的な関与の立証の成否が判定される。軍事化のメルクマールを政治システムやデモクラシーの観点から発達させることは大きな制約になる。

判例理論の問題点

T：判例法理の発展がこの点どうであったか、4件は代表例ですから、その限りで少し見ておきましょう。

S1：第1事件の最高裁判決のテクストが急に大きな意味をもって読めてきますねえ。「共同意思の下に一体となって互いに他人の行為を利用し、各自の意思を実行に移すことを内容とする謀議をなし、よって犯罪を実行した事実が認められなければならない。……直接実行行為に関与しない者でも、……差異を生ずると解すべき理由はない。さればこの関係において実行行為に直接関与したかどうか、その分担または役割のいかんは右共犯の刑責じたいの成立を左右するものではないと解するを相当とする。」（刑集1722頁以下）といっています。「実行行為に直接関与したかどうか」を問わないとしても、少なくとも「分担または役割」を問わないのはおかしい。「分担または役割」は「直接関与」の場合しか発生しないとでも思っていそうで。

S4：「共同意思の下に一体となって」という神秘的な概念を採用したところが致命的だと思います。そうである以上は中身を問わない、と飛躍せざるをえません。

S5：物的な行為に関してはこの神秘主義は通用しないから、「謀議」のところを押さえる。すると、観念的なところを罰するという最悪の事態が生

まれる。

S3：それもこれも、単独犯モデルで思考するからだろうねえ。個人責任原則を強調する側からの批判をかわすために、単独犯モデルに固執したのかもしれない。しかしこれは論理的な混乱ですね。集団による犯行を精密に解明することによってしか個人責任の原理は貫けないのに。

S5：いや、個人責任原理への表見的な固執も存在しないと私は解します。「共同意思」と「一体」性で押すところが一番特徴的であると思います。なぜなら、民事でも、合有的な観念は執拗に底のほうで思考を支配してますから。

軍事化

S6：R1 や R2 が集団軍事化あるいはそもそも軍事化した集団の形成そのものにどう寄与したのかを、克明に明らかにしなければならなかったのではないか。

S2：その点なら、まず原審が「共謀自体に関する事実、即ち何時何処で如何なる内容の謀議がなされたかと言う点は本来の「罪となるべき事実」には属さないのであるから、共謀即ち犯行謀議者間における犯行についての意思の連絡ができたことが認定判示され、且つそれが挙示の証拠によって認められる以上、共謀についての具体的事実関係即ちその共謀が何時如何にしてなされ、その内容が如何なるものであったかと言う点については必ずしも逐一これを認定判示し、且つ証拠によってこれを認めた理由を説示することを要するものではなく」（刑集1811頁）といっているのには驚きますね。さすがに最高裁は、それは「罪となるべき事実」だから厳格な証明を要する、と訂正しています（刑集1723頁）。

とはいえその最高裁も、「謀議の行われた日時、場所またはその内容の詳細、すなわち実行の方法、各人の行為の分担役割等についていちいち具体的に判示することを要するものではない」（刑集1723頁）といってしまう。

そもそも実力の衝突が繰り返されている状況があり、その場合には、その実力を形成していない分子に関してはよほど注意深く認定しなければならないのではないですか。個別の訴因との具体的な関係を詰めることが不可欠です。

S6：実際に論証しようとしていることは、R1の政党内における役割であり、これとそのエイジェントR2とのあいだの接触だけです。それもR2の捜査段階における供述によるところが大きい。これでは集団の具体的な軍事化のプロセスが全然解明されない。「一体」理論のどんぶり勘定のおかげで、ポイントにメスを入れることができなくなってしまった。逆説的ですが、集団に対して非常に甘い体質が滲み出ています。弾劾する側も集団化軍事化しちゃってる。

ホンモノの軍事集団

T：いずれにせよ、本物の軍事化集団が現れた第2事件で判例理論は非常に困ることになりましたね？

S3：本物の軍事化集団は暢気な謀議なんてしないですから。東京に遊びに来たボスを、支配下の暴力集団のボス以下が丁重に接待する。このときに、大ボスが連れて来た親衛隊と支配下ボスが用意した軍事集団が融合したことに着目しなければならないと思います。様式化された車列を並べ、定まった後続車に軍事集団が乗り込む。このときに、車列はもちろん一体的な軍事化を経ています。ここを捉えなきゃ。「ボスは謀議をしていません」なんて揚げ足取りの抗弁に困って、「いや、暗黙の謀議があったのだ」と間抜けなことをいっている。

S5：間抜けではなく、判例準則へのリスペクトで、それはなにがしかの保障にはなるのだと思いますが、「銃の所持」の1点を取っても、これは直接所持していたケースですよね。従者に持たせたのと同じだ。占有概念の出番さえない。つまり実行行為に「関与」したどころか、実行行為をして

S6：それよりなにより、この大規模な軍事化を東京の中心で許しうるということに驚かざるをえません。銃刀不法所持などというコジツケによってしか検挙できないというのはどういうことか。街宣車などの場合もそうだけれど、暴力に対してほんとうに弱い体質が露呈しています。この事件など、ウィース プリウァータ vis privata を超えてウィース プーブリカ vis publica❸じゃないですか。

■「組織的な犯罪」法

S2：そうなると、「組織的な犯罪」法の限界が浮かび上がるな。いよいよ組織にアプローチしようというのだから、いい度胸だけれど、全然準備ができていない。

T：じつは、ここまで見たのは基本問題で、組織的な犯罪に立ち向かおうというのならば、一段ヨリ高度な問題について準備ができていなければならなかった。だから基本問題について準備ができていないだけの問題ではありません。とはいえ、ここでも基本問題をクリアしていない馬脚が現れてしまった。

S2：なるほど、そうなのか。いずれにせよ、「組織的な犯罪」法の定義規定、2条1項❹は惨憺たるものだねえ。「「団体」とは、共同の目的を有する多数人の継続的結合体であって、その目的又は意思を実現する行為の全部又は一部が組織（指揮命令に基づき、あらかじめ定められた任務の分担に従って構成員が一体として行動する人の結合体をいう。以下同じ。）により反復して行われるものをいう。」とあります❺。

---

❸ IRL、173頁。
❹ 三浦守他『組織的犯罪対策関連三法の解説』法曹会、2001年、67頁以下。
❺ 2017年改正は、「団体」のうち「テロリズム集団その他の組織的犯罪集団」に関

S1：あっ、また出た！ 「一体として」が出た！
S2：「目的」とか「意思」とかもそうです。「結合体」というのもそう。
S6：団体理論の欠陥が出たなあ。
S4：しかし、これまでの判例準則に気を遣いながら、軍事化した集団の特徴をうまく捉えた側面もあるのではないでしょうか？

10条1項

T：10条1項❻を見ましょう。「犯罪収益等の取得若しくは処分につき事実を仮装し、又は犯罪収益等を隠匿した者」という定義が出てきます。なぜいきなりここに登場するのですか？ ちなみにこれはこの法律のもう一つの柱ですね。

S3：犯罪組織が多くの場合マネーロンダリング、資金洗浄などをするからでしょう。

T：しかしそういう頭のよい犯罪組織は2条のように一体化しているでしょうか？

S5：自分たちは捕まっても利益は逃げ切れるように資金洗浄をするのですよね。その利益を握る一番

> **組織的な犯罪の処罰及び犯罪収益の規制等に関する法律2条（定義）①** この法律において「団体」とは、共同の目的を有する多数人の継続的結合体であって、その目的又は意思を実現する行為の全部又は一部が組織（指揮命令に基づき、あらかじめ定められた任務の分担に従って構成員が一体として行動する人の結合体をいう。以下同じ。）により反復して行われるものをいう。

して特則を定めたものであるが、2条1項の基本定義は変らず、そういう改正形態であるから、そのまま引き摺った（時の法令2038、2017年、12頁、亀井源太郎「組織犯罪処罰法6条の2第1項の罪にかかる限定解釈の試み」法律時報89-9、2017年、93頁）。他の文献にも「一体」についての問題関心は依然見られない。むしろ限定になると考えられているようである。それにしても、学術的な論文の少なさに驚く。刑事法学全体についていえることだが。

❻ 前掲三浦他『組織犯罪法解説』19頁以下。

悪いやつは、だから闇のなか。おそらくなんらかの見返りが、捕まったやつにここからやがていくのでしょう。

T：ということは、犯罪組織は、少なくとも表面的には一体化を避けなければならない。関係ない振りをして密かに連携する。この側面をこの法律は掴まええていませんね。

S2：それで3件目の違和感の源がわかった。しているのは、ただの両替で、大きい紙幣にしておけば募金が源泉であるということが隠せる、という認定ですが、まさか、これが資金洗浄だといいたいのではないでしょうねえ、と呆れた。それなのに、10条の適用は全然争われていない。弁護人も含めて争っていない。

T：で、どこが争いになりました？

S5：包括一罪の問題ですね。くだらないと思いました。択一式試験の問題ではあるまいし。

T：くだらないではすまされませんね？

S6：最高裁の決定では、「不特定多数の通行人」を「一括」する被告人の「1個の意思、企図」といっています。ただしこれは組織犯罪の認定にはかかわらず、包括一罪の認定のほうです。

S5：そこがまさに捻れている。共謀共同正犯概念の基礎にある発想を無意識に引き摺りましたね。包括一罪のほうで処理したからなお混乱している。

S2：原審はもっと端的に「組織的団体的一体性」といっている（刑集229頁）。それでいてなお「組織的な犯罪」法を適用しようとしているのではない。しかもそれを意識している。だからこそ次の頁で卒然と10条が引かれる。

S4：これは全然組織犯罪ではないから、「一体性」を包括一罪のほうへと流したのは、少なくとも結果においてオーケーなのではないですか？

S6：それはそのとおり。むしろ完全に単独犯ですね。

T：どうしてそれがいえますか？

S6：人員が雇用契約、つまりロカーティオー コンドゥクティオー locatio

conductio で被告人と結ばれているにすぎないからです。だからこそ、第一訴因は重要です。事業の目的をその後知ったとしても、アルバイトの連中は賃金さえ満足に払われていない。つまり、まして利益の分配に与っていない、ということです。つまり集団形成そのものがない。まして、集団形成を秘匿した高度な連携などまったくない。

組織犯罪のモルフォロジー

S4：そこへいくと4件目では最高裁もようやく正面から組織犯罪に向き合ったように思えます。一体性を強調してはいません。むしろ、組織内に「加担している認識のない」人員がいるということを前提にしている。

S5：いや、この最高裁の決定文は最低ですね。一審も二審も「団体性」を論じている。一審は相当に素朴だが、二審はそれをたしなめさえしている。「団体自体が共同の目的を有しているような判示をしている点については正確さを欠く」（刑集781頁）というのです。その前提として、二審判決は、特定の時点以降「詐欺行為の実行を目的とする団体に転化した」（刑集781頁）という事実認定をおこなっている。軍事化のポイントを押さえ、それに関わった経営幹部の役割を特定しています。

S6：本件では、法人が主体であり、しっかりした法人論をベースにしなければならない。ところが法人論においても素朴な実在論がまかり通るくらいだから、わけなく法人自体が「組織的犯罪」法の「団体」になってしまう。これであると、法人が犯罪をおこなえばただちにこの法律の処罰範囲に入ってしまうかのようです。

　しかし、法人の場合、役員はそれぞれ広い意味の契約により「謀議」に関わっているのであり、これと組織犯罪への関与との線引きは本来難しいはずです。というより、通常は法人に対する責任を問われ、それが場合により刑事責任にもなりますが、組織犯罪にはほど遠い。それは役員には法的な役割があり、これが団体性を阻却するからです。

S3：だからこそ、軍事組織への転化の瞬間を明らかにしようとした控訴審の努力は重要だが、最高裁はこれをまったく理解せず、全然反応していない。

T：それもそうですが、本件はそもそも組織犯罪ではない。法人をベースにしたこと自体がそれを排除します。もちろん、犯罪組織が法人を偽装することはあります。ならばそのことを論証しなければならない。組織犯罪というものは、明確な別人格が密かに結託している場合を指します。

　もちろん、これを裁判所に言っても仕方がない面があります。立法の誤りです。さきほど言ったとおり概念構成に大きな混乱がある。犯罪類型の各論的な探究が十分でないために、構成要件が宙に浮いてしまった。見当外れにしか使えない代物になった。

　とはいえ、一人歩きします。本格的な犯罪組織に対してではなく、一網打尽のための手段として使われる危険性があります。なぜならば、組織犯罪のメカニズムに精通したうえで犯罪組織を解体するのならば、なによりも、個々人の役割を正確に把握しなければならないのですが、この探究が遮断されます。すると、個人責任の原理にも違背し、しかも肝腎の組織犯罪にはメスを入れることができない、という最悪の結果となります。

11 文書偽造

> 最決昭 45-9-4 刑集 24-10-1319　有印私文書偽造事件

事案の概要

T：今日は久しぶりに1件ですが、お願いします。

S6：被告人 R1 は、学校法人の理事でしたが、自らを理事長に選任したという、存在しない理事会決議を記す議事録を偽造し、それに基づいた偽りの登記申請書を司法書士に作成させ、かつ偽りの登記を法務局に登録させた、というのが第一の訴因です。第二に、R2 を理事とするという、存在しない決議につき同様の書類を R2 とともに偽造し行使しました。第三に、A、B、等理事を解任する決議につき同様の書類を両名で偽造し行使しました。

　一審は、刑法 159 条 1 項の有印私文書偽造にあたるとして有罪としました。法人が本人であり、その代理人をかたって書類を作成した、というのです。控訴審も同様の判断をしました。これに対して最高裁は、学校法人の印章もしくは署名が使われておらず、「理事録署名人何某」としてその本人の印章と署名が使われている以上、159 条 3 項の無印私文書偽造罪にしか該当しない、と判示しました。

ラブレターの代筆

T：彼女に恋するものの告白できずに煩悶する友人のために君は彼には内緒でラブレターを代筆しました。君は詩作の才能に恵まれており、そのラブレターの威力でたちまち彼女を虜にすることができました。彼の署名捺印を偽った婚姻届の用紙を同封してありましたので、彼女もまたそこに署名捺印、これが返送されてきました。2人はめでたく結婚しました。さて君は私文書偽造の罪に問われるでしょうか？

S1：それは問われないでしょう。

T：しかし「他人の印章若しくは署名を使用して権利、義務若しくは事実証明に関する文書」を偽造したことは間違いない。結局婚姻関係を実現してしまいましたから。

S4：彼の気持ちを偽ったわけではありません。

S2：無形偽造は日本ではもともと問題にならない。医師が公的に使用する診断書において内容を偽った場合くらいです。本件は結局、委任状を偽造した無権代理人がした行為を本人が追認した場合に偽造罪が成立するか、という問題だと思う。

S5：偽造罪はまったく成立しないと思います。なぜなら、彼女の側で彼に対する気持ちの実体はどうか、また彼の気持ちが本物かどうか、チェックするチャンスがあり、

> **刑法159条（私文書偽造等）** 行使の目的で、他人の印章若しくは署名を使用して権利、義務若しくは事実証明に関する文書若しくは図画を偽造し、又は偽造した他人の印章若しくは署名を使用して権利、義務若しくは事実証明に関する文書若しくは図画を偽造した者は、3月以上5年以下の懲役に処する。
> ② 他人が押印し又は署名した権利、義務又は事実証明に関する文書又は図画を変造した者も、前項と同様とする。
> ③ 前2項に規定するもののほか、権利、義務又は事実証明に関する文書又は図画を偽造し、又は変造した者は、1年以下の懲役又は10万円以下の罰金に処する。

代筆者の詩作能力に左右されたとはいえ、これは一つの要因であったにすぎません。だから実質的な違法性がない。

■ 偽造罪の実質的違法性

T：前回と同様、各論に入っても、犯罪の実質をつねに意識していなければなりません。罪刑法定主義はこれを怠らせるものでは決してありません。さてそれで、文書の偽造がなぜ犯罪になりうるのでしょうか？

S3：政治システムの骨格の破壊でなければならなかったですね？　公文書ならばわかる。

T：どうしてですか？　政治システムにおいては、文書は使用しないし、使用しても信用しないのでしたね。どうせチェックをします。もともと疑わしいものだからです。背後に author つまり権威をもつ作成者が隠れるからです。

S3：しかし議事録のようなものは、偽造されるとやはり困るんじゃないかな？

T：本来の政治システムであれば、議事録になんと書いてあろうと、決定に参加した人々は全員その内容をニュアンスや脈絡を含めて共有しています。不正確な議事録などに頼りません。

S5：だとすると、あとで参加していない人に伝える必要がある場合に問題となる、ということでしょうか？　後の世代の人に伝える場合？

T：そうですね。それからヨリ広い範囲の人に伝える場合ですね。オープンに。典型はたとえば碑文ですね。みんなが等しく見うる。デモクラシーになるとはじめて公文書が登場するということです。

S3：でも、公の帳簿のようなものもありませんか？

T：信頼で取引をする構造ができあがると、オープンな帳簿の上にさまざまなことを登録して占有などを移転するということがおこなわれる。もっとも、この方面の偽造変造は重大で懲罰的な民事責任を伴うというにとど

まります。

S3：それでどうして私文書の偽造が保護法益になるのですか？

T：ローマでは遺言の偽造が出発点となりました。どうしてだかわかりますか？

S1：遺言作成者が死んでしまっていてチェックしようがないから。ラブレターのケースでは、その気になれば彼女はいつでも彼に「ほんとう？」と問い合わせることができた。携帯メール１本で足ります。

T：そうだね。政治システムにおいてはクリティックへの絶対の信頼があります。新しい信頼に基づく取引空間でも同じです。紀元前２世紀のローマで契約法を生んだ、あのボナ フィデース bona fides を原理とする取引空間です❶。クリティックによって濾過された空間ができあがっていて、そこは信頼できる、と考えられている。すべて自動的に進むのは、クリティックをサボるのではなく、それを内蔵してしまっていてあらためていちいちするまでもないところにまで至っているからです❷。

　とはいえ、まさにだからこそ、遺言を偽造されても怖くないということがある。遺産分割手続等でおのずから審査されていきますし、そもそもすべての当事者はそのようなことをしてその世界から永久に追放されるようなことは絶対にしないであろうということがある。すると、遺言の偽造をされるとお手上げだという、もう一つ新しい事情が加わるのでなければこれを犯罪とはしません。

---

❶ IRL、92頁以下。
❷ ただし近代においてはこの事情をもう一歩進め、手形や帳簿などが典型的であるが、記号上の関係を無因的に動かす。後述の所有権関連のフィールドが時代に制約されたやや周辺的なものであるのに対して、こちらが偽造罪の主戦場となっているといえる。

■ 所有権

S6：論理的に考えられるのは、遺言がクリティックの作用の効かない空間に出てしまい自動的に物事を動かすようになった、ということですか？

T：そのとおり。所有権に固有のメカニズムですが、市民的占有というものが現れて意思だけで自動的に占有が移転するようになる。さらに、所有権は装甲化された主体をもたらすといってきました。装甲化ですから、主体は当然に従たる部分をしたがえています。端的にいえば従者ですね。執事や管理人、広い意味での代理人ですね。所有権者の意思は彼らを通じて第三者に伝達されます。そしてこれがただちに物事を動かす。なぜならば、そこでも bona fides の存在は想定されていますが、これは多分に擬制的なもので、政治システムに類した具体的な人々の連関というものは存在していない。

もちろん、近代ではこれを補うものこそが登記制度です。そのピュブリシテ publicité ❸ です。市民的占有という制度を機能させるための工夫でした。すると近代では、この登記という制度を偽って機能させるために所有権者の意思を偽造するための文書が作られるということになります。死者がその向こうに隠れているのと同じく、所有権者つまり本人はつねにその向こうに隠れている。

そしてまさに、所有権者こそが装甲化された新しい主体の代表選手でした。彼にとって致命的な装備を剝ぎ取る行為は犯罪とされるに値する、と考えられたのです。このローマの発想は 19 世紀ドイツで採用されます。所有権全盛期であったこと、またドイツの所有権の無因性、そして登記制

---

❸ 通常いわれる「公示の原則」。実際には、政治システムの原理を使って公的に関係を確定するものの、自由で開放的な取引空間をバックアップするのみで、公信力は付与せず、政治的決定のように絶対的なタイトルを与えるのではない。

度が背景にあったでしょう。ただし登記の実質審査主義があってなおそうなのか、と思いますが、二重にガードしたのでしょう。

無形偽造と有形偽造

S2：なるほど、有形偽造ですね。
T：「無形」は moral または intellectuel つまり精神的、「有形」はマテリエル matériel つまり物的という意味です。どうしてそういうかというと、記号の性質からきます。シニフィアン signifiant は物的に組成されています。だから伝言ゲームのようにはならずに、頭越しに主体を通過して伝わる。ある主体から発せられたこのシニフィアンを物的に変造したり、およそゼロから造ったりするのが有形偽造です❹。主体から発せられたシニフィアンがそのまま運ばれることに強い関心を有しています。主体の意思がきちんと関係を動かすということですね。シニフィアンのコントロールを通じて正しいレフェラン référent を呼び出すということです。

　無形偽造は、これに対して、シニフィエ signifié のほうに関心を有する。シニフィエは概念とかアイデアとかを内容とします。通常はこれはクリティックを受けますから心配ない。しかし例外的に権威をもった専門家の鑑定のごときはクリティックの圏外におかれる。これに対する信頼を保護しようというわけです。

　そもそもシニフィエのレヴェルを強く意識するということがクリティックと強く関係します。反対はシニフィアンから一気にレフェランが飛び出

---

❹　山口厚『問題探究　刑法各論』有斐閣、1999 年、251 頁は、意思説と効果説の双方を不十分としたうえで、「文書はそこに記載された意思表示の証拠として保護される」という観点を提案する。有形偽造のインターセプトという特徴をよく捉えた的確な定式であると思われる。現に両側、つまり「名義人における帰責事由」と「外観に対する信頼の保護」を考慮するメリットを主張する。文書が証拠としてではなく（吟味抜きに）無因的に働く場合を想定すればもっと正確になった。

してくるパターンですね❺。クリックするとたちまちもうお金を取られている。いずれにせよ、立法例はさまざまで、日本のように有形偽造に偏っている立法がすべてではありません❻。

本人は誰？

T：さて、では本件において本人は誰でしょうか？　有形偽造の違法性の拠りどころとなるのが本人の意思ですから、本人そしてその意思をしっかり同定しなければ実質的な違法性を論じえませんよね。
S2：最高裁の決定文がいけないのはまさにそこがはっきりしないところだ。法人なのか、理事会なのか。
S3：印章の使用に固執するからじゃないかな？　印章で本人を判定するつもりなのに、使われていないため、無印偽造としたものの、じつは本人同定で困った。
S1：無権代理人に関する古い判例理論を単に踏襲したんじゃないですか？
S4：議事録の作成について、それを無権限で作成したというほうではなく、権限を与える文書を偽造したということのほうを問題にしました。無権代理人ケースとはシチュエーションが異なるのではないですか？
S2：古い無形偽造説❼も意識せざるをえないか？

---

❺　もう一度 IP、74 頁以下の参照を乞う。signifié つまり木のイメージを［ki：］という音つまり signifiant が呼び出すが、アラジンの魔法のランプではないから、決して木自体 référent は出てこない。雑な記号論であれば、「木」は木に対応していると捉える。

❻　フランス法の伝統は無形偽造の側にあることにつき、短いながら、今井猛嘉「文書偽造罪の一考察（1）」法学協会雑誌 112-2、1995 年、15 頁以下、ボアソナード草案から旧刑法にかけてその観念がまだ残ることにつき、同（2）、法学協会雑誌 112-6、1995 年、1 頁以下。

❼　今井「文書偽造罪（5）」法学協会雑誌 116-7、1999 年、94 頁。ドイツでは、代表に関しては当初無形偽造説が採られ、代理については今日でもそうである、といわれる。

T：どういうことですか？

S2：「代理人」と書いたが、しかしじつは代理人ではなかった。すると内容を偽っているのではないか、だとすると無形偽造ではないか、というわけです。

S4：だからこそ、委任状を偽造するというところを突く。ここは確実に突けます、有形偽造でね。だからこそそれに該当する議事録、つまり被告人を理事長つまり代表に選任する決議を記す議事録、の偽造がクローズアップされたのだと思います。

S5：そうかなあ。委任状とはちがって、本人が法人であるという特殊性が残りそうですけど？　意思を端的に示す文書の偽造ではない。議事録はあくまで議事を写し取ったものであるにすぎません。写し取るときに、自分が議事録作成権限者であるということも含めて内容を偽った。そうするとこれも無形偽造となります。

T：いずれにせよ、法人の場合簡単には本人を同定できません。したがって、本人とその意思を軸にした違法性判定は困難を抱えますね。本人の意思は代表を通じてしか伝えられない。株主総会や取締役会や理事会も本人にはほど遠い。だから、代表に偽造は遠い。打ち消す本人がいないからです。

S2：本件でもそのあたりは顕著です。R1は世襲的な存在ですが、父兄からのクレームの問題で理事長が進退伺いを出して開かれた理事会が紛糾すると、先手を打ったこの旧理事長派からR2ともども教諭の職を解任される。教諭の職は理事資格を意味することになっていて、理事を解任されたのと同じになる。これに反撃してR1とR2の2人はほかの全理事を解任する決議を作出し、その議事録を作成する。さらにはR1を理事長とする議事録も作成する。

S6：党派争いによって理事会が空中分解してしまっているから、本人の意思など問える状態にはない。正しく選任された理事長がいて、彼が偽の理事長を追及しうるというのでさえない。

違法性の実質

T：すると、私文書偽造つまり有形偽造を概念構成するのが難しい事案だということにならざるをえません。もともと有形偽造の概念構成には相当の無理がありますが、とくに本件のような場合にはその無理が顕著です。その理由は？

S3：実質的な違法性を考えてみると、所有権者が不動産を動かすなどというシチュエーションとは著しくかけ離れています。法人であり、しかも公益法人です。内部の機関の問題であり、ガヴァナンスがかかっている。

T：すると、なんの問題に近いですか？

S4：信認とか bona fides ？

T：もっといえば？

S6：ほとんど政治システムそれ自体の問題ですね。デモクラシーにおける議決の文書化に近いでしょうか？　そうするとこれはどちらかというと公文書の偽造に近い。違法性はその種のものである、ということになりませんか？　公益法人の政治的決定の公的な性質をないがしろにした点が違法の実質です。私物化ですね。

S2：文書偽造罪で立件するのには所詮無理がありますね。公益法人に関する法規により制裁を与えることが望ましい。

12 横領・窃盗

第1事件　最判平 15-4-23 刑集 57-4-467（高刑集 54-1-13）
　　　　　　　　　　　　　　　　　　　　横領物横領事件
第2事件　最決平元 -7-7 刑集 43-7-607　自動車悪質金融事件

第1事件の概要

T：前回も楽しかったけれど、今回はもっと楽しい事件です。1件1件別々に見ていきます。

S2：学校法人の次は宗教法人です。被告人Rは宗教法人の責任役員でしたが、A会社の名義で金銭消費貸借をすると同時に寺の土地に抵当権を設定しました。この抵当権が実行された段階で、Rは横領の罪に問われました。深刻な争点となったのは、抵当権設定時を見る限りすでに公訴時効が完成しており、抵当権実行時を基準としない限り公訴提起できない、という問題でした。判例が設定時に既遂としていましたから、弁護側がそこを突いて、不可罰的事後行為論を援用しました。

　これに対して一審は、後行行為は先行行為の違法評価に「包含し尽くされていない」という論理で有罪としました（刑集 498 頁）。控訴審は、後行行為もそれ自身として犯罪の成立要件を充足しているとしました（高刑集 38 頁）。最高裁は、さらに進んで、このような場合にはどちらについて公

訴を提起するかは検察官の裁量であり、訴因としていないほうを取り上げるのは不届きだと弁護側をしかりつけています。

団子屋のでっちどん

T：団子屋のおかみさんがでっちどんに「お客様に団子を届けておいで」といって送り出しました。「へーい」といって店を出たでっちどんでしたが、おなかが減ってたまりません。ついつい1個食べてしまいました。さあ、これは横領でしょうか？

S1：それは横領ですね。

S2：残念でした。団子の占有は店にありますから、「自己の占有する他人の物」（刑法252条1項）にはなりません。だから、横領になりそうですが❶、横領ではなくて窃盗です。

T：でっちどんは今夜は当直、寝ずの番で団子を見張っているはずでしたが、悪い友達と共謀して1ケース持ち出してしまいました。これは横領ですか？

S3：明らかに横領でしょう。団子を預かった身であるのに。

T：でっちどんは今夜は非番でしたが、勝手知ったる店ですから、夜中にそっと忍び込み、眠りこけている仲間のでっちどんを尻目に、団子を運び出しました。これは？

S1：うーん。非番だから窃盗かな？

---

❶　山口厚『刑法各論補訂版』有斐閣、2005年、288頁。佐伯仁志＝道垣内弘人『刑法と民法の対話』有斐閣、2001年、162頁以下。一般に、横領罪における占有について理論的考究が深められるということはない。（まったく事実上の支配である）窃盗罪における占有より広い（観念的で、だから店の占有を認める）といわれるのみである。団子屋のでっちどんが窃盗になる理由は（道垣内が正当に指摘するように）相当に曖昧である。店長が盗めば横領になりそうである。もちろん、後述のように横領罪の構成要件自体がよくないのであるが、現在の日本の刑法学には構成要件自体に対する攻撃はまったく見られない。理論的な研究論文においても、である。

T：あっ、非番だと思ったら、ほんとうは当直の夜でしたが、サボっていたのですね？　それでも窃盗ですか？
S1：その場合は横領かな？
T：そんなつまらないことで横領か窃盗かが変わっていいんです

> **刑法252条（横領）**　自己の占有する他人の物を横領した者は、5年以下の懲役に処する。
> ②　自己の物であっても、公務所から保管を命ぜられた場合において、これを横領した者も、前項と同様とする。

か？　事実認定の結果、誰が当直かということはつねに適当で十分には定まっていなかった、ということになったらどうします❷？

でっちどんのジャック

T：昔ある団子屋にジャックという名のでっちどんがおりました。ある日、おかみさんはジャックに言いつけました。「このお団子を売っておいで」。売りに出たでっちどん。しばらく行くと向こうからお殿様の籠がやってく

> ❷　小林憲太郎「占有の概念」『刑法の争点』（前掲）164頁以下は、窃盗における侵害される占有と、横領罪における「他人の物を占有する」関係とを、同じ占有ながらまったく異なる、と鋭く指摘する。とはいえ、横領の場合はすでに多少の占有が許されているから、侵害はマイナス・アルファだ（だから横領の方が軽い！？）、というとんでもない vulgata に引っ張られて、自分で違いを相対化してしまう。そして鈴木左斗志（「刑法における『占有』概念の再構成」学習院大学法学会雑誌34-2、168頁以下、占有離脱物横領を基礎に考えるそのきわめて混乱した占有理解は172頁以下）がでっちどんに横領を見ることを試みるのに引っ張られてしまう。まず受寄者は（「すでに少々占有している」のでなく）全然占有していない。占有しているのは団子屋と寄託者である。他方これをでっちどんと受寄者が奪う。奪って得た占有は同じである。ちがうのは、団子屋と寄託者の占有の質である。団子屋の占有と受寄者の占有が異なるというのでない（!）。団子屋の占有はでっちどんの別種の占有を（もし気が向けば）許す性質のものであるのに対し、寄託者の占有は受寄者の占有をおよそ許さない、まったく特殊な占有なのである。このおよそ許されない占有を樹立することが横領である。具体的には果実収取である。もちろん後述のように、「他人の物を占有する」という構成要件がそもそも間違っているということを付け加えておかなければならない。

るではないですか。団子を見たお殿様は急に団子が食べたくなりました。しかし、あいにく小判を持ち合わせていませんでした。そこででっちどんに言いました。「替わりにここに持たせておるこの火焔太鼓を取らせよう」と。火焔太鼓を持って帰ったジャックはおかみさんに大目玉を食いました。「こんな汚いガラクタなんかとトリカエテ！　こんなものは庭に捨てておしまい！」。さて、ジャックは何罪に問われるでしょうか？

S5：何罪でもないでしょう。なにも取っていませんから。食べたわけではなし。火焔太鼓もきちんと持ち帰っている。

T：ならば、持ち帰ったのが宝くじだったらどうですか？　もちろん、エンドウ豆だった場合についても考える必要があるでしょう。そこからつるが伸びて天まで達した場合もね。あるいは、北海道の原野だったらどうですか？　土地ですよ。これほど確かなものがありますか？

S5：自分の懐には入れていない❸。

T：自分の懐に入れていなければいいのですか？　本件では、たしかにR一家は高級外車や高級宝飾品やリゾートマンションを多量に買っている。しかし事実審では被告人は「これは寺のためだった」と言っている。バブル期に特有の行動様式で、みんなやっていた。すべては値上がりすると信じられていたし、また現に値上がりしていた。

　そもそも、土地を抵当に入れてしたことの中心は、社宅用のアパートメントを建設し、これをサブリース方式で賃貸して寺の収益を得るためでした。ここは横領ではなく、高級品の部分だけが横領なのですか？　念のため言えば、権限の点では問題ありません。Rは父親である代表役員と協議の上ですべてをおこなっています。どの寺も、駐車場にしたりマンションを建てたりしたではないですか？　事実審の認定は、読み物として極上のエンターテインメントを保証しますよ。

❸　保護法益が所有権（および委託関係）とされる（前掲山口『各論』283頁）ため、占有が精密に論じられることはない。

S3：懐に入れていなければよいとはいかないね、そりゃ。他方で被害は出ているんだから。
S2：たしかに、いったい、いつ横領が既遂になったのか不明じゃ話にならない。何回も既遂になるとか、どれを訴因とするか訴追側の勝手だ、とか、もうヤケになっているとしか言いようがない。

構成要件の欠陥

S6：なにかがおかしいと感じさせる一つの原因は、Rが預かった土地を懐に入れたという法律構成ですね。条文の書き方に合わせるためにはどうしてもそうせざるをえませんが、売り払ったと聞けば、「いったん懐に入れてしただろう」と考え、抵当に入れたと聞いても、「いったん懐に入れてそうしただろう」と思う。

実際にはたかだかお金を懐に入れただけで、土地を懐に入れているのではない。少しズレていますね。他方、お金は預かっていませんから。それとも、代金を預かったと考え、それを自分のために費消したところで横領が成立するのか？
S4：いや、裁判所は土地のところで考えています。で、もちろん、お金のところでも、Rは法人のためにやったと言っている。これを否定する裁判所のロジックは完璧なものではありません。「ハンドバックなんか買って、娘のためだろう」という式の言い方だけで、厳密な法律構成はありません。パリで、「日本人お断り」の貼紙をかいくぐるためにイタリア人を雇って並ばせ、組織的に手に入れたハンドバックは日本ではどんどん値上がりしていた時代だと聞きますから、これだって寺のための立派な投資だと言い逃れすることができます。
T：条文の書き方に大きな問題があるということは、じつは否定できません❹。19世紀ドイツで新しく考えられたものですが、それまでの大きな伝統とは異質のものでした。つまり公金横領罪の長い伝統があったのですが、

この場合は「占有」などとは言いません。しかもドイツではその「占有」を誤って概念しました。気づいて、実際には構成要件上の「占有」を広く解せるよう、つまり「所持」を含むことができるよう、広く修正されましたが、もっと悪くなりました。占有という茨の道をいくならば、現代を先取りして、高度な占有概念を用意すればよかったのですが。そうすれば、これを欠くために世界中で経済犯罪の摘発に苦しむということがなかったでしょう。

ところが反対に「所持」のほうへと後戻りしたために、とんでもないことになりました。どうとんでもないかというと、でっちどんのケースが軒並み横領になってしまった。名無しのでっちどんのほうですね。これらは全部窃盗に該当します。反対に、本来ならばでっちどんのジャックのほうこそ横領したとみなされる可能性があるのでなければならない。たとえ火焔太鼓が高く売れ、エンドウ豆のつるが天まで伸びて挙げ句の果てに黄金の竪琴を獲得できたとしても、です。つるを切るジャックの行為は、そういう投機は天から降ってくるということです。最後にそれを断ったということです。

本来それより、地道に領域に投資し、そのときに一攫千金を夢見るな、というのです。逆に、メンドリを売るよりは領域への投資の方がよいという意識が庭にエンドウ豆を捨てる行為の逆説的結果に現れています。

お母さんの無意識の功績ですね。逆転、それが儲けにつながったというのはジャックの筋書き上の反抗を表しています。他方、投機を許さないという意識がどこかでずっと鳴り続けている。横領まではまだ遠いけれども、こちらのほうが横領に通じている道です。

❹ 以下に関して、あるいはそもそも横領に関しては、木庭顕『新版現代日本法へのカタバシス』みすず書房、2018年、61頁以下参照。

横領罪の本来の脈絡

S1：その、横領の伝統的な概念というものはどういうものですか？

T：すでに紀元前1世紀末の大法学者ラベオーが、われわれの気の毒なでっちどんを横領犯などと考える「考えられない混乱」を嘆いているというか笑っています。これは窃盗に決まってるじゃないか、とね。

　その前提として、なかなか横領概念の正規の脈絡が理解されにくくなりつつあるという認識がありました。ましてわれわれがそれに接近するのは容易ではないのですが、しかしなかなかにうまい近道があるにはあります。寄託を考えましょう。占有は寄託者にあるのですか、受寄者にあるのですか？

S4：『民法篇』でおなじみのテーマ❺ですね。『公法篇』の財政のところ❻でも出てきました。寄託者に占有が残る。

T：横領罪では、他人の物を預かるという関係が不可欠ですが、「預かる」といっても、法学的に特別の意味です。その性質は寄託におけるものです。受寄者には占有がないのみならず、占有してしまえば、それだけで横領です。それが、横領を定義します。つまり、信頼を得て財物を預かった者が、その財物を占有した場合、これが横領となります。果実を発生させたり、第三者に占有を移転した場合ですね。

S3：あと消費寄託の問題がありました❼ね。たとえば銀行は第三者との関

---

❺ IC、104頁以下。

❻ IP、302頁以下。

❼ 前掲山口『各論』295頁以下、前掲佐伯＝道垣内『対話』6頁以下。ここでも所有権に拘泥するため、消費寄託がなぜ必ずしも横領でないかに関しては、不法領得の意思で説明することになる。流用して果実を得ても元本を返すつもりであったならば横領に該当しないことになる。佐伯＝道垣内は、（金銭に関する）「所有権＝占有一致」ドグマに多少ニュアンスをつける諸説を引いて消費寄託の説明に資すると

係であたかも自分の占有下にあるかのように振る舞う。

T：あれは端的に横領です。しかし特別の許可を得て、違法性を阻却している。そのかわり厳密な審査を経て認可を得なければならない。その後も厳重な監督下におかれます。そしてとくに大きいのは、第三者とのあいだでする取引に重い制限がおかれるということです。過度にリスクをとってはいけない。もっとも、この制限の実質は不安定で、ここから破綻が生まれ、そして制限が厳しくなるものの、いつの間にか緩くなり、また破綻する、という繰り返しです。

　これらを通じての大きな脈絡は、政治システムです。その財政原理です。財政的寄与と財政的支出のあいだでなにか政治システムやそのエイジェントが占有するようなことがあってはならない、国庫のようなものがあってはならない、という原理です。もちろん、高度の信頼関係において預かった物を扱う。その高度な信頼関係というものが柱になっている。でっちどんがお団子を売っておいでと持たされる関係の対極です❽。

法人と被告人の間の関係

S2：すると、Rが「土地を預かった」なんて素人のような認定をしていてはいけない、ということですね？　誰から預かったかという点さえ厳密には特定していない。

T：ではまず、どういう資格で預かったのですか？

S3：責任役員ですね。

　するが、銀行のみに許される金銭消費寄託の制度的前提を視野に入れないから、そのようなドグマに対する根底的な批判に至らない。

　❽　結局その高度な関係を扱うには占有概念によほどの彫琢を加えなければならない。経済刑法がなかなか高度な理論的な水準に達せず、その結果訴追が十分でないのは、われわれがそれに成功しないからであり、その成功のためには、畢竟経済社会の生命線がどこにあるかについての明晰な見通しというものをもつ必要がある。

T：その法的性質は？
S3：委任でしょうか？
T：そうですね。委任においてはさまざまな寄託関係が現れます。しかも要求される信頼関係はいっそう重大です。それで、誰から預かった？
S5：法人です。
T：ならばもっと重大だ。法人から預かる場合、2通りあります。法人の機関として預かる場合、機関のエイジェントとして預かる場合。
S6：Rは機関の構成員そのものですね。つまり、法人の場合、機関の一つとして政治システムが形成されるのですが、ここが正常に機能したのではあるが、ここから受任されたエイジェントが逸脱した、というのではなく、そもそも政治システムが立ち上がらず、そこを乗っ取った連中がそのままエイジェントを介さずに事を動かしてしまったのです❾。

被告人はなにをした？

T：それで、被告人がいったいなにをしたから横領なのですか？　どう事を動かしたというのですか？
S2：横領である以上は、占有してはいけない人が占有をしたということでしょうか？　すると問題は、いつ、どのように占有したか？　やはり抵当権を実行されて売主になった❿場面においてでしょうか？
S4：寄託だの委任だのにおける占有が問題とされるのだから、そこは厳密

❾　法人理論については差し当たり、木庭顕『法学再入門　秘密の扉——民事法篇』有斐閣、2016年、323頁以下参照。「2通り」については前掲『現代日本法へのカタバシス』275頁以下参照。
❿　抵当権の実行については扱われないものの、横領罪と非典型担保の関係は盛んに論じられる（前掲山口『各論』294頁以下、前掲山口『問題探究各論』181頁以下）が、所有権に対する関心によって貫かれている。もっとも、債権者と担保権設定者のあいだの関係、第三者に譲渡した場合の問題、のみが扱われ、第三者から預かった不動産への担保権ないし非典型担保の設定が論じられるのではない。

にいかなければならないでしょうね。いつ、どういう占有をしたか。
T：抵当権の設定のところからいきましょう。抵当権者は？
S4：派生的占有を有します。
T：なにに対して「派生的」なのですか？
S4：あっ、そうか、市民的占有に対してだから、どこかに市民的占有が発生した。するとRが本来してはならない市民的占有をした？
S2：Rは寺の市民的占有を代行しただけだって逃げるでしょう。
S6：いや、Rは法人で、しかも公益法人、ピア カウサ pia causa に基づくそれだから、軽々に市民的占有なんぞをもってはならないはずです。むしろ政治システムそのものだからね。だからやはり自分で自分の市民的占有を創出したか、法人に市民的占有をもたせたか、が違法になる。
S1：ということは、寺のためにやったのであったとしても違法だ、ということですね？
S6：まったくそのとおりだと思う。
T：しかしその観点からすると、抵当権を設定する前に、あるいは同時に、市民的占有を創出していますね？
S4：なるほど！　ロカーティオー コンドゥクティオー locatio conductio ですね？　それもサブリース型のね❶。明白な市民的占有の樹立だ。すると、この時点で既遂であるということになります。
S1：そんなに早いと時効の点では絶望的ですね。
S4：そうでもありません。毎年更新するような継続的な関係ですからね。

■第2事件の事案概要

T：では、第2事件に移りましょう。

---

❶ IC、163頁以下。

S3：いわゆる自動車金融の事件です。被告人Ｒは、まず出資法違反の利率で金銭を貸し付け、さらに、買戻約款付売買契約に基づいて遅滞に陥った債務者から自動車を引き揚げました。これが窃盗にあたると判断されました。

一審はほとんど理由を示すことなく刑法235条の窃盗とし、二審は、あくまで売買を主張する被告人に対し、いや、これは売買ではなく金銭の貸付である、と応じました。上告理由は、約款において「占有権」が被告人つまり債権者に移転されると明記されていた点を強調しましたが、最高裁は、「自動車は借主の事実上の支配下にあったことが明らかである」からという理由で、刑法242条、つまり「自己の財物であっても、他人が占有し」を適用しました。「自分の物を自分が取っていってなにが悪い」という主張を退けた形です。

> **刑法235条（窃盗）** 他人の財物を窃取した者は、窃盗の罪とし、10年以下の懲役又は50万円以下の罰金に処する。
> **刑法242条（他人の占有等に係る自己の財物）** 自己の財物であっても、他人が占有し、又は公務所の命令により他人が看守するものであるときは、この章の罪については、他人の財物とみなす。

他人の物を盗んではなぜいけない？

T：では訊きますが、ＰがＱの物をとりました。これは窃盗ですか？
S1：はい。
T：ああ、そうですか。でもどうしてこれがいけないことなのですか？
S1：正義に反します。
T：それではトートロジーですね。売買がすでに成立していて、ＱはＰに持っていかれることに同意していたかもしれませんよ。
S4：売買契約があったとしても強引に持っていったとしたら占有侵奪ではないですか？
T：そうですね。しかし、占有侵奪と犯罪とはまったくちがうことですよ。

窃盗になるためには、占有侵奪は加えて……、どうでなければいけない？
S3：単なる占有侵奪は、防御もできるし、侵奪されても取り返したり、少なくとも占有訴訟でブロックすることができる。だから犯罪ではないんだろう。
T：ならばなにが加わる？
S5：「盗む」というのだから、「密かに」という部分がありそうです。つまり「占有者の知らないうちに」というのが加わる。
S2：なら、占有者が占有訴権を行使しようとしてもできない、というのもあるでしょうねぇ。どこかへ隠した、とか。
T：隠すためには？
S6：仲間が必要ですね。グルになっている、結託している、そのネットワークを使って輾転と売買して追いかけさせない。占有訴権も使わせない。おそらくこれが違法性の核でしょう。
T：ローマではついに窃盗は犯罪とされることはなく、不法行為にとどまりましたが、それでも懲罰的賠償訴権を基礎づけました。そのときの基本の動機はまさにおっしゃったとおりですね。

窃盗の要件

T：今日の要件論に以上のことはなお反映されています。どの部分かわかりますか？
S2：「所有権者の意思に反して」という部分と「不法領得の意思」の部分です。
T：前者は"invito domino"（インウィートー・ドミノー）と言います。後者は"lucri faciendi causa"（ルクリー・ファキエンディー・カウサー）。それぞれ淵源を所有権概念が形成される紀元前1世紀にもちます。
　ただしまさにそのような形成期の状況を反映して、いまさっき言った基本の動機は所有権概念の構造に沿って変形されています。「知らないうち

に」はかつてはもっぱら夜間かつ領域の奥深くということを意味していたのが、小作人が追い出されて「なにをするんだ」と抗議しても、所有権者、いや、市民的占有者が、じつは売ってしまっていたのでオーケーしていた、この場合には窃盗にならない、ということを言うようになります。これは"invito domino"です。さらにまた、小作人が隣地の牛を引っ張ってきても依然占有の問題だが、これに所有権者、いや、市民的占有者が絡み、なおかつ彼が売って一儲けと考えていたとすればそれは窃盗だ、と考えられるようになる。これが"lucri faciendi causa"です❷。

S2：またしても裁判所は恥ずかしいですねえ。上告理由の三百代言風ロジックに対して、ぴしりと切り捨てる切れ味をもたず、要するに「物をとってはいかん」と大家さんのようなことを言っている。落語にしかなりません。

■ 売買ですか？

T：では、本件事案を分析してみましょう。被告人の言うように売買であるとするとどうなりますか？

S4：自動車には所有権が成り立ちます。登録制度があり、市民的占有が制度化されているからです。ところが、Rは登録移転をしたかどうか。引渡しを完了していないから、Rは市民的占有を有さず、したがって所有権者じゃないのではないですか？

S2：それはおもしろいけれども、約款によって「占有」はすでにRに移転している。引渡完了だ。だからRは所有権者で、この点を否定できないか

---

❷ 前掲山口『問題探究各論』109頁以下。要件として「不法領得の意思」を不要とする説に対する反論である。攻撃は主として市民的占有の構造を欠く事例に基づくように思われる。いずれにせよ市民的占有のことは意識されていない。反論は、市民的占有の構造を欠く場合にも、窃盗の実質的違法性の原型が妥当するということを論拠とする以外にない。使用窃盗や毀棄・隠匿との区別はこれによる。

ら、最高裁も、刑法242条に占有説を読み込み、所有権者たるRといえどもVに残るなんらかの別の「占有」を奪う行為を犯罪としたのではない？
S6：所有権を取得した後のRの占有は市民的占有だったかもしれない。しかし自動車を「どうぞご自由に」と使わせている。問題はこの関係だ。利得として賃料を取っている。そうすると端的な占有はやはり譲っている。使用貸借ではないということを意味するから。市民的占有というものは、このような関係をボナ フィデース bona fides に基づいて尊重するはずだ。ところが実力行使をした。譲った占有を奪った。この点が違法なのではないか？

いずれにせよ、最高裁のように苦しまなくともVの占有は簡単に論証できます。「占有を移転した」というから、「Vに占有がとどまっているはずがない」と苦しんでいるけれども、それは市民的占有と端的な占有の区別を知らないからです。

S4：だけど、そこでまさに"invito domino"が引っかかるでしょう[13]。Vは所有権者ではなくなった。占有を奪われたけれども、それは所有権者たるRの意向だった？

S5：だとすると、訴追するには売買たるを否定するしかないでしょう。そして、私は売買たるを否定しうると思います。なぜなら、どう考えてもRにbona fidesは存在しない。市民的占有者なのにそれにあるまじき行為をした、というのではなく、そもそも市民的占有者ではない。ゆえに所有権者でない。ゆえに"invito domino"は適用されない。ゆえに所有権はVにとどまっている。

ただし、このように言うことができるためには、裁判所が非典型担保に関する民事判例の全部を否定しなければなりません[14]。しかし本決定でそ

---

[13] 前掲山口『問題探究各論』96頁は、本決定につき、「被告人にその所有権があったとしても」という文言を重視し、占有説を確定したものと解する。

[14] 前掲佐伯＝道垣内『対話』66頁以下は、おそらく窃盗と横領の両方を念頭にお

の形跡はもちろんありません。であるのに犯罪が成立したと判定した。論理的に民事判例と矛盾しているし、現にRは弁護士や警察に問い合わせ、ここまでは大丈夫とのお墨付きを得てそういう取引を確立した。

担保とすれば？

T：そのとおりだとすれば、売買を否定して担保的に構成することになりますが、この場合はどうなりますか？

S2：Vの市民的占有はコンファームされました。だから"invito domino"は論証しやすい。所有権者たるVの意向に反してRは奪ったとなるのだけれど、今度は、「そもそも占有の侵奪があったのか」というところが問題となります。

　Rは転売して利益を得ようとしているから"lucri faciendi causa"も論証できますが、奪取の実行行為がなければどうしようもありません。つまりRは「もうとっくにそれをいただいておりました」と主張している。そして、譲渡担保的構成ならばもちろんのこと、正規の担保権の場合でも債権者に占有が移るとされます。

S6：ここも同じことだね。市民的占有の概念を知らないから、きちんと法律構成できない。まずVに市民的占有がある。担保権を設定したとすると、なにも端的な占有を渡してしまうのではなく、市民的占有の平面に派生的占有を設定するのだった。すると、Rの行為は、Vの意思に反して、市民的占有を奪取する、つまり派生的占有を市民的占有に格上げする簒奪をやってのけたことになる。しかもそれを暴力的なやり方でね。そして自動車

> いて非典型担保を扱うが、所有権に関心を集中させる姿勢を貫く。所有権の問題と別個に担保権の私的執行が犯罪たりうることへの言及はない。裁判を通じてならば対象物を取得してよいか、それとも流質契約禁止に基づいて競売に付さなければならないか、が所有権構成か担保権構成か、の境目であり、他方前者の場合でさえ自力執行は許されないと考える以外にない。

を売り飛ばした。つまり簒奪した市民的占有を不法領得の手段とした。だから完璧に窃盗が成り立つ❺。こうなるのだと思います。

T：窃盗の違法性の実質をしっかりと押さえることがいかに大事か。さらにそのためには、基本的な法律構成を身につけていることがいかに大事か、ということになると思います。それにつけても、そういう土台がまったく欠けたまま実務が積み上げられてしまっている現実を前にして、途方に暮れるしかありません。裁判所の法律構成は場当たり的でまったくリーチが足りませんが、それを批判するというより、そのような根底的な無力を誰も自覚していない点に問題を感じます。

---

❺　山口前掲箇所と反対に、裁判所は意識しないが、本件決定は、「たとえ被告人に占有がないとしても」窃盗が成り立つということをいったと解しうる。窃盗に関しては、権原と切り離すという点において占有説が正しいが、しかしその占有は複雑で、単純な占有が問題になっているケースと、市民的占有の構造がある場合を、注意深く区別しなければならない。後者の場合、権原に拘泥する思考はともかく、本権説の結論が支持される場合があるのである。

おわりに

　このように、刑事法もまた、われわれの（ギリシャ・ローマという意味における）古典的な経験をいわばコードとして成り立っている。民事法や政治制度に比べれば、直接に起源を見ることができる場合は少ないように見えるかもしれない。しかしそもそも、「起源を見る」という観点自体疑わしいものである。そして、刑事法は、刑事司法が、代表的な古典の遺産である政治システムの生命線の一つであることから、じつは深いレヴェルで古典の世界なのである。それが証拠に、ヨーロッパでもその理解は相対的に遅く、そして発見後も理解は不十分なままであり続けた。

　そのような事情を把握すれば、日本の状況はむしろかなりの健闘を意味するということになろう。政治システムのおかれた状態と比較すれば一目瞭然であり、民事法と比較してさえ、日本の民事法の実質は大きな問題であるだけに、刑事司法のとくに最近の改革は目覚ましい成果である。戦後のアメリカ由来のイムパクトがなんといっても決定的である。とはいえ、多くの点で混乱や退行が見られることもまた確かである。まさにそれらの混乱や退行を識別するときに、基本コードの再確認は不可欠である。

　そのうえで、読後の読者に対して再確認しておきたいのであるが、いうまでもなく、本書に現れる見解は水面下深くのものであり、ひたすら省察を慫慂するためのものであり、実務はもとより法律学に対しても直接示唆するところのものではない。そもそもソクラティック・メソッドよりははるかに対話形式に近く、どの言明も対抗的におかれている。日本の学生がこの思考様式を不得手とすることはよく知られている。感覚的に耐えがたいらしい。しかし当のソクラテスを持ち出すまでもなく、これが知性の基

本形式なのであり、政治・デモクラシー・法の場合にはこの要素は全面的となる。そしてまさにこれこそが極大的に迂遠な迂回を要請することとなる。しかるに、学生ばかりでなく日本の法律学は文化の定義であるこの迂回を嫌い、性急な理解と性急な答えを求める。本書、そして本書にいたる私の一連の著作は、すべて、無駄、そして理解の阻害、を任務とするものであった。

　さて、『民法篇』『公法篇』に続いて、懲りもせずに『刑事法篇』までが現れ、「笑う三部作」、否、「笑うしかない三部作」が完結するのであるが、少々長居をしすぎたという感は否めない。たしかに、これもまた蜃気楼のような法科大学院におけるソクラティック・メソッドは、奇跡のように楽しい学生たちに恵まれ、思い返しては自然と一人笑いするような経験であり、それにのめり込んだ自分を決して非難しようとは思わないが、所詮それは竜宮城のなか、ふと夢が覚めると、自分は法学者などではなく、ギリシャ・ローマを対象とするヒストリアンであり、法学教育に携わるなどは世を忍ぶ仮の姿にすぎなかった。浜辺に戻れば玉手箱なんぞ開けずとも、すっかり年老いてしまっているのである。

　竜宮城を去るにあたって、もとより、受けた歓待に心より感謝しなければならないが、同時に、もたらしたものの少なさにつきお詫びしなければならない。私が竜宮城に戻ることがないのはどんなに小さくともたしかに朗報にちがいないが、他方、私としては、心より竜宮城の安泰と発展を願い続けていくということを再度ここに確認しておきたい。竜宮城全体の安寧（salus）につき責任を負う意識を持つ若い人々が一人でも多く育つことを願い続けてやまない。

索　引

ア　行
意思　6, 10, 19, 223-226
一罪一勾留の原則　55
一般予防　30, 31, 38
委任　237
違法性　159, 169, 172, 173, 181, 202, 221, 225-227, 236, 240, 241
　——の意識　21
イムペリウム（imperium）　23, 25
因果　160, 166, 190, 193, 197-200
エクスィリウム（exilium）　→亡命の権利
エシャンジュ（échange）　16, 133, 134, 144
応報　1, 5, 6, 32, 33
横領　138, 147, 229-237, 242

カ　行
開示　117, 118
可視化　102
過失　20, 150, 162-167, 177, 184-198
　——責任　7
　——犯　7
過剰防衛　172, 179
間接事実　92, 106
鑑定　80-83, 89, 92, 224
カント（Kant）　5, 6, 32
危険　155, 156, 158, 159, 161, 163
　——犯　66, 67, 155, 158
既遂　155-158, 233, 238
偽造　219-223, 226, 227
起訴陪審　36, 49, 70
起訴便宜主義　137
期待可能性　21
寄託　9, 231, 235, 237
規範的責任論　164, 186
急迫不正　173, 175, 177, 178, 180
糾問　44, 53
糾問主義　26, 124
脅威　175, 180

供述　86, 100, 116
　——証拠　78, 87, 92, 94, 95, 98, 99, 106, 116, 118, 131, 132, 138
強制捜査　43, 46
行政罰　19
共同正犯　206
共謀共同正犯　205, 207, 208, 216
強迫　→メトゥス
業務上　187, 194, 198
緊急避難　172
軍事化　66, 177, 179-181, 192, 210-215, 217
刑事司法　14-16, 26, 27, 33, 35, 36, 39, 72, 122, 144, 146, 162, 209
刑事免責　140, 144, 146
刑罰　1, 2, 3, 6, 30, 33, 34, 37
啓蒙主義　4, 6, 10, 13, 14, 26, 104
結果回避可能性　184
結果回避義務　201
結果的加重犯　163, 164
結果無価値　1, 4, 6, 7
結合犯　150
決定　44
厳格な証明　212
懸隔犯　157
現行犯　56-60, 75
憲法　3, 29-31, 38, 39, 56, 57, 122, 131-134, 138
故意　4, 6, 7, 19-21, 36, 66, 82, 138, 149, 151, 152, 159-166, 168, 169, 176, 177, 185, 186, 189, 192, 193, 195-197, 199
合意　140, 146
行為無価値　1, 186
公共空間　17-19, 54-56, 60, 169, 188-196, 198-202
公共の福祉　29
公権力　6, 12, 38, 125-128, 137, 145
抗告　44, 49, 106, 114
　準——　53

構成要件　2, 4, 7, 21, 73, 156, 158, 162, 168, 169, 181, 185, 193, 208, 218, 230, 231, 234
公訴　44, 45, 47, 48, 140
　——時効　229
　——事実　41, 42, 63, 70, 73, 74, 78, 89, 91, 103, 105, 111, 115, 144, 149
　——提起　229
公道　191
強盗　5
公判　36, 44, 63, 64, 79, 81, 83, 84, 94, 98-100, 102, 110, 112, 115, 118, 129-135, 137, 140, 141, 145
公判前整理手続　106, 110, 111, 113, 114, 118
勾留　43, 44, 48, 49, 52-56, 58, 59, 61
個人の尊厳　5
国家　12, 15, 27, 47, 48, 128, 194

サ 行
罪刑法定主義　2, 7, 16, 26, 27, 29, 157, 168, 193, 198, 199, 221
財産犯　5
裁判　22, 24, 25, 33, 36, 44, 77
錯誤　163, 167, 168
差押え　52, 53, 56, 59, 76
殺人　3, 5, 11, 18, 33, 35, 36, 67, 82, 150, 152, 153, 155, 160, 161, 163, 164, 168
残虐　30-33, 38
死刑　6, 14, 16, 26, 29-36, 38, 39
自己負罪拒否特権　122-124, 134, 140, 141
自然犯　5
私訴　25, 26, 47
実行行為　68, 155, 205, 207-211, 213, 243
実証主義　1, 22
実力　17-21, 23, 26, 33, 36, 37, 45, 67, 86, 151, 152, 158, 169, 172, 173, 180, 189-191, 209, 210, 213, 242
自白　42, 51, 54, 64, 75, 84, 86, 100, 121-123, 125, 128-133, 135, 137, 138, 140, 141
司法取引　129, 140, 144-148
市民社会　6, 14, 38, 66, 67, 191
市民的占有　122, 166, 223, 238, 241-244

社会契約論　3, 8, 12
社会防衛論　3, 4, 9, 10, 14, 21, 33
自由刑　34
自由心証主義　69, 84, 103, 104
自由な証明　92, 102-104, 106
受寄者　231, 235
主体の装甲化（装甲化された個人）　16, 71, 153, 154, 161, 162, 167, 174, 176, 192, 223
出頭保証人　35
傷害　152, 153, 157, 160, 163, 164, 168, 205
情況証拠　42
証言拒否権　140, 141
証拠　42, 44, 54, 55, 59, 60, 76-79, 81-84, 86, 87, 89-91, 97, 98, 100, 102-105, 111, 114-117, 129, 130, 133, 135, 137, 212
　——隠滅　60
　——開示　106, 110, 114, 115, 117
　——開示請求　107
　——裁判主義　76
　——収集　54
　——能力　42, 55, 75, 76, 84, 86, 88, 90, 94, 95, 98, 99, 104, 122, 125, 131-133, 136, 141
　——排除　84, 86-89, 131, 133, 134
使用窃盗　147, 241
消費寄託　235, 236
証明力　99, 132
職権証拠調べ　114
所有権　60, 71, 122, 153, 154, 157, 176, 193, 222, 223, 232, 240-243
　——者　227
　——者の意思に反して　240
侵害　180
新過失論　185, 197, 199, 201
人権　11, 54, 55, 87, 122, 129
心身二元論　21, 22, 66, 67
身体　36-38, 45, 46, 48, 56, 58, 68, 71, 125-128, 187-193, 195-197, 199, 201, 209
　——刑（スップリキウム（supplicium））　37, 38, 128
尋問　83, 99, 110, 116, 118, 132
信頼の原則　202
スップリキウム（supplicium）　→身体刑

索引　249

政治、政治システム　5, 13-19, 21, 23, 24, 25, 26, 27, 33, 35-38, 56, 59, 65-67, 70-72, 81, 82, 84, 96, 100, 103, 111, 112, 118, 125, 128, 129, 133, 134, 144, 146, 150-153, 155, 160, 162, 167, 188-192, 194, 196-200, 207-209, 211, 221-223, 227, 236, 237
政治的決定　23-25, 27, 44, 47, 49, 59, 70, 77, 78, 82, 84, 112, 128, 157, 227
政治的な連帯　6
精神　36, 37
正当防衛　3, 171, 172, 174, 177-180, 182
責任　4-6, 30, 77, 151, 152, 159, 160, 165, 166, 168, 177, 185, 188, 192, 193, 195-202, 210, 212, 217, 218
　　──主義　3-8, 11, 16, 21
　　──能力　21
窃盗　76, 89, 122, 147, 230, 231, 234, 235, 239, 240-242, 244
先制　177, 179
　　──攻撃　171
占有　11, 18, 35-37, 122, 126, 153, 157, 158, 163, 166, 172-176, 179, 180, 189-192, 194, 195, 213, 221, 223, 230, 231, 232, 234-237, 239-244
　　──線　210
訴因　26, 41, 42, 52, 55, 63, 64, 65, 68, 69, 70, 71, 72, 73, 74, 97, 111, 112, 184, 206, 209, 213, 217, 230, 233
捜査　43-46, 48, 50, 52, 53, 55, 64, 65, 75, 76, 86-88, 90, 102, 106, 121, 131, 134, 135, 144, 213
捜索　52-56, 58-61, 76, 89
相当性　172, 174, 179-181
組織犯罪　61, 146, 147, 190, 206, 214, 216-218
訴追　45, 68, 77
　　──者　25, 36, 48, 55, 59, 69, 70, 71, 116
即決裁判手続　138, 140, 141, 147

タ　行

対審構造　47, 48
体罰　38
逮捕　43-46, 48-50, 52-61, 70, 76, 88
　　──前置主義　44, 53

弾劾主義　15, 25, 26, 35, 36, 71, 72, 95, 116, 124, 133, 134
着手　155, 156, 159, 161, 163
注意義務　166, 186, 187, 198, 201
直接性の原則　98
罪証隠滅　43, 53, 54
適正手続　29
デモクラシー　13, 14, 25, 27, 35, 37-39, 70, 71, 82, 84-86, 90, 96, 112, 133, 134, 211, 227
テリトリーの集団のロジック　19
伝聞
　　──証拠　84
　　──法則　92, 94, 95, 98, 99, 102, 105, 116, 117, 131-133
　　──例外　100-103, 105, 131, 132
トゥーキュディデース　175, 176
当事者主義　25, 26, 116, 124
逃亡　43, 53, 54
毒樹の果実　89, 90
都市　17-19, 35, 191
取り調べ　48, 49, 137

ナ　行

内部軍事化　67, 155, 158, 166, 175-177, 179
任意性　42, 51, 52, 121, 125, 131-135, 136
任意捜査　42, 43, 46, 50-52

ハ　行

賠償　34
陪審　25, 69, 71, 72, 110
派生的占有　238, 243
判決　25
犯罪　1, 2, 4, 6-9, 12, 15, 19, 20, 22-25, 33, 34, 36, 45, 54, 56, 58, 59, 61, 64, 65, 66, 67, 70, 71, 76, 98, 146, 149, 151, 154, 156, 157, 160, 161, 163, 164, 172, 174, 188, 196, 198, 207, 209, 221, 239, 240, 243
被疑者　50, 51, 54-56, 58-60
被告人　25, 36, 56, 63-65, 69, 70, 72, 74, 75, 88, 91-93, 100, 107, 121, 122, 137, 138, 140, 148, 206
非難可能性　3-6, 164, 177, 186

不可罰的事後行為　229
武器　178
武装　179
　　──した実力　178
物証　59, 78-82, 86, 87, 92, 97, 116, 118, 130
物的な経過（過程、結果、痕跡）　7, 10, 14, 18-21, 59, 77-80, 98, 151, 152, 154-156, 160, 162, 207, 208, 210
不能犯論　159
不法行為　5, 7, 11, 192, 193, 201, 240
不法領得　244
　　──の意思　147, 240
ベッカリーア（Beccaria）　5, 8-10, 13-15, 31, 32, 38
弁護人　48-50, 65, 102, 107, 110-112, 137, 148
法益　1, 4, 6, 11, 154, 155, 185, 232
包括一罪　206, 216
謀議　205-208, 211, 212, 217
法実証主義　30, 31
法人　194, 217, 218, 226, 227, 229, 233, 237, 238
法定証拠主義　104, 133
法定符合説　149, 150
報復　180
亡命（エクスィリウム exilium）の権利　35-37
補強
　　──証拠　75, 144
　　──法則　134
補充性　172, 174
ボダン（Bodin）　9

ホッブズ（Hobbes）　9, 12, 13, 15, 124, 125, 127, 130-134, 136, 137, 141, 175, 176
ポトラッチ　24, 127, 128, 134

マ　行
未遂　10, 150, 154-159, 161-164, 168
未必の故意　149, 150
民事責任　8
民事訴訟　18, 35, 70, 129
民事法　16, 35, 154, 165, 172, 186
無形偽造　220, 224-226
無罪の推定　36
メトゥス（metus、強迫）　127, 175, 178, 181

ヤ　行
有形偽造　224, 225, 227
有責性　4
有責答弁制度　138
予見可能性　7, 149, 150, 183, 184, 186, 190, 198, 200, 201

ラ　行
利益　17, 18, 23, 52, 134, 144, 151, 173, 202, 210, 215, 217
立法　27, 141
領域　17, 19, 36, 37, 54, 55, 59, 191, 195, 234
ルソー（Rousseau）　9, 10
令状　43, 44, 46, 47, 49, 52, 53, 56-61, 76, 86, 89
　　──主義　44, 46, 58, 75, 88
レシプロシテ（réciprocité）　6, 16, 144, 148

著者略歴

1951年東京生まれ。1974年東京大学法学部卒業。東京大学名誉教授。専門はローマ法。
主な著作:『政治の成立』(東京大学出版会、1997年)、『デモクラシーの古典的基礎』(東京大学出版会、2003年)、『法存立の歴史的基盤』(東京大学出版会、2009年)、『[笑うケースメソッド] 現代日本民法の基礎を問う』(勁草書房、2015年)、『法学再入門 秘密の扉 民事法篇』(有斐閣、2016年)、『[笑うケースメソッドⅡ] 現代日本公法の基礎を問う』(勁草書房、2017年)、『新版 ローマ法案内』(勁草書房、2017年)、『憲法9条へのカタバシス』(みすず書房、2018年)、『誰のために法は生まれた』(朝日出版社、2018年)、『現代日本法へのカタバシス[新版]』(みすず書房、2018年)

[笑うケースメソッドⅢ] 現代日本刑事法の基礎を問う

2019年7月15日 第1版第1刷発行

著者　木　庭　　顕
発行者　井　村　寿　人
発行所　株式会社　勁　草　書　房

112-0005 東京都文京区水道2-1-1　振替 00150-2-175253
(編集) 電話 03-3815-5277／FAX 03-3814-6968
(営業) 電話 03-3814-6861／FAX 03-3814-6854
本文組版 プログレス・港北出版印刷・中永製本

©KOBA Akira 2019

ISBN978-4-326-40366-0　Printed in Japan

<出版者著作権管理機構 委託出版物>
本書の無断複製は著作権法上での例外を除き禁じられています。複製される場合は、そのつど事前に、出版者著作権管理機構(電話 03-5244-5088、FAX 03-5244-5089、e-mail: info@jcopy.or.jp)の許諾を得てください。

＊落丁本・乱丁本はお取替いたします。
http://www.keisoshobo.co.jp

木庭　顕
新版 ローマ法案内　　　　　　　A5判　3,400円
　　　　　　　　　　　　　　　　40342-4

木庭　顕
［笑うケースメソッド］　　　　　A5判　3,000円
現代日本民法の基礎を問う　　　　40297-7

木庭　顕
［笑うケースメソッドⅡ］　　　　A5判　3,000円
現代日本公法の基礎を問う　　　　40328-8

樋口陽一
六訂 憲法入門　　　　　　　　　B6判　1,800円
　　　　　　　　　　　　　　　　45109-8

樋口陽一
近代立憲主義と現代国家　新装版　A5判　4,400円
　　　　　　　　　　　　　　　　40319-6

遠藤比呂通
人権という幻　　　　　　　　　　四六判　2,700円
　対話と尊厳の憲法学　　　　　　45096-1

――――――――――――――――――勁草書房刊

＊表示価格は2019年7月現在。消費税は含まれておりません。